慕课背景下大学英语教学改革研究

常 霄 ◎ 著

吉林出版集团股份有限公司

图书在版编目（CIP）数据

慕课背景下大学英语教学改革研究 / 常霄著. — 长春：吉林出版集团股份有限公司，2023.5

ISBN 978-7-5731-3200-0

Ⅰ．①慕… Ⅱ．①常… Ⅲ．①英语－教学改革－研究－高等学校 Ⅳ．①H319.1

中国国家版本馆CIP数据核字（2023）第072679号

慕课背景下大学英语教学改革研究
MUKE BEIJINGXIA DAXUE YINGYU JIAOXUE GAIGE YANJIU

著　者	常　霄
责任编辑	王　平
封面设计	林　吉
开　本	787mm×1092mm　　1/16
字　数	304 千
印　张	12.5
版　次	2023 年 5 月第 1 版
印　次	2023 年 5 月第 1 次印刷
出版发行	吉林出版集团股份有限公司
电　话	总编办：010-63109269
	发行部：010-63109269
印　刷	廊坊市广阳区九洲印刷厂

ISBN 978-7-5731-3200-0　　　　　　　　　　　　定价：78.00 元

版权所有　侵权必究

前　言

2017年，教育部颁布了《大学英语教学指南》，鼓励大学英语"使用微课、慕课"及实施"基于课堂和在线课程的翻转课堂等混合式教学模式"，进一步推进了信息技术与高等教育的深度融合。然而，大学英语面临语言环境缺失、去学分化等困境，本书探讨基于慕课理念的大学英语翻转课堂现状、影响因素及其作用，旨在促进慕课与大学英语翻转课堂的深度融合。

由于大学英语教学承担着培养语言基本功扎实、跨文化技能娴熟、国际视野宽广、中国情怀博大、专业基础宽厚、国际规范熟悉的国际化人才的使命，建设科学、完善的大学英语课程体系就成为实现这一目标的保障。针对教育部所启动的大学英语新一轮教学改革的要求，结合目前大学英语教学现状和已有资源，积极探索建设科学、综合、立体、有机的新型大学英语课程体系，以更好地满足社会的需求，符合学校的办学目标，对接院系的专业需要，助推学生的发展。

本书主要研究慕课背景下大学英语教学改革方面的问题，涉及丰富的英语教学知识。主要内容包括大学英语教学概述、大学英语教学改革的方向与趋势、大学英语教学改革的理论基础、慕课概述、学习动机与大学英语教学、慕课背景下高校英语学习方式的改变、慕课与翻转课堂的理论基础、基于慕课理念的大学英语翻转课堂多元课程等。本书是作者长期从事英语教学和实践的结晶。本书在内容选取上既兼顾到知识的系统性，又考虑到可接受性。本书旨在向读者介绍慕课与英语教学的基本概念、原理和应用，使读者能系统地理解英语教学基础知识，熟练地掌握慕课的使用技能。本书兼具理论与实际应用价值，可供相关教育工作者参考和借鉴。

由于笔者水平有限，本书难免存在不妥甚至谬误之处，敬请广大学界同人与读者朋友批评指正。

目录

第一章 大学英语教学概述 ·001
第一节 大学英语教学改革的历史沿革 ·001
第二节 大学英语教学中存在的问题 ·006
第三节 影响大学英语教学的因素 ·009
第四节 大学英语教学的理论依据 ·015

第二章 大学英语教学改革的方向与趋势 ·021
第一节 大学英语教学核心要素的特征转变 ·021
第二节 大学英语教学改革存在的问题及对策 ·027
第三节 大学英语教学改革的方向 ·032
第四节 大学英语教学改革的趋势 ·040

第三章 大学英语教学改革的理论基础 ·056
第一节 基于构建主义的课程设计理念与实践 ·056
第二节 大学英语教学模式改革的实践与理论 ·062
第三节 教学系统设计的理论与方法 ·067

第四章 慕课概述 ·087
第一节 慕课的产生 ·087
第二节 开放教育资源运动的发展 ·089
第三节 慕课引发的学习革命 ·094
第四节 慕课的种类 ·097
第五节 慕课的相关理论依据 ·106

第五章 学习动机与大学英语教学 ·114
第一节 学习动机概述 ·114
第二节 学习动机与大学英语教学的关系 ·119
第三节 学习动机的培养 ·123

第四节　大学英语学习方式 …………………………………………… 130

第六章　慕课背景下高校学生英语学习方式的改变 ………………………… 142

　　第一节　目前我国大学生学习方式存在的问题 ……………………… 142
　　第二节　高校对学生英语学习的要求 ………………………………… 144
　　第三节　"慕课"改变大学生学习方式的优势 ……………………… 160
　　第四节　"慕课"背景下转变大学生学习方式的途径 ……………… 162
　　第五节　慕课技术对学习模式的影响 ………………………………… 164

第七章　慕课与翻转课堂的理论基础 ………………………………………… 169

　　第一节　理论基础 ……………………………………………………… 169
　　第二节　语言课程理论的发展 ………………………………………… 174
　　第三节　信息技术与课程的深度融合 ………………………………… 175

第八章　基于慕课理念的大学英语翻转课堂多元课程 ……………………… 179

　　第一节　基于慕课理念的大学英语翻转课堂内涵 …………………… 179
　　第二节　基于慕课理念的大学英语翻转课堂的多元化课程 ………… 185
　　第三节　基于慕课理念的大学英语翻译教学 ………………………… 190

参考文献 ………………………………………………………………………… 192

第一章 大学英语教学概述

第一节 大学英语教学改革的历史沿革

大学英语教学是我国高等教育的一个重要组成部分，它是以外语教学理论为指导，以英语语言知识与技能、跨文化交际和学习策略为主要内容，集多种教学模式和教学手段为一体的教学体系。大学英语教育一直是大学教育中的一个重点，大学英语教学改革也是英语教学发展的必要途径。下面我们回顾大学英语教学改革的主要历程及其改革取得的成果。

一、大学英语教学改革历程

（一）大学英语发展的第一阶段

大学英语发展第一阶段的时间为自新中国成立后至1978年。这一阶段的大学英语是我国英语教育最初的课程样式，一直被称作公共英语课。在大学英语发展的第一阶段，由于大学院校普遍缺乏外语的相关教学经验，加之当时国家对外语人才的需求，因此导致一些院校在外语教学语种的选择上，存在摇摆不定的现象。并且在新中国成立初期，我国相关院校对大学生的录取，在其限制上较为严格，在校学生规模较小，种种原因皆限制了我国公共外语学科的建设。

（二）大学英语发展的第二阶段

大学英语发展的第二阶段的时间是1978—1984年。在这一阶段，我国的大学生英语学习水平有了一个较为明显的提升，可以说这一阶段是我国大学英语的恢复阶段，主要发展历程如下。

第一，大学英语教学开始逐渐恢复。教育部召开了具有历史性意义的外语座谈会，并在这个全国性质的座谈会中形成了《加强外语教育的几点意见》。

第二，大学英语教学开始步入正轨。为提高公共英语教师的教学水平，我国在制定了公共英语教师培训计划的同时，还为公共英语教师设立了专业的培训中心。

第三，成立了高等院校理工科公共外语教材编审委员会，编写了教学大纲和通用教材。

第四，成立了中国公共外语教学研究会。

（三）大学英语发展的第三阶段

大学英语发展的第三个阶段的时间是 1985—2001 年。这一阶段是我国的大学英语蓬勃发展的阶段，我国的英语教育事业也得到了长足的进步，以下是大学英语蓬勃发展的具体体现。

第一，自从教育部颁布了《大学英语教学大纲（高等学校理工科本科用）》之后，标志着"公共英语"这一名称逐渐被取代，而"大学英语"这一名称开始步入历史的舞台。在这一发展阶段，不单单是英语课程名称发生了变化，我国对教学内容、教学方法等均做了很大的调整。

第二，在这一阶段，伴随着大学外语教材编审委员会的正式成立，大学英语编审组以及高等学校大学外语教学指导委员会，也相继设立开来。

第三，随着大学英语改革力度的加大，一些书籍相继出版，如大学英语教材以及《大学英语教学大纲词汇表》等。随着我国对大学英语的逐步调整，《大学英语教学大纲通用词汇表（1～4级）》和《大学英语教学大纲通用词汇表（5～6级）》等书籍也随之出版。

第四，在这一阶段，我国对大学英语的发展提出了更高的要求，愈加重视人才的培养，成立了对大学英语教学改革影响极大的大学英语四、六级标准考试编写组。并且为了促进大学英语能够更好地发展，大学英语四、六级考试并没有停下改革的步伐，而是在不断地进行着改革。

（四）大学英语发展的第四阶段

大学英语发展的第四阶段的时间是从 2002 年至今。伴随着各项事业的飞速发展，我国的大学英语教学已经进入了鼎盛时期，但也面临着高校扩招带来的一系列问题。我国的大学选择直面挑战，迈出了坚实而有力的步伐，具体内容如下。

第一，通过在实践中对大学英语课程要求不断进行修订和完善，最终《大学英语课程教学要求》经过三年试运行后，正式被颁布。

第二，为提升大学英语教学质量，加深教育工程改革，积极启动关于大学英语的建设工作，包括大学英语网络课程以及新世纪网络课程建设工程等。

第三，为帮助我国大学生更好地达到大学英语教学要求，为满足时代发展对大学英语教学的新要求，大学积极实行以计算机网络和新型课堂为基础的英语教学模式，并联合大型出版社共同研发出大学英语教学软件。

第四，为进一步深化和贯彻大学英语教育改革，原教育部高教司司长张尧学针对大学英语教育的改革与发展，提出了有价值的合理化建议。他的观点主要体现在《加强实用性英语教学，提高大学生英语综合能力》等文章之中。

第五，为使大学英语教学改革的顺利进行能够得到保障，为加强信息的有效交流，大学英语教学改革联络办公室得以设立。与此同时，我国还与时俱进地创办了英语交流网站，以期通过这一平台来更好地促进英语教学改革。

二、大学英语教学改革的重要成果

迄今为止，我国社会各个层面都发生了变化。特别是自十一届三中全会以来，各方面都取得了丰硕的成果，大学英语教学更是如此。

自步入21世纪以来，无论是我国的经济，还是科技都得到了长足的发展。在这种形式下，为适应时代发展的需求，为培养出优秀的应用型人才，我国的高等教育也在不断地进行改革。经过多年的大学英语教育改革，教育部门也针对大学英语教学的发展及改革提出了诸多意见，其中较为显著的教学改革成果就是大学英语四、六级考试的改革。同时网络信息技术的发展也影响着英语教学，使其变得更加个性化，打破了英语学习时间和空间上的限制，使随时随地学习英语成为可能。尽管大学英语教学改革提升了我国的大学英语教学水平，但是也还存在着很多没有解决的问题。例如：教学软件及硬件设施不足，学生缺乏自主学习的能力等等。这些不利的影响因素，势必会制约教学质量的提升。

（一）大学英语教学改革的宏观成果

《大学英语课程教学要求》的制订、修改及颁布标志着我国大学英语教学改革进入了新的阶段：基于计算机网络和课堂的大学英语教学模式的应用、大学英语网络教学软件的研发和网络化以及多种立体化的大学英语教材的开发建设为大学英语改革提供了有利条件；大学生英语口语和书面表达能力大幅提高，大学英语师资队伍逐渐壮大，大学英语教学研究项目在数量和领域上都取得了巨大成就，这些都是大学英语教学改革的成果。到目前为止，我国共有38所大学英语课程被评为国家级精品课程。由此可见，我国大学英语教学的改革已取得了令人瞩目的成就。

1. 新的课程要求颁布

最新颁布的《大学英语课程教学要求》，相较于原来的《大学英语教学大纲》来说，其主要具有的特点如下。

第一，在教学目标方面，发生了明显的变化。由原来注重学生的阅读能力逐渐转变为重视培养学生的综合应用能力，并且尤为重视其中的听说能力，这有助于体现大学英语教学目标的整体性。

第二，在宏观指导方面，新的《大学英语课程教学要求》对大学英语教学的指导性明显增强，更加注重个性化教学。基于新课程要求的教学大纲，明显具有更强的指导意义，包括更强的适用性，各大高校可以根据自身客观实际，有针对性地对本校的英语教学制定相适应的大纲，以此来更好地实现英语教学指导。

第三，在教育理念方面，新的《大学英语课程教学要求》增加了因材施教的理念。在大学英语教学中听、说、读、写、译等方面相继进行改进，使之更加接近高中英语教学。为了使大学英语教学更加科学合理，各大高校可以根据不同地区，以及学生的实际情况来制订教学计划。

第四，在教学模式方面，为了适应网络信息化时代对英语教学的新要求，在大学英语教学中增加了网络教学这一新兴教学模式，其主要是依据现代化信息技术。教学模式的改革，大大提高了学生英语学习的效率。

第五，在教学方式方面，改变了传统英语教学中以教师为中心的教学方式，确立了学生在教学活动中的主导地位，主张学生进行自主探究学习。

2. 构建基于网络的多媒体教学系统

因为受新的教学形式的影响，我国的教材出版社也随着网络多媒体教学系统的发展，出版了一些与之相对应的英语教材，如《大学体验英语》《新视野大学英语》等。这些教材具有立体化、网络化和声像化特点，为英语教学采用新型模式奠定了基础。这种新型的教学系统，在各大高校的教学实践中，能够产生非常正面的影响，不仅可以激发学生的学习兴趣和提高学生学习英语的主观能动性，还可以提升学生听力和口语方面的能力，极大地促进了大学英语的学科建设。学生通过最新的多媒体教学系统，结合自身实际情况进行英语学习，既可以使英语学习变得更为生动有趣，又减轻了学习压力。基于网络的多媒体教学系统，对学生综合能力的提高能够起到极大的促进作用。

（二）大学英语教学改革的微观成果

1. 提高了人才培养的质量

大学英语教学改革从满足我国经济社会发展的需求这一方面出发，具有重要的战略意义。作为"高等学校本科教学质量与教学改革工程"中非常重要的一环，自改革以来，大学英语教学一直是我国培养高等教育人才的重要途径，是我国进行教学改革的突破口。大学英语教学改革不仅直接影响着我国国际化人才的培养，还与我国国际竞争力的增强有着紧密的联系。多年以来，大学英语教学改革的施行为我国的人才培养质量的提升以及高等教育教学改革，均做出了极大的贡献。

2. 提升了大学英语的教学和学科地位

近年来，随着大学英语教学改革得到越来越多的重视，大学英语的教学地位显著提升，除此之外大学英语的学科地位也明显提升。全国上下不管是各级教育行政部门还是高等学校，均高度重视大学英语教学改革，为了深化与推进大学英语教学改革而不断加大在政治或是资金方面的支持力度。大部分高校为贯彻大学英语教学改革，一方面，设立大学英语教学改革工作小组，针对大学英语教学的相关改革工作进行组织协调，并且出台具有指导工作方向作用的英语教学改革系列文件，来加强大学英语教学工作的组织管理；另一方面，通过改善教学环境、加强师资培训来促进大学英语的教学地位和学科地位的提升。

3. 提升了英语教师教学水平和科研能力

我国不断深化大学英语教学改革，充分调动大学英语教师参与改革的积极性，并抓住教学改革带来的机遇，直面教学改革带来的挑战。因此大学英语教师不仅在教学水平方面有了大幅度提升，而且在其科研能力上也有显著提升，这一点直接表现在大学英语教师的各类科研成果发布数量上。根据相关调研数据可以得知，在英语教学改革过后，不管是核心周刊，还是其他刊物，大学英语教师论文的发表数量均有大幅度的增加。

4. 推动了大学英语四、六级考试改革

我国积极稳步地推进大学英语四、六级考试改革，不断地深化大学英语教学改革。大学英语四、六级考试是大学英语教学中的重要内容，通过四、六级英语考试几乎是所有学生的共同目标。大学英语改革必然会影响到四、六级英语考试，英语四、六级考试为学生指明了学习的方向，其着重培养英语学科中以听、说为代表的综合能力。为了始终保证英语四、六级考试具有科学性、公正性和客观性，

需要使四、六级考试的这些特性反作用于大学英语教学改革，在为教学改革带来积极影响的同时，充分发挥出四、六级考试的改革的引导作用，让四、六级考试更好地为大学英语教学服务。

第二节 大学英语教学中存在的问题

近年来，人们对大学英语教学改革的呼声越来越大，大学英语教学低效、费时的弊端日益受到人们的关注。为了促进我国大学英语教学改革，提高大学英语教学的效率，必须先对大学英语教学中存在的问题进行梳理。

一、英语教学问题综述

我国学生从小学到中学、大学，甚至到硕士、博士，将大量的时间和精力都投入到英语学习中，但是我国学生英语的整体水平不高。虽然目前各高校英语教学条件、设施都采取了较大的改善，学校领导、教师及学生都付出了较大努力，但始终没能获得理想的效果。另外，对于非英语专业的学生来讲，学习英语的目的多是应付英语四、六级考试，一旦过关就把英语抛到脑后。当然也有一些学生对英语学习非常重视，将大量精力与时间放在英语学习上，甚至抛下了专业课知识。即使花费了不少时间，但是真正遇到外国人时还是自己说不清，别人也听不懂，种种问题的确是让人很是无奈。

学生英语水平普遍不高与英语教学的方式有很大关联。在课堂上，教师一直讲，学生一直闭口听、记笔记，却胆怯开口、害怕提问。下课后，学生也只是背单词、背笔记、做机械性的训练。这种完全没有启发式的教学使得学生既无法激发对英语学习的兴趣，也无法提高英语学习的成绩。

二、英语教学中的具体问题

（一）受"应试教育"的制约

应试教育是传统英语教学模式的一个基本目标。它与素质教育的根本区别在于"考试观"的不同。考试主要具备两种功能：评价功能和选拔功能。在"应试教育"思想的长期影响下，人们更加看重考试的选拔功能。比如，大学英语四、六级考试早已成为大学英语教学的指挥棒，通过率的高低是评价学校及教师是否优秀的一个重要标准。这又使四、六级考试的应试性特点得到了强化，使得考试失去了其应有的作用。提高学生英语应用能力的目标得不到实现。事实上，语言学习应该做到：多听、多说、多读、多写，特别是多背。语法知识固然很重要，但获得外语的"语感"更加重要，这就需要背诵。没有背诵，也就失去了英语学习的"脊梁骨"。不仅是背单词，更重要的是背诵课文。而英语四、六级考试的题型主要是选择题，因此学生将大量的时间花在了背语法、词汇，做大量模拟试题上。学生更加看重答案的标准性、唯一性，不愿意诵读课文，忽视了课堂上的讨论和交流，从而在心理上很排斥交际活动，过分依赖教师的讲解，逐渐丢失了思考、质疑、创新的能力，虽然具备了较强的应试技巧，但交际素质很低。

（二）教学模式和教学方法单一

目前，我国英语的教学模式存在呆板和落伍的问题，主要体现在以下两个方面。

首先，我国的英语教学仍沿用着传统的模式。在英语教学中，教师不但要向学生传授必要的语言知识，还应该启发和引导学生运用所学知识进行广泛地阅读和其他交际等实践活动。但是，在相当长的一段时间里，我国的英语教学一直都采用"书本加黑板"的教学模式。这种模式不仅忽略了教与学之间的关系，而且忽略了英语教学根本目的是要培养学生的交际能力。此外，学生出现了独立运用语言能力差、对教师依赖性强、"高分低能"等现象，造成很多学生"只会考试、不会实践"。

其次，教学手段单一落后。随着现代科技技术的发展，在教学中出现了很多现代化的教学手段，使学生可以在更广泛的范围内接触和学习英语。但从实际情况来看，现代教育技术在英语教学中的应用还是不够。尽管一些学校使用了诸如多媒体、网络等教育手段，但实际效果并不理想。一方面是由于学生数量多与现代化设备相对较少两者之间产生矛盾，从而在整体上缺乏多媒体学习环境所导致的；另一方面也与学校乃至英语教师本身不重视现代教育技术的真正作用，致使很多现代化教育设备无法发挥其训练和实践的功用有很大关系。

可见，要激发学生对英语学习的兴趣，提高他们综合运用英语的能力，必须改革英语教学手段，优化学生学习环境。

（三）教材选择存在弊端

教材在很大程度上决定着课程的教学目的和教学方法，因此，对于任何一门课程而言，教材的设计和选择都非常重要，甚至决定了这一门课程教学的成功与否，英语教学也不例外。

目前，我国非英语专业的大学英语教材在内容选择上重文学、重政论，忽视了现代的实用型内容。改革开放以来，社会各方面都得到了快速的发展，但是外语教学却止步不前。特别在教材上，教材内容已与现代社会脱节，教材设置目的已不能满足现代外语教学的需求。

自20世纪90年代以来，虽然我国引进了和英美国家合编的或原版英语教材，并在我国本土教材的设计上有了较大改变，教材编写与内容挑选基本属于英美文学取向的教材，其中不少选文出自名家，但是这些教材只追求"可教性与可学性"，而忽视了实用性，学生从课本上学到的知识没法在社会交际中得到应用，从而渐渐失去学习英语的兴趣。

要想设计一本好的英语教材，应该考虑以下几个因素。

（1）良好的教学指导思想。

（2）教学内容的安排和选择符合教学目标。

（3）体现先进的教学方法。

（4）教材的组成是否完整包括了学生用书、教师用书、练习册、录音带或录像带或多媒体光盘等素材。

（5）教材的篇幅、版面排版、图文比例和色彩等的设计是否合理。

（6）教材语言的素材是否真实、纯正。

作为教材的直接使用者，教师可以结合以上因素为教材的设计提出建议，开发出适合我国学生的科学性教材，从而促进我国英语教学的发展。

（四）忽视了文化教学的重要性

各国文化都是博大精深的，要学习一门语言就要掌握该语言中的各种文化，而教师和学生的精力都很有限，不可能完全掌握所有的文化内涵，因而就要有所取舍。对于我国学生来讲，主要有三个方面的文化影响着交际：①语言的文化内涵；②中西文化习俗、行为规范等方面的异同；③中西文化价值观的异同。然而，我国的教师和学生都认为学好英语就要学好语音、语调、语法和词汇等知识，事实上，即使掌握了这些知识，如果不了解中西文化的差异，仍然会影响交际活动的开展。

由于我国教师和学生对英语学习的误解，使教师的"教"和学生的"学"都把重点放在了语言知识上，而忽视了英语文化的学习。这就导致学生在和外国人交际时常出现的各种误解和麻烦。比如，一些学生习惯用姓称呼外籍教师，常使外籍教师对此称呼方式很不满。因为在英语国家用姓作称谓的情况只限于几种少数情况（如监狱看守对囚犯的称呼、教练对球员的称呼等）。而称呼教授一般是 professor+ 姓。

语言是交际的工具，如果不了解各种语言所承载的文化，不了解各文化间的差异，就很难顺利地进行交际。文化差异的存在，常常使跨文化交际失败。因此，教师在英语教学过程中，除了要强调听、说、读、写等技能的提高外，还要帮助学生了解西方文化，让学生了解中西文化上的差异，从而促进跨文化交际的开展。

第三节　影响大学英语教学的因素

大学英语教学中的因素有很多，在这里主要指影响大学英语教学的因素，在此不可能对每一个因素——详述，但我们会围绕大学英语教学所涉及的一些主要因素，如教师、学生、教学内容、教学方法、教学环境等进行分析。

一、教师

教师是大学英语教学的重要因素，在英语教学中起着主导作用。在英语课堂上，教师主要充当两种角色，即掌控者和引导者。作为一名合格的英语教师首先应该具有纯正的发音，然而，并非所有的英语教师都具有纯正的发音，所以教师可借助 VCD、广播以及多媒体等方式来弥补自己的不足，确保学生在课堂上所听的内容都是纯正的。同时，教师在讲解单词、句子、课文时，应该穿插一些解释，对难懂的词语要不断重复讲解。

在多数英语课堂上，教师的讲话占据课堂大部分的时间，不可否认，教师的讲话有利于学生的语言习得，但也不能因此占据学生的练习时间。同时，教师还要注意不断变化教学的形式，以增强课堂的趣味性。一位合格的英语教师还应具有一定的应变能力，能预测课堂活动中出现的状况，能很好地处理课堂上的突发事件，确保课堂活动有序开展。

此外，教师应该随时调整自己的提问方式、语言运用、提供反馈的方式。在英语课堂中，提问是教师常用的一种教学手段。通过提问，可以有效激发学生的学习兴趣，促使学生积极思考，帮助教师对某些知识结构进行引导。另外，语言运用的方式也很重要，为了让学生对所讲述知识有一个充分的了解，教师在教学中可以采用重复话语、降低语速、增加停顿、改变发音、调整措辞、简化语法规则、调整语篇等措施。

学生是英语教学的重要反馈者，同样教师的反馈也是十分重要的。所谓提供反馈就是指教师为学生的学习情况提供反馈，教师的反馈可以是对学生话语的回答，如表示学生问答正确或错误、赞扬鼓励、扩展学生的答案、重复学生所答、总结学生回答、批评等。总之，教师的目的就是采用不同形式的教学方法，调动学生的积极性，扩展学生的知识面，培养学生的学习能力，提高整体教学的效果。

二、学生

（一）角色定位

在英语教学中，学生主要扮演以下几个角色。

（1）主人。学生是英语教学中的主人，学生对知识的探索、发现、吸收以及内化等实践活动都有利于知识体系的构建。

（2）参与者。作为英语教学活动的重要参与者，学生应积极主动地参与到各项活动中，积极思考，勇于表达自己的观点，展示个人的才能。

（3）合作者。英语教学是师生之间及学生之间共同进行的，因而团队合作是不可缺少的。在合作中他们可以相互学习、相互帮助、共同提高。

（4）反馈者。在英语教学中，学生的反馈信息是教师教学的一个重要依据，学生可以结合自身学习经历，就教学法的实用性向教师提出建议或意见，并协助教师改进和完善教学内容和教学方法，从而提高教学效果。

（二）个体差异

学生之间的差异主要体现在以下几个方面：

1. 语言潜能的差异

语言潜能最简单的定义就是：潜能是一种固定的天资。某些人较其他人有更高的水平。有这种能力的人，在语言学习方面可能会获得更快的进步。卡洛尔（Carroll，1973）认为，语言潜能包括以下几点。

（1）语音编码、解码的能力，即关于输入处理的能力。

（2）归纳性语言学习的能力，它是有关语言材料的组织和操作的能力。

（3）语言敏感性，它是从语言材料中推断语言规则的能力。

（4）联想记忆能力，它是关于新材料的吸收和同化能力。每个学生的语言潜能都存在差异。在英语教学过程中，教师应了解学生的语言潜能，从而因材施教，使之针对不同的学习任务在不同场合发挥各自的长处，以达到事半功倍的效果。

2. 认知风格的差异

认知风格又称认知方式，是指个体在认知过程中所表现出来的习惯化的行为模式，它既包括个体知觉、记忆、思维等认知过程方面的差异，也包括个体态度、动机等人格形成和认知功能及认知能力方面的差异。每个学生都有各自不同的认知风格，然而，不同的认知风格又有优劣之分，但这并不体现在学生的学习成绩上。每个学生都有自己偏爱的信息加工方式，在学习不同材料时也会显得各有所长。当学生的认知风格与教师的教学风格、学习环境中的某些因素相吻合时，就会获得好的学习成绩。因此，教师应了解并尊重学生的认知风格，针对不同的学习任务和学习环境因材施教，正确引导，使自己的教学方式与学生的需要有机地结合起来，从而达到良好的教学效果。

3. 情感因素的差异

情感因素差异主要涉及以下几个方面。

（1）学习动机。学习动机是指激发个体进行并维持已引起的学习活动，并使其行为朝向一定的学习目标的一种内在过程或内部心理状态，是直接推动学生进行英语学习的内部动力，是影响英语学习成绩的一个关键因素，学习动机来源于学习活动，也是学习活动得以发动、维持、完成的重要条件，并由此影响学习效果。

（2）性格。性格是指一个人对现实的态度和行为方式表现得比较稳定但又可变的心理特征，是学生重要的情感因素，也是决定其英语学习成功与否的关键因素之一。人的性格大体可以分为外向型和内向型两种，埃利斯（Ellis，1994）认为，外向型的学生有利于交际方面的学习，因其喜欢交际，不怕出错，能积极参与英语学习活动，并在活动中寻求更多的学习机会；而内向型的学生在发展认知型学术语言能力上更占优势，因其善于利用沉静的性格从事阅读和写作。对教师来说，研究学生在性格上差异的最终目的是充分了解学生的个体差异和不同的心理状态，发挥不同性格学生的优势，因材施教，以获得更理想的教学效果。

（3）态度。态度就是个体对他人或事物稳定的心理倾向或为达到某种目的而做出的努力，它是影响学习效果的重要因素之一。学习态度一般包括情感成分、认知成分和意动成分。所谓情感成分，就是对某一个目标的好恶程度；认知成分是对某一个目标的信念；意动成分就是某一个目标的行动意向以及实际行动。通常来讲，获得好的学习效果应该对异质文化具有好感，向往其生活方式，渴望了解其历史、文化和社会习俗等。相反，学习者对外族文化抱有轻蔑、厌恶甚至仇视的态度学习该族语言是学不好的。此外，学生对学习材料、教学活动的组织形式及对教师的态度都会影响到他们语言学习的效果。

分析学生的个体差异有利于教师制订合理的教学计划，选择适合的教学材料及方法。

（三）成功的语言学习者的特点

（1）认真并愿意听教师讲课，坚持做笔记，对教师讲过的单词、短语、句子和课文等定期复习。

（2）具有冒险精神，能大胆地运用所学知识，不怕犯错，对于教师的纠正有较好的态度。

（3）善于思考，可以用英语思维来考虑问题，能将所见所闻与学过的英语知识联系起来。

（4）善于通过与教师的交际来提高自己的语言水平。主要表现在经常提问、积极发言。

（5）有适合自己的学习方法，并且彼此之间存在差异，例如有的学生喜欢早上背单词、课文，有的学生则善于睡前背诵单词、课文，因此学习者应该善于寻找和琢磨适合自己的学习方法和时段。

（6）有着长远的学习目标，要使近期目标比目前学习的内容更加深入，善于充分利用有限的课堂时间与教师和同学进行交流。

（7）能够合理安排自己的课后时间，懂得学习英语需要持之以恒的态度。

三、教学内容

教学内容是指在教学活动中为实现教学目标，师生共同作用的知识、技能、技巧、思想、观点、概念、原理、事实、问题、行为习惯等的总和。教学内容是一种特殊的知识系统，既有别于语言知识本身，又不同于日常经历；既要考虑英语学科本身的知识体系，又要考虑学生的年龄特点和实际需求等。通常来讲，教学内容主要有以下五个方面。

（1）语言知识。英语语言知识是综合英语运用能力的有机组成部分，语言知识是语言学习和语言运用的重要内容之一，英语语言能力的形成是以语言知识为基础的。

（2）语言技能。英语语言技能主要包括听、说、读、写四个方面，它们是形成综合语言运用能力的基础和必要手段。"听"的技能就是分辨和理解话语的能力；"说"的技能就是运用口语表达思想、输出信息的能力；"读"的技能是指辨认和理解书面语言的能力；"写"的技能主要指运用书面语表达思想、输出信息的能力。在大量听、说、读、写等专项及综合性训练中，学生将会拥有这几种技能的综合运用能力，为真实的语言交际奠定基础。

（3）情感态度。情感态度是指兴趣、动机、自信、意志和合作精神等影响学生学习过程和学习效果的相关因素。积极的情感态度有利于激发学生潜在的各种技能；相反，消极的情感态度会阻碍语言学习能力的养成。因此，教师在教学中应不断激发并强化学生的学习兴趣，引导他们逐渐将兴趣转化为稳定的学习动机，从而形成积极的情感态度。

（4）文化意识。文化意识是指所学语言国家的地理、历史、风土人情、传统习俗、生活方式、文学艺术、行为规范、价值观念等。对于英语学习者来讲，接触和了解英语国家的文化可以加深其对英语语言的理解和使用，提高其人文素养，培养其世界意识。因此，教师在英语教学中要注重对学生文化意识的渗透，根据学生的年龄特点和认知能力，传授文化知识，培养文化和世界意识。

（5）学习策略。学习策略是指学生为有效地学习和发展而采取的各种行动和研究方法。英语学习策略主要包括认知策略、调控策略、交际策略和资源策略等。培养学生的学习策略可以促使他们的有效学习，并能为终身学习奠定基础。好的学习策略，可以改进学习方式提升学习效果，还能使学生学会如何学习，从而形成自主学习的能力。因此，教师要帮助学生拥有自己的学习策略，对自己的学习过程和效果进行监察和反思，培养学生根据学习风格调整学习策略的能力，引导学生善于观察他人的学习策略，敢于尝试不同的学习策略。

四、教学方法

教学方法是教师和学生为了实现共同的教学目标，完成共同的教学任务，在教学过程中运用的方式或手段的总称。从古至今，英语教学中出现过不少教学方法，并且它们都在英语教学中发挥过作用。然而，事实证明，教学方法没有最好的，只有最有效的。具体地说，英语教学中如果采用固定的、一成不变的方法，将会引起学生的反感，也就会降低英语教学的效率。即使在一堂课使用一种教学方法，学生也会感到单调、乏味。因此，英语教学所采用的方法应具有灵活、多样等特点,要对各种语言技能有所侧重,这样才能全面提高英语学习的能力。

五、教学环境

(一)教学环境的要素

教学环境是一个由多种不同要素构成的复杂系统,广义的教学环境是指影响学校教学活动的全部条件,它可以是物理环境和心理环境;狭义的教学环境指班级内影响教学的全部条件,包括班级规模、座位模式、班级气质、师生关系等。在此,我们将教学环境的要素总结为以下几方面。

(1)社会环境。这一环境是影响和制约外语教学的重要因素,它主要涉及社会制度、国家的教育方针、科学技术水平、经济发展状况、人文精神、外语教育政策、社会群体对英语学习的态度以及社会对英语的需求程度等。英语教学发展的主要动力就是社会环境,它对英语教学有着极强的导向作用。

(2)学校环境。为学生提供学习场所和学习手段的最佳环境就是学校,学校环境对英语教学的影响是最重要和最直接的,它决定着多数学生英语学习的成败。学校环境主要涉及课堂教学、接触英语时间的频率、班级的大小、教学设施、教学资料、英语课外活动、英语教师及其他教职工对英语的态度及其英语水平、校风班风和师生人际关系等。

(3)个人环境。个人环境也会对学生的英语学习产生一定的影响。个人环境一般包括学生的家庭成员、同学、朋友的社会地位、物质生活条件、文化水平、职业特点和对英语学习的态度、经验、水平及学习方式、成员之间的关系及感情、学生的经济状况、拥有的英语学习设备和用具等。

(二)教学环境对英语教学的影响

教学环境对英语教学有以下几个方面的影响。

(1)教学环境能够使教师在教学中更加努力地营造良好的课堂环境,充分利用现代化教学设备,优化教学环境,提高学生对英语语言的运用能力。

(2)教学环境可以帮助教师更快认识环境对学生英语学习的影响,结合我国英语教学的现状,理性地分析、判断和选择其他国家英语教学的理论和方法。

(3)教学环境可以帮助教师有效地加工语言输入材料,科学地设计语言练习,创造良好的课堂英语使用环境。

(4)教学环境有利于教师在不断学习和实践优化课堂教学环境的策略,以及在创设良好的英语教学环境的过程中，提高其自身的教学质量。

第四节　大学英语教学的理论依据

不同的英语教学方法源于对语言教学的不同看法，以及对语言学习的不同理解。因此，为了更好地认识和理解英语教学，我们还要了解和学习一些影响英语教学的理论基础。

一、比较语言学

比较语言学起源于18—19世纪的欧洲。它主要研究印欧语系中语言的语音系统。比较语言学是把有关各种语言放在一起加以共时比较或把同一种语言的历史发展的各个不同阶段进行历时比较，以找出它们之间在语音、词汇、语法上对应关系和异同的一门学科。利用比较语言学既可以研究相关语言之间在结构上的亲缘关系，找出它们的共同母语，又可以找出语言发展、变化的轨迹和导致语言发展、变化的原因。这门学科在19世纪被广泛地应用于印欧语的语言研究中，并取得了较大成就。

二、结构主义语言学

从19世纪末到20世纪中期，不少学者如帕西（Passy）、布龙菲尔德（Bloomfield）、斯威特（Sweet）、韩礼德（Halliday）等都对语言的结构进行了分析和研究，并提出了很多重要的观点。在众多研究中，美国和英国的语言学家对结构主义语言学的研究做出了重要的贡献。

（一）美国的结构主义语言学

美国结构主义语言学是从研究美洲印第安人口语语言开始的。由于印第安人的语言没有文字的形式，所以他们就想办法用语言符号（如国际音标）把自己口述的话如实且及时地记录下来，然后对收集到的口语样本进行各种分析，研究它们的结构和特征。之后美国结构主义语言学家用"描写"方法研究了英语及其他印欧系的语言。语言学家们认为可把语言看作一个把意义编成语码的系统，这个系统主要由结构相关的成分构成，包括音位、词素、单词、结构和句型。一个语言系统主要包括音位系统、词素系统和句法系统三个方面。

（1）音位系统。在音位系统中，应该对音位、音位变体、音位组合的规则进行描述，还应该对连贯话语中的语音现象进行描述。

（2）词素系统。在词素系统中，应该对词素、词素变体、自由词素和黏着词素等成分和结构加以描述。

（3）句法系统。在句法系统中，应该对词的分类、短语分析、直接成分分析和句型的类型进行描述。

这些语言学家认为，口语是活的语言，所以语言是口语，不是书面语。学习语言首先应该学习口语，而学习口语就应该从学习某种语言的"当地人"所说的话开始。美国结构主义语言学家还发现语言有自己的独特结构，不同的语言有不同的音位系统、词素系统和句法系统。同样，不同的语言在音位系统、词素系统和句法系统中的成分、结构也有所不同。因此，学习语言要注重其差异性。

鉴于语言的这种差异性特征，美国结构主义语言学家认为，学习外语语言还会受母语的干扰和影响。学习外语需要克服因外语语言结构和母语结构上的差异而产生的困难和发现错误。如果母语结构和外语的结构是相同的，那么学习也不会产生困难和错误，也就不需要教师的教授，只要学生接触语言就可以了，因此在外语教学中，教师应努力解决这两种问题。

（二）英国的结构主义语言学

英国语言学家在对语言结构特别是句型结构的研究上取得了卓越的成效和显著的成果。对英国语言结构研究做出重要贡献的人物有帕尔默（H. Palmer）、霍恩比（A.S. Hornby）等。这些语言学家从 20 世纪 20 年代开始共同分析、总结了主要的英语语法结构，把英语语法结构归纳成一定的句型。英国语言学家主要的研究成果可以从霍恩比所著的《牛津高级现代英语词典》（Oxford Advanced Learner's Dictionary of Current English）、《高级现代英语词典》（Advanced Learner's Dictionary of Current English）等著作中看出来。雷恩比在其所著的《英语句型和惯用法》一书中归纳了很多英语句型，包括 25 种动词句型，5 种名词句型，3 种形容词句型。霍恩比还通过大量的实例说明这些句型的意义和句型与句型之间的转换性。例如，Most people considered him(to be)innocent 可转换为：Most people considered(that)he was innocent。

与美国结构主义语言学研究不同，英国结构主义语言学家的研究更加强调语言结构和结构使用情景之间的关系。20 世纪 40 年代英国形成了结构主义伦敦学派，其代表人物有马林诺夫斯基（B. Malinowski）和弗斯（J.R. Firth）。马林诺夫斯基结合自己对南海岛屿居民文化的研究，得出了"南海岛屿居民的语言只能密切联系其文化才能理解"的结论。他将"语境"当作语言活动进行的自然环境，随后弗斯在马林诺夫斯基研究的基础上提出"语言必须在不同的语境下对各个层面进行研究"的观点。弗斯还制定了描述"语境"的三个特点，即参与者的特点、相关目的、语言行为的效果。在弗斯的基础上，英国学者韩礼德又提出，语言的描述应该包括三个层面，包括实体、结构和语境。语言学研究对应以上三个层面的是语音和音系学的研究、语法和词汇的研究以及语义的研究。

三、社会语言学

社会语言学是研究语言的社会本质和差别，以及他们的社会因素的一门学科。社会语言学认为，语言的最本质功能就是语言的社会交际。美国社会语言学家海姆斯（D.H Hymes）认为，社会化的过程是一个儿童习得母语的最好环境，这不仅能使他们理解本族语的习惯并说出符合语法的句子，而且还能在一定的场合和情境中巧妙地使用语言。1996年，海姆斯提出了"交际能力"理论，海姆斯认为，交际能力是指运用语言进行社会交往的能力，既包括言语行为的语法正确性，又包括言语行为的社交得体性；既包括语言能力又包括影响语言使用的社会文化意识的言语能力。

四、行为主义心理学

行为主义心理学兴起于20世纪50年代的美国，其代表人物主要有华生（J.B. Watson）和斯金纳（B.F. Skinner）。他们将学习看作刺激与反应的联结，并提出了一个假设，即行为是学习者对环境刺激所做出的反应。他们将环境看成刺激，把有机体行为当作反应，认为所有的行为都是通过学习获得的。行为主义在学习理论中发挥了重要的作用，特别是巴甫洛夫的经典条件反射和斯金纳的操作条件反射理论在人类的学习中被广泛应用。

斯金纳认为人们的言语、言语的每一部分都是由于某种刺激的存在而产生的。这里的"某种刺激"可能是言语的刺激，也可能是外部的刺激或内部的刺激。有关斯金纳的条件反射理论，这里举了一个十分恰当的例子：一个人口渴时会说"I would like a glass of water"。斯金纳指出，人的言语行为跟大多数其他行为一样，是一种操作性的行为，是通过各种强化手段获得的。因此，课堂上如果学习者做出了操作性的反应后，教师要及时进行强化，学生答对时要说"好"或"正确"，答错时要说"不对"或"错了"，这样学习者的言语行为就会得到不断强化，发生错误的可能性就会降低，从而渐渐地学会使用与其语言社区相适应的语言形式。语言学习是在不断强化的过程中形成的，只有反应的"重复"出现，学习才会发生。

五、人本主义心理学

20世纪五六十年代人本主义心理学在美国兴起，它与行为主义心理学和心理分析心理学形成了对立。人本主义心理学的主要代表人物有马斯洛（A. Maslow）和罗杰斯（C.R. Rodger）。他们认为，教育的作用在于提供一个安全、自由、充满人情味的心理环境，使人类固有的优异潜能得以实现。他们的主要理论是"情意教学过程论"和"以学生为中心的教学模式论"。

人本主义心理学强调学习者内心世界的重要性，并且把个人思想、意愿与情感放在所有人发展的中心地位。人本主义所倡导的学习理论，不像行为主义和认知心理学那样从验证性研究中得到原则后再形成推论，多半是根据经验原则提出观点与建议。此外，人本主义学习理论不限于对片面行为的解释，而是扩大至对学习者整个成长历程的解释。人本主义学习理论的基本观点如下。

（1）强调人的价值，重视人的意识所具有的主观性、选择能力和意愿。

（2）学习是人的自我实现，是形成的丰富人性。

（3）学习者是学习的主体，必须受到尊重，任何正常的学习者都能自己教育自己。

（4）人际关系是有效学习的重要条件，它在学与教的活动中创造了"接受"的气氛。

可见，语言学习既要教师向学生传输语言知识，又要通过大量的语言实践培养语言技能；学习语言的最终目的是交流信息、沟通思想，教师与学生面对面的语言交流和互动才是最有效的学习途径。人本主义学习理论的最大特点是重视学习的感情因素。因此，教师在语言教学过程中，要以学习者为中心，突出学习的过程和自我实现的价值，贯彻"以人为本"的原则。

六、建构主义理论

随着心理学的不断发展，以及心理学家对人类学习过程中认知规律研究的不断深入，到 20 世纪后期，认知理论的一个重要分支，建构主义学习理论在西方逐渐流行。建构主义的最早提出者可追溯至瑞士学者皮亚杰（J. Piaget）以及苏联心理学家维果斯基（Lev Vygotsky）。

建构主义理论强调在教师的指导下、以学生为中心的学习方法。他们认为，学生是信息加工的主体、是意义的主动建构者，不是外部刺激的被动接受者和被灌输的对象；教师是学习的意义建构的帮助者和促进者，而不是知识的传授者和灌输者。20 世纪 90 年代以后，随着科学技术的迅速发展，多媒体和网络技术为建构主义理论学习环境提供了技术支持，建构主义学习理论教学设计思想得到了广泛应用。

七、二语习得理论

虽然在 20 世纪 60 年代这一理论已展开，但是真正成为一门独立的学科是在 20 世纪 70 年代形成的。它的主要代表人物是美国学者克拉申（S. Krashen）。它针对第二外语的习得提出对外语界影响颇深的语言监控理论。虽然这一理论还存在颇多争议，但毕竟是比较有影响的外语教学理论。该理论主要由五个假设构成，即习得/学习假设（The Acquisition/learning Hypothesis），自然顺序假设（The Natural Order Hypothesis）、监控假设（The Monitor Hypothesis）、输入假设（The Input Hypothesis）和情感过滤假设（The Affective Fiber Hypothesis）。下面我们就对其中几个进行简单介绍。

（一）习得/学习假设

对"习得"和"学习"的区分，以及对它们各自在习得者第二语言能力形成过程中所起作用的认识，是克拉申理论的出发点和核心。在习得/学习假设中，克拉申将学习和习得明确地分开，他将习得看作是在学习者无意识的状态下获得语言的过程，学习是学习者有意识地通过课堂学习等方式获得语言的过程，甚至可以说，习得和学习的知识处在大脑的不同部位。

（二）自然顺序假设

自然顺序假设认为，人们习得语言结构知识的顺序是自然进行的。例如，大鼠实验表明，当儿童或成人学习英语时（第二语言学习），对"进行时"的掌握先于"过去时"，对"名词复数"的掌握先于"名词所有格"等。克拉申还指出，自然顺序假说并不要求人们按这种顺序来制定教学大纲。事实上，如果我们以习得某种语言能力为目的，就可以不按照任何语法顺序来教学。

（三）监控假设

克拉申还提出了监控假设来说明学习的作用。事实上，监控假设与习得/学得假设有着密切的关系，它体现了"语言习得"和"语言学习"的内在关系。根据这一假设，语言习得和语言学习的作用存在的不同显现了出来。语言习得系统认为，潜意识的语言知识才是真正的语言能力；而语言学得系统则认为，有意识的语言知识只在第二语言运用时起监控或编辑的作用。这种监控作用既可发生在语言输出前又可能发生在其后。但是，监控能否发挥作用主要依赖以下三个条件。

（1）有充足的时间。语言使用者只有具有足够的时间才能有效地选择和运用语法规则。

（2）注意语言形式。语言使用者必须考虑语言的正确性。

（3）知道规则。语言使用者一定要具有所学语言的语法概念及语言规则知识。

在口头表达时，人们通常只注重说话的内容而忽视形式，没有过多地考虑语法规则。因此，在说话时，总是考虑语法监控，不断地构思和纠正自己的语法错误，说起话来就会结结巴巴，妨碍其交际活动的进行。在书面表达时，就不会出现这种状况，因为作者有足够的时间推敲字句，斟酌语法。

八、输出假设

克拉申认为，可理解的输入在第二语言习得中起着主导作用，而斯温（Swain）认为输出在第二语言习得（以下简称二语习得）中有着显著作用。斯温根据她的"沉浸式"教学实验提出了输出假设。她认为语言输入是二语习得的必要条件，但不是充分条件；要使学习者达到较高的外语水平，除了靠可理解性输入外，还要有可理解输出；学生需要被迫使用现有语言资源，需要对将要输出的语言进行构思，保证其更恰当、更准确，并能被听者理解。这样，既可以提高学习者语言使用的流利程度，又能使他们意识到自己在语言使用中存在的问题。因此，在外语教学课堂上，教师应该给学生足够的时间和机会来使用语言，以提高学生语言使用的流利性和准确性。

第二章　大学英语教学改革的方向与趋势

第一节　大学英语教学核心要素的特征转变

以教师为中心的知识传授教学模式转向以学生为中心的综合应用能力教学模式，既是"本真"的大学英语教学应有的承诺，又是信息技术飞速发展的必然结果。经过十年的快速发展，中国互联网已形成规模，应用走向多元化，人们在工作、学习和生活中越来越多地使用互联网。中国互联网络信息中心统计报告显示，网民规模跃居世界第一位。互联网已经展现出重要作用，改变了人们获取知识的手段，以其不受时空限制的显著特征，对学校教育产生着十分巨大的影响。

网络工具庞大的信息资源和可接近性使信息流更直接地指向学生，三千多年以来的学校教育中教师与学生的依存关系正在经受严峻挑战，也必将会发生根本性的改变。随着新技术网络工具的介入，使学习者不再像过去那样通过他人的视野和引导获得的学校学习，学习可以是24/7，即是于一周7天、每天24小时的学习，超越了时空限制，学习无时无刻、无所不在。计算机技术日新月异的进步使其功能有了跨越式的发展，在外语教学方面，已远远超出了其辅助功能，逐步走向主导。大学英语教学的教材、时间、空间、媒介、学习者、教师等教学中的关键变量都将呈现出全新的特征，预示着大学英语课程教学网络环境的形成。由于网络语言中英语独特的话语权地位和英语学习者得天独厚的语言便利和可及性，使大学英语课程教学首先受到显著影响。大学英语课程教学中的学习者、教师、学习内容等核心要素被赋予了新的内涵，学习者正在形成一种新的心理空间和认知空间。

同时，教师与学生角色的根本性变化对大学英语教师的课程教学与研究也提出了新的更高的要求，首要的任务是"实现教学理念的转变，即实现从以教师为中心、单纯传授语言知识和技能的教学模式，以学生为中心、既传授一般的语言知识与技能，又更加注重培养语言运用能力和自主学习能力的教学模式的转变"。本节教师为中心转向以学生为中心的"中心转向"主要变量内涵特征的分析，探讨在网络环境下大学英语课程教学研究中其转变的若干基本假设。

一、教师为中心大学英语教学模式的局限性

大学英语教学是高等教育的一个有机组成。传统上，大学英语课程计划和教学在特定的时期、在一定的循环内部发生、发展，大学英语课堂教学任务的设计和实施以及教学评价的手段和目的旨在确认教学任务的达标情况；学生未取得主体地位，在学校这个特定的空间被动地接受英语教育，且有一定的修业年限；大学英语课程内容在覆盖范围和编设程序等方面都有硬性规定；评价形式单一，教材、软件、教学辅助设备等教学媒介基本上是线性的和预先决定了的；教师是大学英语教学的主体和中心，是学生学习、获得英语相关知识的最主要的渠道，是"牵引"学生学习。以教师为中心大学英语教学模式中的教师、学生和教学媒介呈现的相互关系是从教师到学生、从教材到教师与从教学媒体到教师的强交互，而从学生到教师、从教材到学生、从教学媒体到学生则是弱交互。教师除严格按教学要求完成施教的任务外，不能够决定教学目的和教学计划设计。教师在课堂的施教、知识传授主要体现在 Tyler 模式的六步循环之中，即：确定自己的课堂教学任务，使学生能力达到教学目标要求，设计课堂教学过程，按教案授课，根据反馈信息重新分析课程和教学方法，以及调整教学方法等。在网络多媒体环境下，这些传统的教学模式、教学内容以及教学方法等都不能够适应新的大学英语教学情境要求。因此，分析网络环境下大学英语是教学主要组成要素的特征，构建新的大学英语教学模式成为当下大学英语课程教学改革研究的必然。

二、学英语教学核心要素的主要特征

在网络环境下，大学英语课程发展和教学出现了新的特征，在很大程度上不同于传统的大学英语教学模式。计算机网络与外语课程的整合至少取得了外语教学打破教材为知识唯一来源、创设理想的外语学习环境和改变传统的教学结构三大突破，课程不再是绝对规定性的，教师也不再是学生获得知识的唯一连接点。网络信息量极其丰富，但是零乱无序，不具备传统意义上课程在内容范围和程序编设方面的确定性和良好结构。网络信息直接指向学生，学生成为学习的中心，

他们可以"控制"学习媒介和"课程"的程序，可以自主选择学习的时间、地点和内容。学习是非线性的和无连续性的。在网络环境下，大学英语课程教学中的学习内容、教师、学生等主要方面都被赋予了新的内涵。

1. 向世界知识的学习内容

在网络环境下，大学英语学习者接触、学习的内容极其丰富复杂，远远超出《课程要求》所规定的必修课程和选修课程的教材内容体系，而延伸到与学生当下学习主题相关的影像资料以及从网络上获取的各种信息资源。网络信息和世界知识更直接地指向学习者，不再需要中间环节，学习者可以完全依据自己的兴趣、爱好和对自己未来设计的需要自主、自由地选择、重组、再加工。网络所提供的超媒体、超文本信息，以及跨学科、跨时空和面向真实世界的链接，构建起了使学习者走出大学英语课堂、融入社会实际英语使用情境的内容体系，有助于实现学习内容与学生之间的双向强交互（陈坚林，2005：6）。因此更好地体现了大学英语课程兼具的工具性和人文性。从而在结合大学英语课堂教学巩固语言基础的同时，也成为学生拓宽知识领域、了解世界文化的素质教育课程。从构建课程的角度看，为学生的研究性学习、创造性学习和问题解决提供了更便捷有效的认知工具和认知空间。

2. 主体地位的淡化

随着学习内容的改变，大学英语教师的角色也相应地发生了显著变化。与过去直接的语言知识传授、严格监控的教学活动模式相比，教师更应该去强调通过设计重大语言学习任务或问题引导学生学习和支撑学生学习的积极性，隐藏或淡出自己的中心地位，帮助学生成为学习的主体，设计真实、复杂和开放性的语言学习环境与问题情景，诱发、驱动并支撑学习者探索、思考与解决问题的活动。

教师的"中心转向"及其责任之一就是去放弃教学过程中的绝对主导者角色，转向为学生自主学习、自我思考、自我发现的促进者、组织者和指导者，帮助学生理解不断变化的环境和自己，在最大限度地发展他们的潜能。以学生为中心，强调用真诚、信任和理解的根本原则，强调学习方法。因此，教师要充分信任学生，对学生的任何具有独立性思想与感情都应予以认可，相信他们能够充分发挥自己的潜能。尊重和理解学生的内心世界，使学生获得安全感和自信心，获得真实的自我意识。

教师中心地位的隐藏或淡化并不意味着教师中心地位的丧失。相反，在传统教学模式向网络背景下大学英语课程教学转型开始发生时期，借助网络操作简单、功能强大的搜索引擎，教师有了成为学校课程发展领导者的机会。随着越来越多的大学英语教师和大学英语学习者走向"键盘"，大学英语教师有了更为广阔的调用网络资源的发展空间，进而发挥新的教学指导作用：超越时空地以超文本的形式与学生在线直接交流，随时随地帮助解决学生学习中遇到的各种问题。

根据特定目标和特定学生设计不同的网络课程任务，对学生进行有针对性的"因材施教"。依据问题、兴趣、需要等，整合不同的主题，建立跨学科的联系。引导学生在网上"电子畅游"世界，开阔眼界，以亲身的探索经历构建坚实的图式基础。引导学生通过网络培养阅读、听说、写作等技能，强化批判性和创造性等高级思维能力。将娱乐性、参与性强的网站引入教学内容之中，激励和刺激学生"人机互动"，寓教于乐。在现实的语言体验中内化语言知识，形成并不断提高综合语言应用能力。

3. 学习者主体地位的凸显与学习者意义的建构

中外学者历来都十分重视学生的学习，认为学生的学习对于掌握知识、形成技能、发展智力、培养能力、养成品德、塑造人性具有积极的意义。中国古代关于学习过程最为典型的理论有五阶段论，即"博学之，审问之，慎思之，明辨之，笃行之"（《礼记·中庸》）。现代西方学者侧重突出学习者心理在学习中的地位。行为主义的学习理论强调学习刺激与反应的联结，主张通过强化模仿来形成与改变学习者的行为。认知主义的学习理论强调学习是认知结构的建立与组织的过程，重视整体性与发现式的学习。人本主义的学习理论（以 Rogers "以学习者为中心"的学说为代表）强调学习是发挥人的潜能、实现人的价值的过程，要求学生愉快地、创造性地学习。当代的多元智力（MI）理论所倡导的是一种积极的学习观，认为人的智力是由分析性、创造性和实践性三个相对独立的能力方面组成的，绝大多数人在这三方面的表现不均衡，个体智力上的差异主要表现在这三个方面的不同组合上。每个学生都有自己的优势智力领域、有自己的学习类型和方法。建构主义学习观认为，每个学生都不应当等待知识的传授，而应基于自己与世界相互作用的独特经验去建构自己的知识并赋予经验以意义。强调学习的积极性、建构性、积累性、目标指引性、诊断性与反思性、探究性、情景性、社会性以及问题定型学习、基于案例的学习和内在驱动的学习，等等。学习是个体建构自己的知识的过程，以现有的知识经验为基础对新信息进行编码，建构自己的理解，"生长"出新的知识经验，并在信息积累的过程中，不断对新、旧知识经验的冲突引发的观念转变进行结构重组。由于经验背景的差异，学生对问题的理解常常各异，在学生共同体之中，这些差异本身便构成了一种宝贵的学习资源。

学习者所需要的更多是可以增进他们之间合作的机会，整合不同的观点，进而促进学习的有效进行。

在网络环境下，大学英语学习者所担任的不再是某一种单一的角色，而可以说是上述各种角色的综合。学习者在人格上获得了与教师平等的主体地位，成为能"充分发挥作用的人"，他们的学习是主动的，不再是被动的刺激接受者，而成为教与学的主体，是信息加工与知识的主动建构者，通过网络媒体创造的学习环境，按照自己的需要调节内容呈现的形式和进度。通过网络工具他们可以有效控制自己的学习过程，在寻求理解的过程中进一步产生新的学习动机，自己决定信息的关联及其程度，要求课文只给出"大观点"的结构，期望情景性的评价机制。随着学习者大学英语学习过程中独立性、自主性和创造性主体地位的提升，在现实语言的交往中自身的语言知识经验得以有效"生长"，学习者意义也同时得到合理的建构。

三、学英语教学模式转变的基本原则

网络环境下，大学英语课程教学内容、教师和学生的变化，尤其是由以教师为中心向以学生为中心的转变，必然要求对教学方法也应予以重新审视和反思。从源于古希腊苏格拉底和柏拉图的哲学取向的教学理论，到19世纪初赫尔巴特现代意义上的教学理论在哲学取向或心理取向的分野，在教学方法上的主张一直是以讲授法占主导地位。讲授法是教师通过口头语言向学生系统地传授知识的方法，包括讲述、讲解、讲演三种基本方式。这种基于知识和以教师为中心的教学方法曾在历史上发挥了重要作用，产生了巨大影响，即使在今天的大学英语课程教学中，仍然在部分地沿用。

当代教学理论在教学方法上对讲授法加以改造，注重学习的心理因素。行为主义的教学方法把刺激—反应作为行为的基本单位，认为教学的艺术在于如何安排强化，程序性教学方法设计严格遵循逻辑程序，目的是保证学生在学习中把错误率减少到最低限度。认知主义倡导发现法，强调学习过程、直觉思维、内在动机和信息的加工和提取。人本主义重视教师的促进作用，帮助学生构建意义学习，鼓励学生全人参与、自我发起、自我评价。建构主义要求把所有的学习任务抛锚在较大的任务或问题中，重视学习者发展对整个问题或任务的自主权。建构主义教学方法首先是设计支持并激发学习者思维的学习环境，鼓励学习者根据可替代的观点和背景去检验自己的观点，提供机会并支持学习者对所学内容与学习过程

的反思。

上述教学方法都是基于知识传授的方法。随着网络时代的到来，大学英语教学范式的设计需要考虑出现的一系列新变化：以教师为中心向以学生为中心的转变、单一意义刺激向多意义的转变、单一路径向多路径的转变、单一媒体向多媒体的转变、个人学习向合作学习的转变、知识传授向信息交流的转变、被动学习向互动和主动参与学习的转变、事实记忆向研究型和探究型学习的转变以及孤立、人为语境向真实世界语境的转变等。

对这一社会变革力量我们不能采取"等等看"的态度。这不是一个网络"是否"会改变大学英语课程教学的问题，而是"如何"和"何时"改变的问题。"何时"即"现在"。构建大学英语课程教学新的范式势在必行。基于上述分析，大学英语教学"中心转向"几个基本的原则是：学生和教师都将同时成为学习者。大学英语课程教与学的过程将会是互动的和多向的交流形式，而不是单向的知识传递。教学手段是多媒体的。网络将得到更为广泛的应用，学习资源以多媒体的形式呈现，教学手段趋向多媒。学生自己决定学什么和怎么学去构建自己的知识，不再是被动接受性学习。

教师的主要角色将是引导者（guide）、指导者（mentor）和辅导者（tutor），教师应是反思的，而不仅仅是经验型的。学习需要一套基本的学习技能。包括对新技术的应用能力和认知以及元认知技能等。学习环境必须彻底重新构建。大部分学习经历将指向现在或将来，而不再指向过去。学习者考虑更多的将是自己未来的设计，知识的学习和技能的培养与未来有更为密切的关系，并在学习中得到充分体现。对学生的评价应是连续的和发展的，而非一次性和完全标准化的。

为此，大学英语课程教学也应予以重新设计。在网络环境下，以计算机为核心的现代教育技术、教学内容、教师、学生应构成一个生态化的大学英语教学环境，使教师与学生在整合的教学情境中相互作用、相互补充、相互转换，充分发挥教师和学生在教学中的积极作用。当前比较理想的有效教学整合可以设计为下述八种依次由简单到复杂的方法之一或几种方法的组合运用：以事实、表征形式、规则、实践等活动实现知识习得、操作、模型目的的"基于内容的教学方法"。以故事、未知内容作为活动形式实现语言意识、语言兴趣的"基于技能的教学"。以"大观点"、熟悉度、文本组织为教学活动内容实现文本理解、信息联结的"探究教学法"。通过合作活动、小组活动等师生间、生生间互动发展社会技能的"基于概念的学习法"。围绕当前事件设计教学活动内容，达到在不同学科间共享决策目的的"学科间渗透教学法"。针对未来事件拟定教学内容和课堂内外教学活动提高学生分析问题、解决问题能力的"合作学习"。以及导引学生在接触学习内容时充分自由想象，逐步形成对新知识和表征形式的建构的"批判性/创造性思维教学"。

大学英语教学模式的转变，目的是促进大学英语学习者个性化学习方法的形成及其自主学习能力的发展。网络环境对大学英语课程教学的内容、教师、学习者和教学方法等都产生的深刻影响，网络信息更直接地指向学习者，不再需要中间环节，使学习者可以完全依据自己的兴趣、爱好和对自己未来设计的需要自主、自由地选择。实现从以教师为中心、单纯传授语言知识和技能的教学模式向以学生为中心、既传授知识与技能，更注重语言实际应用能力和自主学习能力的培养，大学英语教师更应该强调通过设计重大任务或问题引导学生学习和支撑学生学习的积极性，隐藏或淡出自己的中心地位，帮助学生成为学习的主体，并设计真实、复杂和开放性的学习环境与问题情景，诱发、驱动并支撑学习者探索、思考与解决问题的活动。大学英语学习者主体地位的获得，使其由被动的刺激接受者走向更加主动的有效学习，去生成自我语言知识，建构自我意义，成为教学的中心。以学生为中心大学英语教学模式的转变是学习者主体得以显现和持续的保障。

第二节　大学英语教学改革存在的问题及对策

2003 年，教育部开始实施"高等学校教学质量和教学改革工程"，大学英语教学改革是其中重要的组成部分。教育部选取 100 所高校作为大学英语教学改革试点，先行先试。2007 年，教育部正式颁布实施《大学英语课程教学要求》(以下简称"要求")。自此，大学英语教学改革实践在全国各高等学校展开。"要求"指出大学英语课程是大学生必修的基础课程，不仅明确了大学英语课程的地位，而且从教学性质与目标、教学要求、课程设置、教学模式、教学评估、教学管理六个方面对大学英语教学实践提出了具体要求。综观近年来的大学英语教学改革，虽然取得了一定的成效，但也存在诸多争议。本节分析了大学英语教学改革存在的问题及其内在原因，并在此基础上提出进一步深化大学英语教学改革的对策，力图为大学英语教学改革的未来发展指明方向。

一、大学英语教学改革存在的问题及其原因分析

"要求"是各高校开展大学英语教学改革的纲领性文件。各高校要在此基础上根据自身的办学特色，制定与之相适应的英语课程体系、课程内容等具体的教学改革实践方案。从各校教学改革实施的方式与效果看，大学英语教学改革存在以下三个主要问题：

（一）大学英语教学改革的方向迷失

当前，大学英语四、六级考试已成为许多高校开展英语教学改革的指挥棒。各大高校从四、六级考试题型和内容中捕捉大学英语教学改革的方向，使大学英语教学沦为应试工具。自1987年我国推行大学英语四级全国统一考试以来，四、六级考试的题型进行了多次调整，这种变革与大学英语教学改革是相呼应的，但四、六级考试仍无法全面反映大学英语的教学要求。在四、六级的100分制阶段，考试题型侧重语言本身，较少涉及英语应用能力的测试，后期逐步加大英语听说能力测试内容的比重。在710分制阶段，不划分及格线，不颁发证书，只发成绩单，突出对听说能力的考查。听力分值由原来的20%上升到35%，阅读部分维持在35%的比重，但考查的内容与形式越来越偏向于实际应用。四、六级考试只是用于评价学生英语学习效果，用于衡量学生是否达到大学英语教学目标的能力要求的一种方式，而不应该作为唯一的教学目标。

部分高校出台了"达到四、六级考试及格线的学生可申请免修大学英语课程"的规定。部分中学英语基础扎实的学生进入大学后，只要通过入学后的第一次四级考试就能"免修"大学英语课程，这与"要求"的指导思想背道而驰。"要求"不仅指出大学英语是必修的基础课程，而且建议"学校的学分制体系要体现学生大学英语课程的成绩，保证大学英语的学分占本科总学分的10%"。为了督促通过四级考试的学生继续修读大学英语课程，有些高校推出六级、雅思、托福英语考试等各种培训班。雅思、托福考试比四、六级考试更注重考查学生语言之外的能力，要求考生不但要有扎实的语言基础知识，还要有灵活的语言实际应用能力。不可否认，雅思、托福考试已成为评价我国学生英语能力的一种辅助手段，但仍然不能作为大学英语教学的目标。

大学英语教学沦为应试教育的主要原因包括：大学英语教学目标不明确，将培养学生达到四、六级考试的及格线作为大学英语教与学的目标，忽视了学生英语综合应用能力的培养；大学英语教学评估体系单一、不科学，尤其缺乏对学生

自主学习、英语实际应用能力的评价，将四、六级考试达到及格线或托福、雅思成绩作为衡量学生英语能力的主要标准。

（二）大学英语自主学习流于形式

"要求"建议变革传统英语课堂教学的"教"与"学"关系，建立以"学"为主、以"教"为辅的新模式，培养学生的英语自主学习能力，并在此基础上，构建个性化的大学英语教学模式。这就要求在英语课堂教学中渗透自主学习模式，通过"自主"的教学方式，逐步提高学生的自主学习能力。显然，这种教学模式的成功需要发挥"教"与"学"两方面的协同作用。一方面，高校必须统筹各方资源，包括英语教师、计算机技术人员与管理人员，搭建基于校园网的英语自主学习平台，为学生提供丰富的线上学习资源；另一方面，学生要充分利用课外时间，开展在线英语自主学习。严梦娜对福建农林大学非英语专业学生的课外学习情况进行问卷调查，发现63.7%的农科学生和50.8%的工科学生将课外时间用于休闲或上网，其中上网获取资料用于学习的学生分别占21.8%和27.8%。王林海和赵虹对燕山大学学生使用网络进行学习的情况进行调查，发现大部分学生上网是为了休闲娱乐，只有部分学生利用网络自主学习或获取有用信息。蒋宇红和周红对嘉兴学院1000名二年级学生的自主学习状况进行问卷调查，发现65.0%的学生没有养成自主学习的习惯，网络学习只是走马观花，应付老师的检查。

上述调查数据表明，强调自主学习的教学模式并没有充分调动学生自主学习的积极性，未能达到预期的教学目标。究其原因，主要有以下几方面：一是自主学习平台建设滞后，有些高校甚至尚未建立英语自主学习的网络平台。二是自主学习的线上资源有限，主要内容仍是四、六级模拟考试题或雅思、托福考试题，缺乏与英语综合应用能力培养相对应的学习资料。三是学生自主学习的自觉性欠缺，缺乏有效的监控措施和评价手段，单纯依靠学生自觉进行课外网络自主学习的方式难以取得理想效果。因此，构建和利用在线资源，促进学生开展自主学习，以提高英语学习效率是推进大学英语教学改革的难点之一。

（三）英语应用能力培养的措施不到位

"要求"提出大学英语的教学目标是"培养学生的英语综合应用能力"。王守仁调查发现，82.3%的受访者认为提高学生的英语综合应用能力最重要。严梦娜的问卷调查也得出相同结论，89.3%的农科学生和91.6%的工科学生认为英语学习的主要目的是提高英语应用能力。但遗憾的是，大部分英语教师无法准确描述出到底什么是英语综合应用能力，更不用说采取具体的应用能力培养措施。"要求"中也没有对综合应用能力做出明确定义。有学者认为"要求"对"综合应用能力"概念缺乏明确界定，使各高校对英语综合应用能力的培养无从下手，甚至走入误区。

据严梦娜调查发现，许多高校还没有将"要求"落实到可操作层面，只是在传统课堂教学的基础上，增加了一些自主听说的学习课程。由于资源不足与学生自觉性不强，这些自主听说课程难以取得预期效果，这导致英语综合应用能力的培养流于形式。英语综合应用能力包括哪些内容，如何培养学生的英语综合应用能力，直接牵涉大学英语课程体系、课程设置等问题。课程体系和课程设置对教学具有引领作用。课程设置不当，英语教学有可能走弯路、走错路，英语应用能力的培养自然成为空谈。

二、深化大学英语教学改革的对策

（一）明确大学英语教学的目标与任务

如果不明确大学英语教学的目标，容易迷失大学英语教学改革的方向。"要求"指出，大学英语教学的目标是培养学生的英语综合应用能力、发展学生的自主学习能力与提高学生的文化素养。其中，最重要的是培养学生的英语综合应用能力。大学英语教学要培养包含听说能力在内的综合应用能力，以提高学生的英语交际能力。

虽然强调听说能力的培养，但也不能削弱英语其它应用技能的培养。英语综合应用能力包括听、说、读、写、译等多方面内容，除了要重视听说能力的培养，英语阅读能力、翻译能力和写作能力也不可忽视。阅读能力是听、说、写、译等各种能力的前提和基础，是语言知识和文化信息输入的主渠道。在英语听说环境受限的情况下，阅读是人们接触英语最方便快捷的途径。

（二）构建各具特色的大学英语课程体系

大学英语课程体系的设计要立足于学校及学科人才培养的需求，从学校的办学与人才培养目标出发，构建具有各高校特色的大学英语课程体系。在构建大学英语教学课程体系时，要充分考虑学校部分学科发展的需要，采取大学英语教学"四年不断线"的方式，培养高素质、具有国际视野的学科人才。一、二年级主要为学生开设综合英语课程（读写课和听说课），三、四年级主要开设以专业英语或学术英语为主的特殊用途英语课程。特殊用途英语课程是英语基础课程与专业双语课程之间的桥梁。通过特殊用途英语课程，及其后续专业双语课程的教学，使学生顺利地从大学综合英语的学习过渡到英语的专业应用类课程的学习。

不同高校通过构建各具特色的大学英语课程体系，设计"四年不断线"的课程，引领正确的教学改革方向。英语教师要相对固定于一个专业的英语教学，了解相关专业的学科背景，积累相关的专业英语资料，向一、二年级学生推荐与专业基础知识相关的英语听力或阅读材料，使学生在双语课程、专业英文学术报告的熏陶下，潜移默化地接受英语应用能力的培养。

（三）深化听说教学改革

"要求"提出"培养学生的英语综合应用能力，特别是听说能力，使他们在今后学习、工作和社会交往中能用英语有效地进行交际"。因此，在教学实践中，要始终按照课程教学的要求，着力提高学生的听说能力。

当前许多高校首选的应对策略是适当增加听力课的课时，有些高校英语读写课与听力课的课时比例达到1∶1。除此之外，各高校应深化听说课程教学的改革。一要贯彻"以说带听、以听促说、听说并举"的课内教学原则。不但要在听力课中强化听说，还要在读写课教学中重视听说训练，实现各种教学场合的听说并举，达到提高学生听说能力的目的。二要合理规划在课外时间实施英语听力的教学。除课内教学外，教师要指导学生在课外时间开展听力训练。实行英语四级考试及格后大学英语免修制度的高校，可组织免修学生开展自主听力学习。一方面教师要为学生提供课外听力材料；另一方面要进一步完善英语网络自主学习平台，为学生的课外听力训练创造条件。

（四）培养学生自主课外阅读的习惯

阅读优秀的英语文学作品，可以提高学生的英语实际运用能力。美国著名外语教学专家威斯特·布莱姆贝克说："采取只知语言不懂其文化的教法，是培养流利大傻瓜的最好办法。"严梦娜对大学生的课外英语文学阅读情况进行调查，发现48.5%的非英语专业本科生课外没有阅读过英语文学作品。因此，在非英语专业学生中开展课外阅读英语文学作品的训练，充实学生英语阅读的"内容图式"，将对学生英语综合应用能力的培养发挥基础性作用。

国内部分高校利用网络自主学习平台，开展学生的英语课外阅读教学实践，但效果不甚理想。课外英语文学作品阅读教学应重视过程性评价。一要以学生为主体，在学生理解作品内容的基础上，教师阶段性地利用读写课的教学时间，进行互动交流。师生互动、平等参与的生动情景和各种有趣的竞赛活动能提高学生的阅读兴趣，让学生认真品味和欣赏英语文学作品，避免学生对英语文学作品阅读产生抵触情绪。二要制定合理的英语文学作品阅读分级的教学目标。教师要根据英语文学作品的难易程度，分配相应的阅读分值，引导学生根据自己的英语基础选择不同分值的文学作品进行阅读。教师要分阶段对一、二年级学生的英语文学作品阅读进行评估，要求学生每个学期完成一定量的文学作品阅读任务；对三、四年级学生实行英语文学作品阅读奖励制度，每学期根据学生的阅读分值进行奖励，逐步培养学生自主阅读英语文学作品的习惯。

综上所述，高校英语教师要以"要求"为纲领，以学校的办学定位和学科建设为服务对象，精心设计大学英语课程体系，构建合理的课程设置，引领正确的教学方向。同时要分析当前英语教学改革面临的问题，主动求变，采用"四年不断线"的做法，在强化听说训练的基础上，将大学英语的教学延伸到学生的专业学习，促使学生顺利地从普通英语学习向专业英语课程、专业双语课程学习过渡，逐步提高学生的英语综合应用能力。

第三节 大学英语教学改革的方向

2003年教育部启动的大学英语教学改革已走过15个年头。在这期间，大学英语的教学目标从"培养学生较强的阅读能力和一定的听、说、写、译能力"转向"培养学生的英语综合应用能力，特别是听说能力"；教学模式"从单一的教师讲授"转向"基于计算机网络的多媒体教学"。这一改革对提高学生的听说能力、培养学生的英语综合应用能力起到了积极的作用。但是，随着大学新生入学英语水平的提高以及高等教育国际化的普及，大学英语教学内容的改革成为人们关注的焦点。一些学者纷纷呼吁 ESP（专门用途英语）应该成为我国新一轮大学英语教学改革的方向。他们的论点明确、论述充分、令人信服。但是，其中也出现了范畴不一、术语混乱等问题。这些问题如果不厘清，有可能会影响 ESP 教学与研究在国内的发展，给大学英语教学带来负面影响。鉴于此，本节试图对 ESP 与大学英语教学的关系做进一步探讨，对 ESP 能否成为大学英语教学的方向做进一步论证。

一、ESP 的概念、特征和目的

ESP 是 English For Specific/Special Purposes（专门用途英语）的缩写。中外学者对于 ESP 的概念有不同的表述。

最早提出 ESP 概念的英国学者 Halliday 认为："ESP 是公务员的英语、警察的英语、法官的英语、药剂师和护士的英语、农业专家、工程师以及装配工的英语。"英国学者 Mackay 认为："ESP 是指有明确实用目的的英语教学，这种目的和职业要求紧密相连。"英国学者 Tom 和 Alan 认为："ESP 作为一种语言学习方法，其教学内容和教学手段都取决于学习者的目的。"英国的 ESP 研究专家 Hutchinson& Waters 认为："ESP 是指与某种特定职业或学科相关的英语，是根据学习者的特定目的和特定需要而开设的英语课程。"国内著名 ESP 教学专家卢思源认为："ESP 是应用语言学的一个分支，它是指专为科技人员和商贸工作者的某些特殊需求而设计的英语教学方法和教材。"冯建中认为："ESP 指与某种特定职业或学科相关的英语，例如，警察英语、护士英语、科技英语、商务英语、医学英语、法律英语等。"学者任荣政和丁年青认为："ESP 指与特定职业或学科相关的英语，如法律英语、医学英语等。"

尽管以上学者对 ESP 概念的表述不完全相同，但是我们可以从中归纳出两个共同特征：（1）ESP 和某种职业或学科紧密相连；（2）ESP 的学习者有明确的目的。

1985 年 4 月，ESP 教学专家 Peter Strevens 在斯里兰卡 ESP 国际研讨会上曾指出：ESP 有四个根本特征（absolute characteristics）和两个可变特征（variable characteristics）。ESP 四个根本特征是：（1）需求上，课程设置必须满足学习者的特定需求；（2）内容上，与特定学科或职业相联系；（3）语言上，适合相关专业或职业的句法、词汇和语篇上；（4）与通用英语（EGP）形成对照。ESP 的两个可变特征是：（1）可以只限于某一种语言技能的培养（如阅读技能或口语交际技能）；（2）可以根据任何一种教学法进行教学。

综观国内外学者有关 ESP 的概念，不难看出，ESP 是一种行之有效的教学途径，它是以应用语言学的理论为依据，以学生的特殊需求为出发点制定教学目标、教学内容和教学方法，其目的是培养和提高学生在所学专业领域用英语进行学习和交流的能力，在所从事的行业里用英语进行工作和沟通的能力。说得直白一些，就是培养学生用英语完成任务的能力，突出英语的工具性。

二、ESP 的分类

根据不同的标准，ESP 有不同的分类法。目前国际上比较著名的是 Jordan 根据使用目的所做的两分法和 Hutchinson & amp；Waters 依据学科门类所做的三分法。

Jordan 按照使用目的把 ESP 分为以满足职业需求为目的的职业英语（EOP）和以学术研究为目的的学术英语（EAP）。学术英语又进一步分为通用学术英语（EGAP）和专用学术英语（ESAP）。而 Hutchinson & amp；Waters 则是按照学科门类把 ESP 分为科技英语（EST），商务英语（EBE）和社科英语（ESS）三大类。它们又分为职业英语（EOP）和学术英语（EAP）。很显然，Jordan 的两分法较三分法更为简洁。

国内学者在 ESP 的分类上分歧很大，有的甚至截然相反。蔡基刚、冯建中、李建平都赞同 Jordan 的两分法。文秋芳虽然采用三分法，但是她的三个分类是：职业英语（EOP）、学术英语（EAP）和学科英语（EDP）。而王丽娟的分类则截然相反，她认为，通用英语（EGP）和专门用途英语（ESP）都归属于学术英语（EAP）。夏纪梅认为，商务英语（EBP）、职业英语（EOP）、科技英语（EST）、某专业英语（E…P）等，其实这些都属于学术英语（EAP）。

此外，国内学者对 ESP 一些术语的翻译也不一致。2010 年，蔡基刚把 EGAP，ESAP 和 EOP 分别译为"学术英语""专业英语"和"行业英语"，并把这三门课程之和称为 ESP"专门用途英语"。在同一年的另一篇文章中，蔡基刚又把 ESP 译为"学术英语"，把 EAP 译为"一般学术英语"。2012 年，蔡基刚把 ESAP 译为"特殊学术用途英语"。2014 年，蔡基刚把 EAP 译为"学术英语"，把 EGAP 和 ESAP 分别译为"通用学术英语"和"专门学术英语"。夏纪梅把 EGAP 译为"通用性学术英语"，把 ESAP 译为"专业性学术英语"。文秋芳把 ESP 译为"专用英语"，而且还提出了一个"学科英语"的概念，并解释说"学科英语"更适合由专业课教师负责，例如，生物英语、计算机英语、化学英语等。中国战略研究中心的沈骑则把 EAP 译为"学业英语"。由此看来，国内学者在 ESP 的分类和术语的翻译上还存在着很大的分歧和混乱。这些分歧和混乱必然会影响 ESP 教学与研究在中国的发展，影响大学英语教学目标的实现。

那么到底应该怎样翻译这些术语？按照什么标准对 ESP 进行分类？我们认为学术界应该在这些术语的翻译上达成共识，统一名称。翻译的原则应该是：保留原有约定俗成的译名，新出现术语的翻译在简洁、达意的前提下以多数学者认可的译名为准。我们的译文如下：

EGP（English for General Purposes）：通用英语

ESP（English for Specific/Special Purposes）：专门用途英语

EOP（English for Occupational Purposes）：职业英语

EAP（English for Academic Purposes）：学术英语

EGAP（English for General Academic Purposes）：通用学术英语

ESAP（English for Specific Academic Purposes）：专用学术英语

从文秋芳对"学科英语"的解释来看，她提出的"学科英语"就是传统的"专业英语"，我们译为 SBE（Subject-based English）。

如上所述，不同的标准导致 ESP 的不同分类。如果从纯学术研究的角度对 ESP 进行分类，分类越细越好，因为只有这样才能把不同语体、不同类别英语的特点研究透彻，辨别清楚。但是从大学英语教学的角度来看，我们认为不宜分得过细，应该按照目的性、简洁性、可操作性三个标准对 ESP 进行分类。目的性是指分类要有利于大学英语教学目的的实现；简洁性是指分类要简洁明了，清楚易懂；可操作性是指分类要切实可行，易于操作。所以，我们的 ESP 分类如下。

我们这样分类的依据是 1999 年制定的《大学英语教学大纲》（以下简称《教学大纲》）。《教学大纲》虽然没有明确提出 ESP 这一概念，但在教学要求中体现了 ESP 教学的内容，规定学生在高年级必须修读"专业英语"，即 ESP 课程。职业英语（EOP）本节暂不作讨论。我们没有把 ESP 中的"学术英语"再细分为"通用学术英语"和"专用学术英语"的理由如下。

1. 理论上缺乏依据

国内学者把学术英语（EAP）分为通用学术英语（EGAP）和专用学术英语（ESAP）。其根据是国际上颇有争议的"ESP 语言共核理论"。该理论的倡导者认为，"在不同学科中使用的语言具有共同的推理和解释过程，存在一种既有科学性但又不属于任何专门学科的语言共核。"他们主张打破专业界限，以 ESP 交际的一般规则和通用技巧为主要的授课内容。反对"ESP 语言共核理论"的学者则强调，即使是报告、讲座等常见体裁在不同学科环境下也具有显著的表达差异，因此提倡更有专业性、针对性的 ESP 教学。而学者 Hyland 利用语料库数据最终证明后一种观点是正确的。各个专业都有自己独特的知识体系和专业术语。即使一个"共核词汇"，在不同的专业中，其词义也大不相同。所以我们认为，各学科共有的"ESP 语言共核"实际上是不存在的。如果存在，它和"通用英语"的分界线又在哪里？"通用英语"和"专门用途英语"之间的分界线都难以把握，正如 Anthony 所言："Clearly the line between where General English courses stop and where ESP courses start has become very vague indeed, and however, it can be inferred that in ESP teaching, more attention is given to the need analysis."。那么，"通用学术英语"和"专用学术英语"之间的分界线就更难辨析了。

"通用学术英语"侧重各学科英语中共性的东西，即培养学生在专业学习和研究中所需要的学术英语口语交流能力和学术英语书面交流能力；"专用学术英语"侧重特定学科（如医学、法律、工程等学科）的词汇语法、语篇体裁以及工作场所英语交流策略和技能的培养。依据"通用学术英语"和"专用学术英语"的定义并着眼于大学英语教学，我们认为，应该把"通用学术英语"归属于"通用英语"，因为"通用英语"已经包括了"通用学术英语"的内容；把"专用学术英语"归属于"专业英语"，因为任何一门专业英语课程都是从易到难、从简单到复杂、从初级到高级循序渐进的。而且，一般的专业英语教材也会介绍本专业英语的词汇、语法、语篇等特点。

2. 实践上难以操作

即使"学术英语"分为"通用学术英语"和"专用学术英语"在理论上是存在的，在实际教学中也是难以操作的。有些学者明确表示，大学里的 ESP 教学主要是"学术英语 EAP"。而"学术英语"教学主要指"通用学术英语 EGAP"，即培养学生学术英语交流能力，如用英语听讲座和记笔记的能力，搜索和阅读文献的能力，撰写文献综述、摘要和小论文的能力，以及表达信息的陈述演示能力等。由此推理，大学英语教学的主要内容是"通用学术英语"，而不是"专用学术英语"。那么，是不是学习了"通用学术英语"之后，学生就可以阅读专业英语了？如果不行，我们是否还要给学生开设"专用学术英语"？在课程设置上搞两个学术英语：学术英语1（通用学术英语）和学术英语2（专用学术英语）？显然这是很难操作的。即使是著名英语教育专家文秋芳也回避了这个问题，她在《大学英语中通用英语与专用英语之争：问题与对策》一文中说：本节中所用"学术英语"等于《上海参考框架》中的"通用学术英语"，但不包括"专用学术英语"。上文谈到，文秋芳对 ESP 的分类只到"学术英语"这一级，没有再细分为"通用学术英语"与"专用学术英语"。从大学英语教学的角度看，她这样做肯定是有道理的。实际上，通用学术英语的教学内容完全可以融入通用英语教学。通用学术英语的"阅读学术文献能力"可以通过通用英语的阅读课来培养，通用学术英语的"撰写论文能力"可以通过通用英语的实用写作课来培养。

其实，在教学实践中是教授"通用学术英语"还是"专用学术英语"，是各国 EAP 实践者们长期争论不休的问题。Jordan 本人 1984 年曾试图用经济学专业英语教材来教授学生，但以失败告终。因为他发现这些 ESP 学员的专业知识虽然达到了一定的水平，但他们的英语水平却仍不高，从而影响了 EAP 教学。此外，EAP 课堂的学生通常来自于不同的专业，任何一门专业的教材都很难适合所有学生的要求。

三、ESP 教学能否成为大学英语教学改革的方向

如果要回答 ESP 教学能否成为大学英语教学改革的方向这一问题，首先要明白 ESP 教学能否帮助我们实现大学英语的教学目标。那么，大学英语的教学目标是什么？

大学英语教学应帮助学生打下扎实的语言基础，掌握良好的语言学习方法，提高文化修养，以适应社会发展和经济建设的需要。

2007 年颁布的《大学英语课程教学要求》指出：大学英语的教学目标是培养学生的英语综合应用能力，特别是听说能力，使他们在今后学习、工作和社会交往中能用英语有效地进行交际，同时增强其自主学习能力，提高综合文化素养，以适应我国社会发展和国际交流的需要。

大学英语课程不仅是一门语言基础课程，也是拓宽知识、了解世界文化的素质教育课程，兼有工具性和人文性。工具性要求与专业相结合，培养学生专业英语的综合运用能力。人文性帮助学生了解西方文化，开阔视野，扩大知识面，加深对世界的了解，借鉴和吸收外国文化精华，提高文化素养。由此看来，大学英语教学有两大目标：（1）帮助学生打下扎实的语言基础，提高文化素养；（2）培养学生的英语综合应用能力，为社会发展和国际交流服务。第一个目标的实现有赖于通用英语教学，而第二个目标的实现有赖于专门用途英语教学。所以，我们认为大学英语教学改革的方向既不是通用英语，也不是专门用途英语，而是通用英语＋专门用途英语。理由如下。

1. 专家们的意见

很多外语教育专家都认为，通用英语和有专门用途的英语是相辅相成、相得益彰的，共同构成大学英语教学的内容。EGP 教学是基础，ESP 教学是提高。只要打好了坚实的 EGP 基础，ESP 的学习效率就会大大提高。反之，如果通用英

语的基本功不过硬，只熟悉了一些专业术语，专门用途英语也很难学好。

　　章振邦认为："专业外语必须建立在普通外语的基础上，否则就会成为无源之水，无本之木。学好普通英语是掌握专业英语的必要条件。"熊德輗说："学习英语没有任何捷径可走，总想走捷径的人是永远学不好的，要想学好必须定下心来打一场持久战。不要忙于对口（学专业英语），如果基础没有打好，甚至还没有入门想学好专业英语是绝对不可能的。"戚雨村指出："随着科技创新的深入开展和国际交流的日益频繁，科技人员参加国际学术会议，用英语撰写和宣读论文，到国外听课、讲课以及合作进行科学研究的机会不断增加，公共英语结合专业英语的势头是不可阻挡的。"卢思源说："ESP/EST 是一种应用英语，应该与'通用英语'享有同等的地位，并与之一起构成我国外语教学与研究的主流。"文秋芳说："笔者主张每所高校向学生提供包括通用英语与专用英语两个板块的大学英语教学体系。"

　　2. 有利于培养既懂专业又通外语的社会主义建设人才

　　EGP 教学是以教授一般语言技能为目的的课程。其目的是培养学生扎实的语言基本功，掌握英语的"语言共核"为专业英语学习做准备，提升学生的人文素养，扩大学生的知识面，帮助学生树立正确的人生观和价值观。而 ESP 教学则是使学习者在某一专业或职业上使英语知识和技能实现专门化的应用性课程。将专业知识学习与语言技能训练融为一体，具有较强的针对性和实用性，有助于培养学生的英语综合应用能力，尤其是在自己的专业领域用英语进行交际的能力。ESP 与 EGP 不是相对立的两个部分，而是紧密相连的，ESP 培养学生的学术素养，EGP 培养学生的人文素养。在整个英语教育体系中它们是为同一个教学目标而构建的两个层面，是一个语言连续体的两端。事实上，两者都具有词汇、句法、语篇等层次上的语言共核部分。两者在时间上有先后，在内容上却相互融合。所以，大学外语教学只有把 ESP 教学和 EGP 教学有机地结合起来，才能培养出大批既懂专业又通外语的社会主义建设人才。

　　3. 有利于纠正大学生人文素质下降的趋势

　　当今科学技术的发展越来越迅速，专业分工越来越细，尤其是进入网络时代，知识和资讯爆炸性增长，客观上要求人才从"广而泛"转向"专而精"。从国家和社会发展层面看，中国作为一个后发新兴经济体，建设与发展任务十分艰巨，亟须大批各行各业的专业人才，以服务于富国强民的国家战略。所以，我国高校自 1999 年实行扩招，希望培养更多的人才为国家的经济建设服务。此后，高等教育逐渐从原来的"精英教育"转变为今天的"大众教育"。"大众教育"需要紧密结合社会实践和市场需求。所以很多高校都是以市场为导向培养学生，只注重专业性学习，希望学生可以在较短的时间内习得具有胜任力的专业知识，忽视通识教育，导致学生的人文素质下降。正如钱理群在北京大学 110 周年民间纪念会上所言：现在的大学生，独立自主能力差，缺乏团队精神，不善于和他人合作，知识面狭窄，独立思考和创新能力不足。我们的教育正在培养出一批"绝对的、精致的利己主义者"。很多学生的世界观、人生观、价值观出了问题。北京外国语大学胡文仲所做的一次社会调查也证明了这一点。他说："出乎我们意料的是，用人单位对学生的思想道德和素质有比较多的批评，他们最看重的是毕业生的思想道德，其次，才是外语掌握程度和知识、能力等。他们呼吁应该加强学生的思想道德教育"。要纠正大学生人文素质下降的趋势，作为高等教育重要组成部分的大学英语教育必须融合 EGP 教学和 ESP 教学。两者在培养人才方面发挥着不同的、不可替代的作用。

上文指出，ESP 课程注重培养学生的工具性。而 EGP 课程注重培养学生的人文性。EGP 教育本身不是一个实用性、专业性、职业性的教育。从功利主义的角度看，EGP 教育除了考试，似乎一无用处。然而，EGP 教育却恰恰体现了罗素"从无用的知识与无私的爱的结合中更能生出智慧"的论断。EGP 教育不仅是一种培养学生英语语言基本功的教育，正如上海交通大学徐飞所言："它更是一种人本教育，它会使人活得更明白、更高贵、更有尊严，强调培养的是全人而不是工具人、手段人，旨在引导学生形成正确的世界观、人生观、价值观。"所以，EGP 教学有利于纠正大学生人文素质下降这一趋势。

新一轮大学英语教学改革在培养学生的口语交际能力方面取得了一定的成就，但同时也忽视了对学生在专业领域里英语应用能力的培养。本节在分析、研究、总结学者们相关研究成果的基础上，进一步探讨了 ESP 教学与大学英语教学的关系，论证了我国大学英语教学改革的方向。文章认为，用 ESP 教学完全代替大学英语教学是不合适的。我国大学英语教学改革的方向应该是通用英语（EGP）+ 专门用途英语（ESP）。

第四节　大学英语教学改革的趋势

最近，关于大学英语教学的走向，似乎有一种山雨欲来风满楼的感觉，到底是继续通用英语的教学还是进行所称的学术英语教学？两种观点的激烈碰撞，甚至出现了某种教学"必然消亡"，或者将某种教学比喻成为"大学英语掘墓人"等现象，让广大大学英语教师深感不安，不知所措。那么，大学英语究竟怎么了？始于 2003 年，作为教育部"高等学校教学质量和教学改革工程"重要组成部分，让已为期整整 15 年的大学英语教学改革究竟走到了何处？现在又将怎么继续下去？

大学英语教学的现状需要辩证地看待。

在成绩面前，也应看到目前大学英语确实有许多不尽如人意的地方，也正是为了大学英语教学的可持续发展，我们需要改变这些地方。归纳而言，目前对于大学英语教学，存在着所谓的"五不满意"说。

其一，学生不满意。曾报道过这样一位学生：他拿着一本厚厚的英语练习题册来问其中的一道选择题。告诉他答案应该是 A，他答道：不对啊，老师，书后答案是 B，仔细看题应该是 A。那学生第二天过来说：答案应该是 A，是他故意说 B。问其原因，原来是他对现在一味地应试做题的大学英语教学很失望，他故意这样来考验老师，想说明光靠做题学英语是没用的，在这个过程中，他也碰到有教师真的改口说："噢，我看错了，答案是 B。"看得出，这位学生对大学英语教学很不满，且具有一定代表性。

其二，领导不满意。在所有高校课程中，大学英语是学分最多、时间最长的课程之一，但英语学习效率却最低。

其三，用人单位不满意。不少都是近十年或二十年在高校学习过英语的大学生，他们一边参加培训，一边在感叹当年没有学好英语，空有了一张四、六级证书。许多公司也在伤脑筋，要出高价给他们员工补习英语，感到很无奈。可见，一线用人单位对大学英语教学也不满意。

其四，大学英语教师自己不满意。

其五，学生家长也不满意，他们把孩子送到港澳地区，或者送出国门的一个重要原因，是想让孩子在学习专业的同时，可以学习英语。这不能不说是大学英语教学的失败。

有此五不满意之说，大学英语教学真是到了非改革不可的地步了！

一、教育信息化趋势下的大学英语教学改革

经过近十余年来的发展，教育信息化已在国内高等教育界掀起了教育变革的浪潮，并必将使教育教学理念、教学方式方法、教学资源配置、教学管理体制等方面产生剧烈的变革，推动高等教育的重塑。席卷全球的"慕课"、国家精品开放课程、"微课"等，都是对传统高等教育的冲击和挑战，基于网络平台的优质学术资源可方便地传播和共享，促进了教育公平及教育均衡发展，降低了教育时代的"马太效应"。

那么，如何把握好教育信息化趋势下的大学英语教学改革，是我们亟待思考的问题。

（一）信息化趋势下的大学英语教学改革

随着信息化在全球范围内的迅速扩展，以及信息技术在教育领域的广泛应用，教育信息化已经成为教育发展过程中的一场深刻变革。

从教育教学过程来看，教育信息化在高等教育方面主要推动了以下几方面的变革。

一是信息技术的支撑。信息技术在教学过程的融入，让教学的方式方法发生了深刻的变革，如多媒体教学、网络教学、数字化教学等多样化教学方式的出现，使信息化成为高等教育育人过程的基本条件。

二是教育理念的创新。信息化推动了教学模式和方式方法的改革，对整体的教育教学过程都产生了深刻的影响，比如课程组织、管理方式、评价体制、激励机制等方面都需要重新架构。

三是实现教育的个性化。信息技术在教育领域的介入和信息化教学平台的应用，使传统的难以实现的教学管理组织和要求成为现实。面对知识水平参差不齐的学习对象，大学可以通过信息化手段实现学生学习层次的分类，进而开展个性化、模块化教学。

高等教育教学信息化是教育信息化工作的核心，是关系到高等学校教育教学改革的关键环节，促进高校信息技术与教育教学的深度融合已成为现阶段教学改革的主要趋势。

这一趋势下的主要工作是围绕应用信息技术手段创新人才培养模式和课程教

学模式，研究建立信息化教学中针对学生的学习评价机制和针对教师的教学评价与激励机制，以及推动高校基于信息技术的"跨校选课、学分互认"、课程共享机制建设和激励优质课程资源共享等。从外部环境来看，经济社会发展对大学的人才培养需求和学生的个性化学习要求，使高等院校必须在新常态下着力把握教育信息化趋势下的大学英语教学改革，顺势而动，大胆探索，从基于信息化环境的校内公共课程内容建设、教学模式建设、评价机制建设等方面入手，结合教学实际打造适合自身的信息化教学新模式。

（二）教育信息化趋势下大学英语教学模式发展及现状分析

1. 大学英语教学模式发展

在教育信息化的推动下，大学英语教学改革也进行了努力创新与尝试，基本的教学模式主要经历了计算机辅助大学英语教学、网络架构的大学英语自主学习平台、信息技术与大学英语课程深度融合三个发展阶段。

（1）计算机辅助大学英语教学模式

现代信息技术的发展为大学英语的教学改革提供了良好的契机。如今几乎所有的高校都实现了计算机辅助教学，计算机辅助教学强调计算机是教学的"辅助工具"，虽然能将课堂内容通过多样化的内容展示出来，但学生仍被认为是知识的灌输对象，是被动地接受者，教学内容也往往不能离教材。这种教学模式将多媒体教学引入英语课堂中去，改变了过去教师加黑板的传统单一的课堂教学模式。从本质上讲，该教学模式在大学英语教学方面并未能发挥显著的效果，也和以往的教学模式大同小异，并且单一的"填鸭式"教学模式已经完全不能满足现代教育及社会的需求。

（2）网络架构的大学英语自主学习平台

近年来，许多学者强调将建构主义理论运用于高等教育，建构主义理论认为，知识不是通过教师或外界传授而得到的，而是在一定的情境下，借助其他人（教师或学习伙伴）的帮助，利用学习资料，由学习者自己完成对知识的构建。它认为教师和学习者同等重要，同时肯定教师的主导作用和学习者的主体地位。

基于建构主义理论，网络架构的自主学习平台逐渐成熟并走进高校。此类平台要有一定的硬件作为基础，由资源库、学习平台、学习工具、考试测评、讨论区等模块组成。这种学习模式似乎颠覆了传统的教学模式，突出了学生的主体地位，学生由被动的"接受者"变成了学习旅程的"驾驭者"。

但同时也不能忽视教师在学生自主学习过程中的引导和监督作用。首先，平台有一定的课程设置，学生必须在完成基础学习并通过测评后才能进入更高一阶的学习；其次，平台有一定的自动监控设置，如学习满4分钟才能开始测试，5分钟没有学习状态，计时会停止等防止学生刷课的现象；同时，学生可组成不受地理位置限制的小组共同讨论并完成学习任务；最重要的是教师可进入教师平台，掌握学生的学习情况，并根据每个学生的不同情况，下达下一部分的学习任务，处理学生在学习过程中出现的问题，并可公开辅导、解答共性问题。同时还可统计评估整个年级学生的学习数据，作为进一步深入学习的依据。

这种自主学习模式通过构建特定的学习环境，学生可以根据自己的特点和学习兴趣主动地选择学习时间、学习方法，组织学习过程，提高英语听说及运用能力，这种自主学习方式是以"快乐学习、终身学习"为最终目标的。

（3）信息技术与大学英语课程教学深度融合

在如今信息量巨大、新技术不断涌现、日新月异的社会变迁中，大学英语教学也在不断改革中完善并步入了信息技术与课程深度融合的阶段。基于互联网和校园网的多媒体教学模式强调个性化教学与自主学习，学生可根据教师的指导及自己的特点、水平、时间、学习方法等，通过自主学习室的学习软件和校园网大学英语教学平台中的"英语资源库系统"和"教学/学习管理系统"，实现非定时多地点的学习，即学生可以自主选择适合自己水平的学习内容、选择适合自己的学习时间，并根据自己的学习方法，在校内自主学习室、电子阅览室、图书馆或寝室随时随地进行学习，并能及时了解自己的学习进步情况，得到相关信息反馈，调整继续学习策略，达到最佳学习效果。在教学应用方面，部分课程真正利用网络教学辅助平台，构建了网上学习、课堂讨论、社会实践三位一体的信息技术与教学深度融合模式。

2. 大学英语教学改革现状

英语语言素质是人才培养国际化的必然要求。近年来，国内大学按照教育部最新的《大学英语教学基本要求》开展了不同程度的改革，亦初步取得了一些改革成效。但是随着高等教育办学的日益开放、人才素质要求的提升以及互联网+对传统教育形态的颠覆，大学英语已有的教学模式尚存在一些深层次的矛盾，如分级分类教学的改革深度不够、四级后教学模式的钝化、个性化教学的缺乏等。

从国内大多数高等院校大学英语改革现状来看，分级分类教学在传统教学模式中占有主导地位。然而分级分类的缺陷是改革的深度还不够，这种教学组织方式只是按高考分数高低和专业差别进行粗略划分和开展教学。如西北大学作为一所地方综合性大学,学科门类齐全,生源遍布全国各地。为了改革试点成果具有代表性、客观性、有效性及可行性,以便于将来在全校全面推广实施。经过论证后的实施方案是在不同层次(普通本科、基地班)、不同学科(文、理、工)四个院系(法学院、信息学院、化学材料与科学学院和地质系)分别进行改革试点,学生共约300人,从2004级大学一年级开始试点。从实验结果来看,传统教学模式下的分级分类教学依然不能调动教师教学与学生学习两方面的主动性,而且不同专业的差别较大。

四级后教学问题也是当前大学英语教学长期困惑的改革瓶颈,是现有教学模式所解决不了的。大学英语第四学期("四级"后)教学存在的问题是:通过四级考试的学生学习动力不足,学生到课情况较差,由于未能建立相应的考核机制,教师对学生缺乏教学过程中的约束力。这个问题影响了正常的教学秩序,同时也是长期困扰大学英语任课教师的问题,在一定程度上挫伤了教师的教学热情和积极性。同时,面临大学生出国留学、学习深造、创新创业等方面的迫切需求,现阶段的大学英语教学没有从根本上实现个性化教学,课堂教学依然是以大班教学为主、以教师为中心并没有实现学生学习的个性化定制。

基于现有教学模式和教学过程中的这些深层次问题,需要考虑如何把握信息化趋势和互联网+的改革态势,做好面向大学生的大学英语教学改革,即如何把学生分层次,设计灵活的学习机制,实现学生的个性化学习需求等。

(三)基于信息化的分层次教学模式改革

1. 大学英语分层次教学模式构建

大学英语分层次教学在国内高等教育领域已有一定的理论与实践基础,如今已成为大学英语教学改革的主要趋势。分层次教学是被很多大学实践的新大学英语教学模式,只是各个高校的分层模型不尽相同。最初采用的是按照学生入学成绩来分层,并且大多采用流动层级的教学模式:即入学成绩高的采用高阶教学,其余则次之,同时根据本阶段的考核结果决定下一学习阶段的学习层次。这样的分层教学模式给学生造成了一定的负面心理影响,尤其是被分到"条件较差"班级的学生会产生一定的抵触情绪,不利于教学的进行和人才的培养。

近年来,随着高等教育的快速发展和大学英语分层次教学模式改革的日益深入,单纯以高考入学成绩分层的教学模式已经不能满足社会需求和学生自主学习的要求,大学英语教学逐步考虑从多方面、多角度因素对大学英语进行分层。主要有以下几个方面:一是不同学科专业对英语的要求程度不同;二是不同专业学生将来就业后所从事的行业对英语的需求不同；三是学生基于自身兴趣对英语的爱好程度不同。现有研究与实践证明考虑以上诸多因素的英语分层次教学能有效减少英语教学的盲目性，提高教学效率，节约教学资源，调动师生的教学积极性，对培养国际化的高素质创新人才具有与时俱进的重要作用。

根据教育部《大学英语课程教学要求》，大学阶段的英语教学分为一般要求、较高要求和更高要求三个层次。分层次教学就是根据学生的英语基础、学习能力、兴趣特点、专业方向以及将来有可能从事的行业要求等因素，设计不同的教学目标、制定教学方法，有针对性地对不同层次的学生进行相应的学习指导，使每个学生在英语学习方面都能达到最佳效果。在我国古代，就是所谓的"因材施教"，而今则是在"因材施教"的基础上，同时关注社会对人才的个性化需求。

2. 信息化与分层次教学改革实践

在教育信息技术推动的变革浪潮下，以及结合我国大学英语重要转型的契机，应试教育应向多样化应用型教育转化，基础英语教学将向专门用途英语（ESP）转移，为更好地拓展专业知识做好准备。大学英语分层次教学模式改革具备了深度蜕变的改革要素。针对学生的个性化培养和个性化需求，如何建立信息化平台的大学英语分层模型标准变得尤为重要。西北大学结合已有的教学改革经验，围绕"模型构建—平台搭建—兴趣驱动"的改革理念，逐步推进大学英语分层次教学模式改革。

为适应社会经济发展对人才培养工作的要求，逐步建立与研究型大学相适应的本科人才培养体系，培养具有国际视野的高素质创新人才，学校出台了《西北大学关于修订本科人才培养方案和指导性教学计划的意见》。新方案也提出了《大学英语分层次改革方案》，着眼于在新时期内有所创新和突破，使大学英语课程具有更好的灵活性、选择性和开放性。大学英语教学在注重打好学生语言基础、培养学生英语综合应用能力的基础上，提高学生的综合素质，成为具有国际视野的高素质创新型本科人才。现阶段，西北大学新的本科人才培养方案已于2014年全面施行。大学英语教学主要在通修课程的基础上，强化应用性课程，同时结合网络自主学习，将课程分为通修课程、高阶课程、特色课程三种类型，推动大学英语教学和学生学习的个性化发展学校将大学英语分为四个层次，其中层次一、二为全校必修课，层次三、四是各专业根据需要任选模块，分为高阶课程和应用课程，包括报刊选读、影视欣赏、演讲与辩论、英美政治文化、TOFEL、IELTS等等，可在全校范围内选修。

为了更好地支撑大学英语分层次教学改革，学校注重资源共享，着力搭建"教学资源平台"。通过有效整合各类电子图书资源、名师教学视频、教师备课资源等搭建了包括视频课程、电子书、学术视频、文档资料等内容的教学资源共享平台。一方面，依托平台有力支持课程的网站建设、在线课程教学、过程分析统计、研究性教学、碎片化学习等，推进了课程信息化教学改革；另一方面，通过技术开发，实现了平台与校园网门户教务管理系统的无缝对接，为师生即时登录开展自主学习提供了便利条件。同时，学校正在加快筹建人文社科 MOOC 中心，通过坚持"全面统筹、集中建设、订单开发"的原则，建成符合学校人文社科类课程教学需求和满足学生多元化学习的课程资源平台，解决课程资源共享和多样化人才培养的要求。下一步将加大投入力度，引导与推动不同层次课程与教学团队加快 MOOC 课程的开发与建设，用于课程教学实践。这些课程将遵循"以生为主、以师为导"的新型教学理念，要求教师变"教学"为"导学"，引导学生变"听学"为"研学"。加快从"以教为中心向以学为中心""知识传授为主向能力培养为主""课堂学习为主向多种学习方式"的转变，着力培养学生的学习主动性、能动性、独立性，提高学生的创新素质与创造潜能。结合传统大学英语课堂教学的优势，促进师生之间的学习互动，实现教育教学过程线上线下的有机互补。

在全球化趋势下，各国都十分重视信息技术在高等教育领域的应用。教育信息化的发展，已在教育理念、教学方式方法等方面产生了深刻影响，实现并重构着高等教育的开放式发展。大学英语教学改革经过了 21 世纪以来的不断创新，已经为各学科专业人才素质的整体提升和实际应用做出了巨大的努力，并且朝着更加科学化系统化的方向发展。但从高等教育国际化需求和互联网发展趋势来看，我国的大学英语教学改革和教育信息化发展程度仍有较大的融合空间，还有一些关键环节亟待解决。例如，优质师资的有限性和高校其他办学条件滞后于培养规模的扩张；基于网络的大学英语学习平台需要一定的软硬件环境，如何合理配置计算机、学生、教师、实验人员等，使有限的资源得到充分利用，需要在实践中不断调整创新。

同时，师生的计算机技术培训也必不可少。现如今网络覆盖日趋扩大，尤其是智能手机终端的海量增加已经基本实现了"泛在学习环境"，把握新形势下大学英语教学改革，刻不容缓。

二、从需求角度看大学英语教学改革的趋势

需求可分为社会需求和个人需求,前者主要指社会和用人单位对有关人员外语能力的需求,后者指学生目前的实际水平与希望达到的水平之间的差距。在外语教学领域,需求分析是语言课程设计和实施不可或缺的启动步骤,至少有4大重要作用:"①为制定外语教育政策和设置外语课程提供依据;②为外语课程的内容、设计和实施提供依据;③为外语教学目的和教学方法的确定提供依据;④为现有外语课程的检查和评估提供参考"。因此,从需求角度进行大学英语教学改革是必要的。

(一)需求现状

改革开放以来,我国的大学英语教学在几代人的努力下取得了巨大的成就,培养了大批有专业技能且懂外语的复合型人才,促进了我国改革开放和对外交流。但随着我国改革开放的深入和世界经济大融合的进一步推进,我国大学英语教学与需求之间的差距进一步加大。

1. 社会需求

(1)高端外语人才严重缺乏

目前,我国约有3亿人在学英语,其中大、中、小学学习英语的人数超过一亿。有专家预测,再过几年我国学英语的人数将超过以英语为母语的国家的总人数。尽管我国有数亿人学英语,但同声传译和书面翻译等高端外语人才仍然严重缺乏。全国各地人才市场频频告急,即使是北京、上海这些高级人才较为集中的地区也难以幸免。

(2)懂专业又能熟练使用外语的"双料"人才走俏

外语作为一种交流工具,显然比其他专业具有更广泛的适用范围。但由于长期以来受重文史、轻科技的外语教育的影响,外语人才难以满足当前经济科技等各项事业迅猛发展的需求。现在,我国懂外语的人很多,但由于英语专业的人才缺乏相应专业知识或技能背景,因而难以胜任大量工作,机械、化学、工艺、软件等专业的技术工程师本身就十分紧缺,懂外语的就更稀有了。因此,想找到符合企业要求的、既具备专业知识又能熟练使用外语的工程技术人才是很难的。

2. 个人需求

据调查,在语言学习方面,当前学生渴望形式多样的语言输入,渴望真实、

实用、有时代感的学习内容。他们期望提高英语学习能力和用英语交流的实际能力，希望英语学习能满足自己提高文化素养和专业水平的需要。但实际教学中，为了完成教学任务，教师的教学常常拘泥于教材内容，有的教师以教材、教学课件作为教学内容，在课堂上"照本宣科"，导致教学变成了教教材。

据一项全国的英语教学满意度调查发现：学生认为自己进入大学后英语水平没有提高和有所下降的占到62%（其中有些下降的竟然占到36.5%），对大学英语教学勉强满意和不满意的要占到54%，认为需要学的东西没学到的占到50.7%。再次调查时，在回答"比较四年前刚入校时现在的英语水平如何"的问题时，认为有提高和有些提高的占到55.7%，基本没有提高和有些下降的为44.4%（其中有些下降的占到21.1%），回答对大学英语教学基本满意和比较满意的占47.4%，而勉强满意和不满意的占到52.6%。

以上数据虽然令人震惊，但它说明了当前我国大学英语教学的现状：教学脱离了社会发展的需要，甚至是不能满足学生自身学习的要求。

（二）原因分析

引起我国大学英语教学"滞后"的原因很复杂，主要有以下几点。

1. 大学英语基础教育的定位在某种程度上使教学脱离了社会的需要

现代社会对外语人才的要求是既懂专业又能熟练使用外语，但受大学英语教学语言基础定位的影响（1985—1986和1999年的两份《大学英语教学大纲》分别规定了我国大学英语教学的重点和目标是语言基础），长期以来，我们的大学英语和中、小学英语教学一样，一直在打基础而迟迟不能与专业挂钩，导致有的大学生毕业时连最基本的专业术语都不会说，这样的学生毕业后怎能胜任需要专业英语的工作岗位呢？由此可见，"只注重普通英语教学而忽视专业英语教学在某种程度上严重制约了我国大学英语的发展。"

2. 应试教育违背了语言习得和学习规律

目前，我们国家的教学模式基本上还是应试性的，外语教学也不例外。小学教学是为了考中学，中学教学是为了考大学，但大学英语教学应该为什么呢？很遗憾，在考试指挥棒的作用下，我国的英语教学不是为了学以致用，而是围绕考试进行，导致学生的英语学习仅仅是为学校考试、四、六级考试、甚至是为雅思、托福等出国考试而置社会需要和专业需要于不顾。

由于应试教育不能提供足够的言语输入，也不利于激发学生的学习动力，所以不能有效提高学生的语言运用能力。目前中国中学和大学普遍存在的应试性英语教学模式可以说是违背语言习得和学习规律，而不能有效提高学生的语言运用能力，因此，必然也必须进行改革。

（三）改革的趋势

在我国，英语教学是基础教育，基础教育必须满足国家和个人争取发展的实际需要。因此，大学英语必然要继续改革。2007年正式颁布的《大学英语课程教学要求》（以下简称《课程要求》）提出培养学生的英语综合应用能力并明确要求各高等学校"应参照《课程要求》并根据本校的实际情况，制定科学、系统、个性化的大学英语教学大纲，指导本校的大学英语教学方式"。这为各高校在进行改革时发挥主观能动性提供了空间。

目前，全国各高等院校正在轰轰烈烈地开展大学英语教学的改革，要设计出基于本校的科学的、系统的和个性化的大学英语教学大纲和实施方案，首要任务是了解学习者、教师、社会等各方面对大学英语教学的需求。

为了适应各方面的需求，大学英语教学改革的趋势为以下几点。

1. 逐步下移大学英语基础教育重心，整体考虑我国英语教学体系

我国的大学英语教学是以基础英语为导向的，虽经前后三次的改革，但都在能力培养的层次或次序上进行变化和调整，也就是说始终没有在英语使用上有新的突破。由于高中英语和大学英语在培养目标、课程设置和教学要求诸方面都基本接近甚至雷同，所以随着高中新课标的贯彻和中小学英语教学质量的提高，大学英语和高中英语的界限也在逐渐模糊。

据统计，到2009年全国已有20个省实施高中英语新课改，"新英语教材的词汇量都有了大幅增加，学生在高中毕业时掌握的单词必须达到3500个，直逼大学四级英语水平"。显然，在未来的几年里，《课程要求》所规定的大学生必须达到的一般要求的学习任务将有望在高中里大部分完成或全部完成。这样，"从小学到高中，通过12年的英语教学，学生在高中毕业时打下较为扎实和全面的英语基础，尤其是在听、说等基本技能方面要有重大突破。进入大学的学生也不必再花两年甚至更多的时间学习"基础英语"，可以直接过渡到专业英语的学习，或只需"对他们稍加训练，即可转入同时提高外语应用技能和实际国际交流能力的学习和训练"。大学英语教学的基本框架将有实质变化，从而为决策者实现从整体上考虑我国英语教学体系的目标奠定基础。

2. 英语教学同专业结合，走专业化发展道路

目前，我国的大学英语仍处于高中英语和英语专业的双重夹击的尴尬境地。

一方面，现阶段大学英语学科发展的空间受到局限；另一方面，社会对专业人才英语水平的需求不断增长。在这种形势下，大学英语同专业结合、走专业化发展道路不仅满足了社会需求，同时也为自己找到了新的、顺应社会发展的时代方向。

中学培养基本外语能力、高校结合专业进行提高，是我国未来大学英语教学改革的方向。事实上，大学英语教学把重点转移到专业英语上，但是并不妨碍打基础，相反还会从应用的角度巩固和完善基础，真正体现"用中学"。

3. 淡化应试教育、建设多元化、多层次的大学英语课程体系

我国幅员辽阔，各地区、各高校之间情况差异较大，大学英语教学应贯彻分类指导、因材施教的原则，以适应个性化教学的实际需要。但现行的大学英语课程设置难以贯彻因材施教的原则，难以调动学生的积极性。虽然有的高校采取了分级教学，但仍然没有从根本上摆脱大学英语课程"综合性"的桎梏。因此，在新的形势下，开展个性化和多元化的教学模式，贯彻分类指导的教学原则已成为当前我国大学英语教学改革的新方向。

三、科学的大学英语教学改革观

教育部最近提出：坚持科学的大学英语教学改革观。王守仁最近在上海外语教育出版社组织的一次大学英语研讨会上传达了这一观点。

那么，什么才是"科学的"的大学英语教学观？可以从四个方面来认识：认清大学英语课程的性质，明确大学英语教学的真实需求，加强师资队伍建设，建立科学的大学英语教学评估体系。重点是前两点，尤其是第二点。

（一）认清大学英语课程的性质

科学的大学英语教学观，首先是要认清大学英语课程的性质。

教育部颁发的《大学英语课程教学要求》是目前官方对大学英语课程最全面、最权威的文件，2004年首次公布，2007年修改。对大学英语课程的性质，2007年版这样描述：大学英语教学是高等教育的一个有机组成部分，大学英语课程是大学生的一门必修基础课程；大学英语是以外语教学理论为指导，以英语语言知识与应用技能、跨文化交际和学习策略为主要内容，并集多种教学模式和教学手段为一体的教学体系。

这里有几个关键点：①高等教育的有机组成部分，说明大学英语不是可有可无的；②三项主要教学内容：英语语言知识与应用技能，跨文化交际，学习策略；

③教学体系：大学英语不能只单纯地由每周若干课时组成的一门课，而是由综合英语类、语言技能类、语言应用类、语言文化类和专业英语类等必修课程和选修课程有机结合的一个教学体系，其中包括教学手段。

需要特别指出的是，2007年版与2004年版在大学英语课程性质方面基本上没有太大的修改，最重要、最醒目的修改是2007年版明确表示：大学英语课程兼具工具性和人文性。

王守仁在大学英语研讨会上解释"工具性"是要求与专业相结合。因为大学英语作为非外语专业培养方案课程体系中的一门课，应该为专业服务，才不枉各专业将其列在培养方案中，且在专业课时十分紧张的情况下占用约10%的学时比例。"人文性"是指作为现代大学生，外语（尤其是国际公认的英语）能力是能力结构和知识结构中不可或缺的成分，是帮助学生理解西方文化、世界文化，进行跨文化交际所必须。

（二）明确大学英语教学的真实需求

性质得以明确，还要了解需求。这是一个被长期忽视的问题，一般认为已经解决了，或者说是教学主管部门根据自己的判断，给大学英语设想了一个需求。束定芳曾这样描述人们对大学英语课程目标的理解：让学生学点英语而已，作为素质教育的一部分，对于一些学校校长和教务处长，大学英语教学的管理就是看学生四、六级考试的通过率。实际上，前面所述的"五不满意"，归根到底就是对大学英语课程的需求不清楚，从而导致所有相关人士都觉得自己想要的没能实现，因而不满。

2007年版官方认定的需求是：培养学生的英语综合应用能力，特别是听说能力，使他们在今后学习、工作和社会交往中能用英语有效地进行交际，同时增强其自主学习能力，提高综合文化素养，以适应我国社会发展和国际交流的需要。

1. 学习英语是交际需要，而且是学习、工作、社会交往三方面的交际需要。

工作需要又与专业有关，后文要专门谈这个问题。"学习交际需要"是2007年版新加上去的，是面对现实的正确表述。据统计，大学毕业生就业后真正需要英语的人数占比不到50%，在社交中需要英语的比例更低，而继续学习需求却随着不断升温的出国热日益明显。

2. 增强自主学习能力的需要，大学英语毕竟只是一门课程，课时有限。

英语学习不可能完全靠课堂教学来完成，课堂只能起到引领作用，所谓"师父领进门，修行在个人"。因此培养学生自主学习能力确实也是一种实实在在的需求。

3. 提高综合文化素质需求。

这一说法相对抽象些，因为不学英语，文化素质也是可以提高的。

综上，学习、工作、社会交往三方面需求，似乎很清楚，但实际上很模糊。学习需求，是什么样的学习需求？在大学英语教学中如何满足这种继续学习的需求？最近不断被讨论的学术英语，旨在帮助学生具有专业学习能力。但问题依然存在，大学英语学习更适合通用英语还是学术英语，通识英语还是专业英语？是关注个性化学习需求还是专业学习需求？

在过去10年中，教学改革的重点转为以听说为先，似乎是为社会交往所需。但对于工作需求，我们的大学英语教学管理者、教师，甚至学生自己也很难真正了解到在今后工作中会有什么英语需求。

上海电力学院的余樟亚老师最近做过一个行业英语需求调研，很受启发。调研发现，作为行业特色比较明显的高校，上海电力学院每年平均大概有30%左右的学生进入电力系统，其中有的专业可达到80%以上，但是这些进入系统的学生所学的英语却无法满足行业需要。可见需求调研是必需的。通过网络查阅发现，此类需求分析的文章不少，但大多是关于对需求分析理论（特别是国外研究成果）的引介和阐述、重要性的强调、需求分析方法的介绍以及用需求分析理论评述某些英语课程等方面。极少数的需求调研实例，也主要集中在对英语学习者自身感受到的需求，以及毕业生就业到岗后对英语需求的主观感受上，而完全基于具体行业对英语的客观需求调研实例几乎没有。然而，不了解行业英语需求，来谈为社会交际、为工作需要进行英语教学就成了无源之水了。

该调研针对电力能源行业对英语的需求状况，包括下列三类信息：①行业岗位招聘对英语的需求；②行业岗位工作对英语的需求；③行业岗位培训对英语的需求。这三类信息实际上包含了"进入行业—岗位工作—业内提高"整个行业活动过程中对英语能力的目标情景需求，可以为大学英语教学改革带来启示。

调研发现：就岗位招聘英语需求而言，国内电力能源行业岗位招聘均对英语有一定要求，其中有引进设备和涉外项目的企业对英语要求更高，除西藏之外全国所有省级电力企业对应届毕业生的英语要求均是大学英语四级425分以上。事实上，电力能源行业在招聘时对英语的需求，在其他行业也不同程度的存在。另外，就岗位能力英语需求而言，调研的相关大型电力能源企业员工岗位能力结构对外语（主要是英语）有明确要求。调研报告中具体规定了与各岗位相对应的9级外语要求，其"员工岗位能力结构外语能力等级表"对英语能力描述得详细程度甚至不亚于学校的教学大纲。

最低的外语1级的要求是：粗浅地掌握一门外语，能借助词典或其他工具大致读懂简单的专业文档；能看懂本岗位常用进口设备上外文铭牌和操作指示。

外语5级的要求是：能独立阅读外语文档，参阅国外专业资料；能翻译本专业的技术资料、专业说明书；能用外语进行简单交流；至少独立完整地翻译过一套设备的技术文档与说明书。

最高的外语9级要求：精通一门外语，能与外籍专家讨论艰深的专业问题，并自由地表达思想；能在同行会议中充当翻译；能够应对纯外语工作环境；在无翻译的情况下至少能够技术性出访一次；至少独立进行过一次技术性谈判和参与过一次技术性交流会议。

此外，对岗位英语培训需求，全国电力能源企业都在开展各种类型、各个层次的外语培训活动，一方面是为了适应电力能源系统对外语人才不断提高的需求，培养员工具备对外交流能力，能够承担对外服务任务以及对外进行技术与学术交流，重点提高学员对行业英语的听说、阅读、翻译、写作能力，这些任务实际上如果大学英语采用一些行业英语语料也是可以承担的。另一方面，企业对员工的英语培训也是弥补员工在学校期间英语学习的不足（尤其是听力与口语）。

该调研得出以下几个相关结论。

（1）国家大学英语四级考试依然是用人单位招聘时采用的决定性依据。

（2）特殊岗位需求仅靠基础英语教学远远不够。

（3）行业岗位英语要求描述可以作为大学英语教学内容的重要参考。

（4）在现阶段，听说读写译基本技能训练依然是大学英语所需要的。

（5）从员工自身发展角度补充实用性英语教学内容。

总体而言，鉴于不同学校、不同行业背景及其不同需求，同时考虑到不同学生的实际英语水平，得出在目前一段时间内，大学英语教学尚不宜用ESP取代EGP，但改革"一刀切"的大学英语教学以及"四、六级考试"导向下的纯通用英语的教学内容，从EGP向ESP逐渐过渡或将成为大学英语教学改革的趋势。

（三）加强师资队伍建设

若上述基于需求分析的这种趋势判断是正确的，大学英语教学改革的第三个要点便是师资队伍建设，这是成败的关键。自从改革开放以来，大学外语教学的成绩不可否认，这要归功于在一线辛勤教学的广大外语教师。当历史发展对大学英语教学提出新的要求，同样需要依靠教师来完成这一使命。

目前来看，大学英语师资队伍建设面临着不少棘手的问题。首先，是大学英语教师的学科归属问题。夏纪梅撰文指出："由于多方面的原因，大学英语无论是课程建设还是教师发展，都脱离了学科建设，这在高等院校里是很难体面的生存的。由此而产生的校本认同、学者认同以及学生认同问题接踵而至，不是被学术边缘化，就是被学科看不起。从事这门课程教学的教师始终有低人一等、无学科依托、学术身份不明、不知如何发展的问题。"改变这种局面应该成为大学英语教学改革的一部分，甚至是先决条件，因为没有了大学英语教学改革的主体——大学英语教师的积极性，教学改革就难以进行。

其次，大学英语师资队伍建设涉及团队和个体两个层面。团队层面主要是优化结构。目前各高校大学英语师资队伍均普遍存在学历层次不高、职称层次不高、女教师（尤其是40岁以下女教师）比例过高等情况。该如何进行优化？很多专家提出了很好的建议。王守仁从以下四个方面开出改善大学英语师资团队结构的处方：①顶层设计，统筹规划；②开发课程，建设小组；③按需进入，微调到位；④提升学历，不失时机。具有较强的指导作用。

关于大学英语师资队伍个体层面的建设，高等学校大学外语教学指导委员会进行过一项"大学英语教师的职业发展现状及其影响因素分析"，结果发现，现在有四种类型的大学英语教师："探索者""奋斗者""安于现状者"和"消沉者"。这实际上关系到教师的职业责任意识及个人奋斗意识。我们应该创造条件鼓励"探索者"和"奋斗者"，激励"安于现状者"和"消沉者"。

（四）建立科学的大学英语教学评估体系

任何教学都可以进行效果评估。最近对大学英语四、六级考试的取舍有各种不同的声音，在此判断：不会取消，但会改革。据说大学英语教学综合评估体系会是：1+N。这里的1代表全国大学英语四、六级考试，N则是各类专项英语考试。显然，这将会改变一考独大的局面。体现王守仁在研讨会上所说的：评估主体多元化，评估内容多类型，评估手段多样化。

大学英语教学的现状是不尽人意的，但改革的趋势很明确：教育部要求在以往大学英语课程要求基础上，制定新的大学英语教学指南。新的指南明确大学英语课程的服务意识是：服务于学校的办学目标，服务于院系专业需要，服务于学生个体发展需要。很明显，这里特别强调的是大学英语教学必须满足的三类服务需求。可以预计，一个全新的、更加注重实际需求的大学英语教学体系会产生，并将在教学实践中不断得以完善。我们应该为能成为这一体系建设中的一员感到骄傲，并积极主动地承担一份责任！

第三章 大学英语教学改革的理论基础

第一节 基于构建主义的课程设计理念与实践

课程设计也就是制定课程，包括制订教学计划（学校课程标准）、编写教学大纲（学科课程标准）和教科书。课程设计是将课程基本理念转化为课程实践活动的"桥梁"，其水平的高低是制约教育教学质量的一个重要因素。因而，有论者指出课程设计中应当处理好人的发展与社会发展的关系、认识与价值的关系、逻辑序列的关系以及传承与革新的关系。然而，在我国课程设计研究的二十多年的历程中，课程设计虽已取得一定的成果，但仍存在课程设计理论不够成熟，课程设计理念研究与课程改革实践脱节等问题，进而导致课程设计中不能处理好人的发展与社会发展需求的关系、认识与价值的关系等，使课程设计研究的发展陷入到尴尬境地。而建构主义的知识观、学生观、教学观、情境观等一系列思想为我国新课程改革中课程设计的改革提供了理论基础，且给予课程设计实践以重要的启示。

一、基于建构主义的课程设计理念的转变

长期以来，在我国传统的课程体制下，课程设计完全是一种"政府行为"，即课程设计研究主体主要是由一些教育行政官员、学科专家和个别教育家组成，这必然导致课程设计只能迎合政府的意志而无法兼顾学生的需要、社会的需要和知识体系，最终导致课程设计总是倒向社会中心或学科中心的价值取向。此外，这种"政府行为"的课程设计是一种"自上而下"的行为，而非"自下而上"的行为，课程设计研究未能立足于课程实践，未以解决课程实际问题为导向，而是游离于社会中心和学科中心之间，所以课程设计理念与实践相脱离，这就必然导

致课程设计理论不能得到发展并走向成熟，同时实践问题也不能得到有效解决。

而在建构主义视野中，课程设计的理念是建立在其知识观、学生观、教学观、情境观四者有机结合的基础之上的，这为课程设计理念的转变提供了有力的理论支撑。

（一）由"静态"到"生成"：建构主义知识观

在建构主义看来，知识并非是对认识对象的"镜式"反映，知识具有生成性，而并非静态的、绝对的。所有认识对象都是客观存在的，而且其自身也是随着环境的改变而不断发生变化，因而对认识对象的解释也是因时因地而异，而不是一成不变的，也没有"定论"可言。所有知识都有待于检验和反驳，对认识对象的解释也是动态生成的；认识者在认识对象的过程中也并非被动、消极地对事物做出"镜式反映"，而是主动积极地对其进行认识，其认识随着认识者自身知识面的拓展不断深入。认识者不是知识的主体和权威，更不是知识的客体。

这样基于建构主义知识观的课程设计，其设计的对象—知识不再是静态且绝对的，而是动态变化的。课程设计的目的不在于课程设计中包含或体现多少固定的知识，进而将其灌输给学生，而在于怎样"弹性的""灵活的"设计课程。通过师生共同参与，让学生学会学习，学会创造、发现。基于建构主义知识观的课程设计，其"设计"本身也同"知识"一样，并非绝对的、客观的，而是生成的、弹性的。课程设计最终不是以"成品"的方式呈现出教学中所需的课程标准、教学大纲和教学内容，而是提供给师生一个参照，课程设计的具体内容也会随着教学活动的变化而发生改变。这与课程改革的目标是相符合的：改变课程过于注重传授知识的倾向；改变课程结构过于强调学科本位、科目过多和缺乏整合的现状；改变课程内容过于注重书本知识的现状。

（二）由"目中无人"到"以人为本"：建构主义学生观

建构主义颠覆了传统意义上将学生视为"白板"以及教学中完全的"目中无人"的现象，认为作为教育对象的学生首先是一个"人"，但又是具有多种特性的人。一是学生具有主体性。学生是参与教学过程的主体，正如当前课程观背后的哲学理念——"以人为本"所主张的以学生为本，学生的个性是自由的，因而应予以尊重。二是学生具有发展性。学生作为一个独立的个体，其本身在学习的过程中完成其自身的发展，一步步走向成熟与健全，学生永远处在不断发展的过程中，甚至对于任何一个人来说，无论是从心理角度还是生理来看，都是处在发展变化的过程中。换言之，生命不止，发展不止。学生的这种发展性为教育的开展提供了无限可能，教育应该为学生发展提前做好准备，为学生的发展创造良好的条件，以便于其挖掘和开发自身的潜能。三是完整性。所谓完整性是指学生作为生命体而具有的生命整体性，因为人的生命是多层次、多方面的整合体。教育的真正功能在于让学生获取知识的同时，还能完善自身的人格，进而挖掘出自身潜在的灵感，在情感完美交融的过程中体验到生命的层次性和完整性。四是个性化。"每个学生都是一幅生动的画卷，教师应当体会儿童生命的最大丰富性和主动性，关注儿童成长与发展的每一点进步，帮助学生发现自己、肯定自己。"每一个教育者都应该意识到每一个学生都是一个独立且特别的个体，具有自身特有的个性，教育过程中要尊重学生的个性特点，充分调动学生的积极性和主动性。这就是教育教学过程中应遵循的基本原则——因材施教。

基于建构主义学生观关于学生特性的认识，课程设计应关照学生作为人所具有的各种特性来进行设计，而不能完全地"目中无人""目中无生"，课程设计中要体现以人为本、以生为本的哲学理念，尊重学生的主体性与完整性，为学生的个性化发展创造良好的环境，这就依赖于课程如何科学设计，传统的"自上而下"的"政府行为"式的课程设计是不可能很好的关照到学生的发展特性的，因而课程设计应由"自上而下"的方式转变为"自下而上"的方式，从学生的需要出发，从课程实践出发调整课程设计方式。

（三）由"以教为主"到"以学为主"：建构主义教学观

建构主义教学观主张大力推进主体性教学，教学活动的重心由"教"转移至"学"，以"学"为主。教师并非教学过程中的唯一主体，教师传授知识的活动也并非教学活动的重心和主导活动，教学过程不是知识单向传递的过程。建构主义强调学生在教学过程中的主体地位，聚焦学生"学"的过程，强调教学过程是学生在教师的帮助下自己主动建构知识的过程，因而需要发挥学生学习的主动性和积极性，引导学生建构自身的知识体系。所谓知识的建构，一方面是指学生以原有知识经验基础去理解当前的新知识，即奥苏伯尔的"同化论"，另一方面指学生依据新经验对原有知识做出某种调整和改造，即"顺应"。这个建构过程只能由学生本人主动完成，学生建构知识的过程首先是在教师的指导与引领下，分析知识的合理性和有效性，深入理解知识的内在含义，然后结合自身已有的知识经验形成自己对知识新的解释和看法，而并非对知识进行浅层次的理解进而机械的记忆。

从这个角度看，建构主义教学观强调教学活动中学生是主体，教学过程中应给予学生尽可能多的独立且有效活动的机会。让学生在主动参与活动的过程中，建构自己的知识体系。基于此，课程设计过程中应充分尊重学生的主体地位、以学生的学为中心，在考虑从人类社会历史经验——科学和生活中选择什么、怎样组织、安排问题时，应将学生的需要、学生的兴趣、个性特点、学生已有水平置于首要位置。如在课程设计中实行三级布局：国家课程、地方课程、校本课程，将三者有机结合到一起，即为了充分尊重不同地区、不同学校学生个体的差异。

（四）由"抽象化"到"情境化"：建构主义情境观

"学习总是发生在情境之中，而情境则与镶嵌在其中的知识形成了不可分割的联系。"建构主义强调在教学过程中，应将学生从抽象的知识体系中引出，引导学生进入真实的问题情境中，用生动、形象、真实的故事呈现问题与知识，进而带动学生的思维。教学情境生活化、生动化，进而使教学内容由"抽象化"走向"情境化"，由"复杂化"走向"简单化"。建构主义所谓的"情境"必须具有真实性、复杂性、情节性等特点。

基于此，课程设计在制定教科书时，强调再现知识产生的背景和应用情境，营造真实生动的学习环境，进而实现学习效果的最优化。课程设计尊重学习的情境性有两方面的意义：一方面在于通过教科书知识的编排的"情境化"，赋予看似复杂、抽象的科学知识以生动鲜活的生命气息，便于学生灵活理解和把握；另一方面，尊重情境性的课程设计必然强调"情境化"教学设计，这一点在李吉林老师的"情境教学"主张中得到充分体现。他指出："教学理应顺乎学生发展规律，滋润情感的幼芽，点燃智慧的火花，让他们显示各自的聪明才智和潜在的力量，从中获得认识的快乐，成功的快乐。"因只有在一定鲜活生动的情境中，教学才能顺应学生发展规律，并能滋润其情感，点燃他们智慧的火花。这样的教学要求在进行课程设计时应注意所选内容及组织编排内容时"留有余地"，以便于教学中灵活地运用情境。

二、建构主义视野下的课程设计实践探索

基于建构主义的知识观、学生观、教学观和情境观，课程设计过程中应坚持直接经验与间接经验相结合的原则，主观性与客观性相结合的原则，稳定性与动态性相结合的原则，课程目标由"具体"转向追求"模糊"，与之相应，课程内容也具有"生成性"，因而才得以扩充。

（一）建构主义视野下课程设计的基本原则

1. 直接经验与间接经验相结合

现代课程论倾向于把课程定义为："学生通过学校教育获得旨在促进其身心全面发展的教育性经验。"从建构主义的角度来看，这一关于课程的定义既强调学生的主体性又强调经验的获得。建构主义知识观认为所谓经验，应该也是不断生成的，包括直接经验和间接经验，即通过学习主体自身的实践、体验，将所学知识内化。完善自身的认知结构，这一过程实际上也是直接经验与间接经验相互综合、相互渗透的过程。在这一过程中，学习主体已有的知识经验及其自身的实践、体验所得经验为直接经验，而学校给学习主体提供的教育环境中包含的知识多为间接经验。建构主义指导设计课程中必须遵循直接经验与间接经验相结合的原则，因为它们都强调对主体经验和主体活动的关注。课程设计过程中应关照学习主体的直接经验，兼顾间接经验的选择、组织、安排，将二者合理联系到一起，以便于提高教学效率。

2. 主观性与客观性相结合

建构主义者认为，课程本身及学习者两者都具有主观性，课程是知识的表现形式，建构主义知识观的核心是知识是主观性的存在，是学习者个体经验的总结，因而课程也具有主观性。建构主义学生观认为学习者是独立的、有思维的活动个体，在课程实施中主动构建自身知识体系，显然是具有主观性的。从马克思主义唯物辩证法的角度看，学习者本身就具有主观能动性。因而课程设计要尊重课程和学习者的主观性。此外，课程设计的实质，就是从人类社会历史经验——科学和生活中选择什么、怎样组织、安排的问题。人类社会历史经验是已经存在的，具有历史客观性，课程设计还受一定文化环境的影响，而文化环境也是客观存在的，课程设计还受一定社会文化环境的影响，而社会文化条件是客观存在的。因而课程设计要将学生主体的主观性与人类社会历史和存在的客观性进行统一。

3. 稳定性与动态性相结合

建构主义强调以学生为中心的课程设计方向。基于建构主义学生观，一方面，学生在一定阶段具有相对稳定的性格特征和智力发展水平；另一方面，课程目标及教育的最终目标都是为了促进学生经验的增长，个体的发展，同时课程设计要体现出动态变化。建构主义知识观强调知识是动态的，生成性的，但一定历史时期的知识也具有相对稳定性。基于此，课程设计既要有明确的对象和内容，制订相对稳定的教学计划（学校课程目标）及教学大纲（学科课程标准），又要尊重学生知识的动态生成性并顺应知识日新月异的时代发展背景，体现课程设计的灵活性。

（二）建构主义视野下的课程目标

课程目标是指一定教育阶段的学校课程力图促进该阶段学生的身心发展所需要达到的预期程度。课程目标是教育目的的转化，传统课程理论认为课程目标是课程结构的核心部分，一旦目标确定就不再改变，课程实施是严格围绕目标进行的，并且往往将目标着眼于学生对知识的掌握程度，这是较为狭隘的理解。建构主义情境观应用于课程领域，似乎"模糊"了以往的课程目标。建构主义者认为课程目标是在教学过程中逐渐凸显的，而不是事先预设的。因为"目的是演进着的，而不是预先存在的。目的是演进中的教育过程的方向的性质，而不是教育过程的某些具体阶段的，或任何外部东西的方向的性质。它们对教育过程的价值，在于它们的挑战性，而不在于他们的终极状态。"建构主义者认为，课程设计的过程中关于课程目标的设定可以是模糊的，或者是宏观的，而不是具体的。建构主义者认为，课程目标在于学生的知识、能力、个性的全面发展，在于培养学生的创新能力。此外，所谓"发展"，其本身就是一个"模糊"的标准，是动态生成性发展的状态。

（三）建构主义视野下的课程内容

对课程理解的不同，会导致在课程设计过程中对课程内容选择的不同。建构主义知识观强调课程知识的动态性、生成性，强调教学是学习者的主动性及其经验的建构。因而，在建构主义指导下，课程内容已打破原有的僵化、呆板的状态，也摆脱了"利用过去的教材，教导现在的学生，如何面对未来的挑战"的尴尬境地。世界在发展，人类在进步，以文化为基础的课程内容也应该不断扩充和更新。

建构主义在扩充课程内容方面的影响具体体现在：一方面，建构主义改变了以往的课程资源观，在新课程改革下课程资源观表现为：生活世界处处有课程资源；教材、课程标准是基本而特殊的课程资源；教师、学生是重要的课程资源；教学过程是课程资源生成的过程。另一方面，建构主义影响了课程内容的选择，传统的课程观认为课程内容选择的主动权在课程专家和教师手中。建构主义强调学习者的主体性，学生也有选择课程内容的权利，并且应该是确定课程内容的主体。课程目标在于促进学生知识能力、情感等各方面的发展。课程内容的选择也应依据学生的兴趣、发展方向而定。课程内容选择权的扩大化，必然有助于扩充课程内容。

在新课程改革中，建构主义与课程相结合是必然的。一方面，这是建构主义发展渗透到各个领域的必然趋势；另一方面，也是课程改革中不断探索新途径解决课程发展中存在的问题的必然要求。课程设计是新课程改革的一个重要方面，建构主义知识观、学生观、教学观、情境观等思想主张渗透到课程领域，不仅为课程设计理念的转变提供了有力的理论支撑和依据，还为课程设计实践提供了工具性的方法指导。

第二节　大学英语教学模式改革的实践与理论

自我国发布实施《大学英语课程教学要求》以来，大学英语教学有了较大的进步和发展，但从目前实际情况来看，教学模式改革仍然面临着一些未解决的老问题。为了提高我国大学英语教学的质量和成效，就必须加大对教学模式的改革和创新。

一、我国大学英语教学模式改革的背景

长期以来，我国大学英语教学普遍采用较为单一的模式，大致遵循"复习旧课—引入新课—学习新课—布置作业"这样一套较为固定的教学程序，且教学手段局限于课本、板书、录音机等，多采用"教师讲学生听"的填鸭式大班教学，教学效果的评价主要是期末考试成绩或四、六级考试成绩，教学目的也更多地是为了通过考试。即使最近几年随着多媒体技术的发展，部分教师将其引入课堂，但很多教师也仅仅是将黑板上的板书移植到 PPT，将听力播放工具从录音机转移到电脑。因此，这样一种传统的教学模式，使得我国学生在学习英语方面出现持续时间长、应用能力差的现状。很多学生通过多年的英语学习，仅仅是为了通过考试，甚至通过考试也相当困难，在语言的实际应用能力方面和社会对人才英语能力要求存在较大差距。出现这样的尴尬局面，较为重要的原因之一是对教学活动本质认识上存在偏差。教学活动不是简单的"教师教、学生学"这样一个简单的过程，它是涉及教师、学生、教材、教法、教学理念及手段、教学评价方式等多种影响因素的复杂过程。因此，要想提高教学效果，就要结合我国英语教学的实际情况，认真分析影响教学效果的多种因素，改革教学模式，从而推动我国大学英语教学不断发展。近年来教育部在推行《大学英语课程教学要求》等方面的

举措，就是充分考虑教学模式重要性并进行改革所做的努力。

二、我国大学英语教学模式改革的主要支撑理论

（一）认知主义

按照学习理论的分类，教学理论相应地可以分为联结说理论和格式塔理论。联结说理论在20世纪60年代发展为行为主义，而格式塔理论则发展为认知主义。认知主义将知识的实质、如何获得知识、怎样把知识应用到创造性活动等作为研究范围。行为主义认为学习是受外部环境的支配而被动地进行"刺激—反应联结"的过程，是在不断地练习和强化的过程中形成的类似于条件反射的习惯。而认知学派则认为学习是学习者内部心理结构的形成和改组，该过程包括信息输入和输出的加工。学习者在获得新知识的过程中，其本身已经将拥有的知识、经验发挥了极其重要的作用。来自外部信息的输入刺激会将学习者长时记忆的信息激活，而被激活的认知结构则对学习者消化吸收新信息提供了"必要的机制"。因此认知主义认为学习者获得知识不是依靠教师的灌输，不是被动地接受，而是要作为学习活动的主动参与者去探索和发现。因此，从认知理论的角度出发，学习语言是一项复杂的知识技能的习得过程，学习者可以利用元认知了解整个学习的过程，并据此制订学习的计划、自我监控学习过程、开展学习效果的自我评价等。

（二）建构主义

学界通常认为建构主义是认知主义的发展延续，它不是一种完全区别于认知主义的观念，但两者存在的不同之处是建构主义更加强调知识构建过程中的主观性。在构建主义者看来，语言知识的获得是在一定的社会文化背景之下，借助他人帮助并利用学习语言的资料，通过意义构建而习得的过程。因此，学习语言的过程并非是教师将知识单向传递给学生，也并非简单的信息积累过程，而是学习者主动地构建自身知识的过程。在这个构建过程中，教师起到帮助者和促进者的作用，学生成为教学的中心，是主动参与者。同时，构建主义者还强调知识构建的情景，在一定的情景下学习者可以通过互动和合作进行学习。学习者在习得语言知识过程中，要依靠自我经验及别人的协作，教师在这一过程中设计适宜的教学情景，激发学生学习的动机并使其学会自主学习，帮助学生认识所学新知识的意义。

(三) 人本主义

人本主义是20世纪五六十年代兴起的一个重要学术流派。该流派不赞同行为主义者将人当作动物或者机器而忽视了人本身发展的观点，同时也不赞同认知主义重视认知结构而忽视人的价值、态度、情感等因素对学习所具有的影响。它认为在学习过程中，学习者具有主体地位，强调学习者的潜能和学习过程。人本主义是从一个全新的角度来研究学习，它看重学习者的自我实现。根据人本主义的观点，语言教学不是教育的全部，因为学生都是活生生的人，他们都有自己思想、情感、各种需求的。教育是帮助学生学会学习，赋予学习经验个体意义，促进学习者的成长。因此，教师不应当将学生简单地看作教育对象，而应将其视为学习的主体，是整个教学活动的平等参与者。学习不再仅仅是简单的认知成分的参与，而是要使学生在学习过程中实现自身潜能和更全面、更充分的发展。教师在这一过程中，不仅仅是学生学习的促进者和帮助者，还应当是学生人格成长方面的促进者和帮助者。

三、我国大学英语教学模式的改革方向

(一) 改变教学理念

我国大学英语的教学已有很长的历史，也陆续从其他国家引入了不少教学理论和方法，但因我国大学生人数多、英语教育资源不足等原因，很多教学理念和方法都没有很好地与我国高校实际相结合，且很多教学理念和方法都停留在口头上。如果从现代先进的教学理念出发，结合我国实际，就能更好地提高大学英语教学的成效。

1. 改变以教师为主体的教学思想

多年来，传统的英语教学模式均以教师为主体，采取填鸭式的教学，导致耗费时间较多，效率较为低下。因为这样的教学方式忽略了学生在学习过程中的参与，忽视了学生是学习主体的客观规律，束缚了学生的能力发展，与当前普遍认同的教育理念背道而驰，也背离了我国高校深化课堂教育改革的主题。因此在教学活动中，应当将学生作为整个学习过程的中心，努力培养其自主学习的能力。

2. 改变以传授语言基础为主的教学方式

英语词汇、语法等基础知识是一种积累，而听说读写译等应用能力则是在此基础上的提高。不具备一定的基础知识，语言的应用能力就是无本之木，但是

具有基础知识并不代表具有应用能力。学习一门外语的目的就是在实践中加以应用。只有改变传授语言基础为主的教学方式，在打好基础的同时并重语言的应用能力，才能适应社会对人才的需求。

3.改变"授人以鱼"的教学现状

在传统的大学英语教学过程中，普遍存在"重知识、轻能力"的现状。包括语言在内的知识都在随着时代的进步不断更新，终身学习的理念已经得到国际教育界的普遍认同。只有改变英语教学中重知识的传授而轻视语言学习方法的状况，让学生学会学习语言，才有利于学生今后的不断学习、不断发展。学生只有学会了正确的学习方法，才能在没有教师时自主学习，并进行自我提高。

（二）创新课堂模式

传统的课堂模式因形式单一、班级人数较多等因素的制约，采取一刀切，很难做到尊重学生的个体性和差异性，不利于不同学生个体的英语学习，因此应当对其进行创新。改进传统课堂模式的同时，应充分利用新型课堂模式。

1.采用自主式教学

为了学生能够更好地学习英语，为其今后继续学习打下基础，应当帮助学生进行自主、自觉、独立的学习。要实现自主式教学，就应当改变目前将英语学习作为学生毕业硬性指标的现状。这一现状导致许多学生为了毕业而学习英语，考试通过后就完全放弃学习。要实现自助式教学形式，可根据学生实际情况，采取分级教学，并根据学生的不同情况，在课堂设计时充分考虑不同层级学生的需求，避免一刀切而导致有的学生不够学，有的学生压力大。

2.充分利用网络教学

网络教学不仅可以充分利用文字、图像资源，还可以有机结合声音、动画等，极大地提高了英语学习的趣味性，激发了学生学习英语的兴趣，增强了学生学习的主动性。网络教学可以由网络即时交际、网络资源检索、网络学习评价、休闲娱乐等多种方式组成。此类学习过程中，教师要加强对学生在学习过程中的引导、监督、反馈等。

3.革新传统教学

虽然传统的课堂教学存在一定的弊端，但其长期发展过程中积累了很多可取之处，不能仅仅因为创新而完全将其舍弃。而是在采用各种新型课堂形式的同时，革新传统教学，"取其精华，去其糟粕"，为学生学习英语创造和谐宽松的环境，不断提高教师的教学技能，更新教学理念，多管齐下，提高大学英语教学成效。

(三)改革评价方式

长期以来,总结性评价模式将考试作为我国大学英语教学最重要的评价手段,这样的评价方式单一,不利于形成全面性、多样化的评价体系,也在一定程度上导致学生、甚至相当数量的教师只重视考试结果而忽略语言能力的提高,更不利于大学英语教学模式的改革。《大学英语课程教学要求》就为改革提供了政策上的导向,它提倡大学英语教学评价从传统的终结性评价转变为形成性评价与综合性评价相结合、教师评价与学生评价相结合的模式。根据学习的本质,大学英语教学效果的评估更多的应是强调对学习过程的评价而不是对考试成绩的过分重视。同时,新的要求从之前注重语法、阅读为主转变为更加重视学生的听说能力以及语言的综合应用能力。这就将评价方式从传统的单一的总结性评价方式转变为综合的评价体系。以往的评价方式主要注重结果,而新的评价方式贯穿整个教学过程,评价可以在平时教学过程中不断进行。这样综合、即时的评价能使师生得到快速反馈,教师可以根据反馈及时调整和改进教学过程中的不足,学生也可以更快地了解自己学习过程中掌握语言能力的实际情况。新的评价方式还强调"考试应以评价学生的英语综合应用能力为主,不仅要对学生的读写译能力进行考核,而且要加强对学生听说能力的考核"。不仅仅是对学生的考核评价,也包括了对教师在"教学态度、教学手段、教学方法、教学内容、教学组织和教学效果"等方面的考核。学校应采用这样的评价体系,不像过去那样仅仅以期末考试、四、六级考试等考试成绩来评价本校的英语教学效果,而是更加注重提高教师的教学能力和学生的英语语言能力及个人的发展。

近年来,我国在大学英语教学方面有了显著的进步,尤其是在教学模式方面有了较大的发展,学生的英语水平也有了很大的提高。由于世界各国往来更加频繁,我国也将不断深入改革开放,相应地,我国大学英语教学模式也必须不断改革发展,才能满足社会对人才提出的新要求。

第三节 教学系统设计的理论与方法

一、教学系统设计的理论基础

(一) 传播现论与教学设计

1. 传播过程到教学传播过程要素的演绎

哈罗德·拉斯韦尔（Harold Dwight Lass well）提出的 5W 公式描述了传播过程中颇具代表性的大众传播过程的五个基本要素和直线式的传播模式。

1958 年布雷多克（Bnuklock）在此基础上发展了"7W"模型的教学传播过程（实际上增加了两个要素）：

Why　　　　为什么　　　　教学目的
Where　　在什么情况下　　教学环境

之后这些要素就成为研究教学过程、解决教学问题的教学设计所关心和考虑的重要因素。

2. 传播理论揭示教学过程要素之间的相互联系

1960 年，伯罗（D.K.BeHo）在拉斯韦尔研究的基础上，提出了 SMCR 的传播过程模式，进一步解释了教学信息传播过程的复杂性。

他指出传播的最终效果不是由传播过程中某一部分决定的，而是由组成传播过程的信息源、信息、通道和受者四个部分以及它们之间的共同关系决定的，而传播过程的每一个组成成分又受其自身因素的制约，所以传播过程从信息源到信息接收者，至少有五个因素影响信息传递效果。

（1）传播技能。传者的表达、写作技能和受者的听读技能都会影响传播效果。

（2）态度。传者和受者自身的态度、对所传信息内容以及彼此间的态度等。

（3）知识水平。传者对所传播的内容是否完全掌握，对传播的方法、效果是否熟知，受者原有的知识水平等。

（4）社会文化及背景。不同的社会阶层和文化背景也影响传播方法的选择和对传播内容的认识和理解。再从信息这个要素来看，它也受信息内容、信息要素以及信息处理、结构安排和编码方式等各种因素的制约。

（5）信息传递通道。不同的传播媒体与所传递信息的匹配不一样，对感官的刺激就会有所不同，从而影响传播效果。

3. 传播理论指出了教学过程的双向性

1954年奥斯古德（Charles Egerton Osgood）和施拉姆（Schramm）提出了模型，核心是在传播过程中建立反馈系统。

教学信息是通过教师和学生双方的传播行为来实现的，所以，教学设计必须重视教与学两方面的分析与安排，并充分利用反馈信息，通过反馈环节随时进行调整和控制，以达到预期的学习效果。

4. 传播过程与教学设计过程要素的比较

在相应领域，如传播内容分析、受众分析、媒体分析、效果分析等研究成果在不同程度上为教学设计中的学习内容分析、学习者分析、教学媒体的选择及教学评价等环节所吸收。

（二）学习理论与教学设计

学习理论是探究人类学习的本质及机制的心理学理论，而教学设计是为学习创造环境，是根据学习者的需要设计不同的教学计划，在充分发挥人类潜力基础上促进入类潜力的进一步发展，因而教学设计必须要广泛了解学习及人类行为，以学习理论作为其理论基础。

1. 学习理论

学习理论主要有：行为主义学习理论，认知主义学习理论，建构主义学习理论，人本主义学习理论。

（1）行为主义学习理论

行为主义学习理论诞生于20世纪初，它是在反对结构主义心理学的基础上发展起来的，其代表人物有巴甫洛夫、桑代克、斯金纳、班杜拉等。行为主义的学习理论可以用公式S—R来表示，其中S表示来自于外界的刺激，R表示个体接受刺激后的行为反应。他们认为个体在不断接受特定的外界刺激后，就可能会形成与这种刺激相适应的行为表现，他们把这个过程称为S—R联结的学习行为，即学习就是刺激与反应建立了联系。行为主义学习理论"重视与有机体生存有关的行为的研究，注意有机体在环境中的适应行为，重视环境的作用"。

①巴甫洛夫的经典条件反射

巴甫洛夫是经典条件反射学说的创立者。巴甫洛夫在研究狗的消化生理现象时，做了一个实验。先给狗听一个铃声，狗没有做出反应，然而在给狗铃声之后紧接着呈现食物，并经反复多次结合后，单独听铃声而没有食物，狗也"学会"了分泌唾液。铃声与无条件刺激（食物）的多次结合从一个中性刺激变成了一个条件性刺激，引起了分泌唾液的条件性反应，巴甫洛夫将这一现象称为条件反射，即经典条件反射。

经典性条件作用的主要规律有以下几点。

保持与消退。巴甫洛夫发现，在动物建立条件反射后继续让铃声与无条件刺激（食物）同时呈现，狗的条件反射行为（唾液分泌）会持续地保持下去。但当多次伴随条件刺激物（铃声）出现而没有相应的食物时，则狗的唾液分泌量会随着实验次数的增加而自行减少，这便是反应的消退。教学中，教师及时的表扬有时会促进学生暂时形成某一良好的行为，但如果过了一些时候，当学生在日常生活中表现出良好的行为习惯而没有再次得到教师的表扬，这一行为很可能会随着时间的推移而逐渐消退。

分化与泛化。在一定的条件反射形成之后，有机体对与条件反射物相类似的其他刺激也做出一定的反应的现象叫作泛化。比如，刚开始学汉字的孩子不能很好地区分"未"跟"末"，或"日"跟"曰"。如果只强化条件刺激，而不强化与其相似的其他刺激，就可能会导致条件作用的分化。比如在体育教学中，教师帮助学生辨别动作到位和不到位时的肌肉感觉，从而使学生动作流畅、有力。

高级条件作用。在条件作用形成以后，条件刺激可以像无条件刺激一样诱发出有机体的反应。这种由一个已经条件化了的刺激来使另一个中性刺激条件化的过程，叫作高级条件作用。即在一级条件作用的基础上建立二级条件作用，在二级条件作用的基础上建立三级条件作用。

两个信号系统理论。凡是能够引起条件反应的物理性条件刺激叫作第一信号系统的刺激；凡是能够引起条件反应、以语言符号为中介的条件刺激叫作第二信号系统的刺激。"谈虎色变"就属于第二信号系统的条件作用。人类学习与动物学习的本质区别就在于有了以语言为主的第二信号系统。

②华生对经典条件作用的发展

华生的刺激—反应学说。行为，指的是有机体所说的所做的，是能直接观察到的。刺激，指的是外界环境中的任何东西以及各组织所起的种种变化；反应，指的是有机体所做的任何动作。华生认为组成行为的基本单位是刺激—反应（S—R）。刺激—反应之间的联系是直接的，不存在心理、意识的中介。

刺激反应学说的基本观点。学习就是以一种刺激替代另一种刺激建立条件作用的过程。人类出生时只有几个反射（如打喷嚏、膝跳反射）和情绪反应（如爱、怒、惧等），所有其他行为都是通过条件作用建立新刺激—反应联结而形成的。学习的实质在于形成习惯，学习的过程乃是形成习惯的过程，即刺激与反应间牢固联结的过程。

③桑代克的联结学说

美国实证主义心理学家桑代克用科学实验的方式来研究学习的规律，提出了著名的联结学说。桑代克的实验对象是一只可以自由活动的饿猫。他把猫放入笼子，然后在笼子外面放上猫可以看见的鱼、肉等食物。笼子中有一个特殊的装置，猫只要一踩笼中的踏板，就可以打开笼子的门闩出来吃到食物。一开始猫放进去以后，在笼子里上蹿下跳，无意中触动了机关。于是它就非常自然地出来吃到了食物。然后又把它放进去，进行又一次尝试。桑代克认真地记下猫每一次从笼子里逃出来所花的时间，他发现随着实验次数的增多，猫从笼子里逃出来所花的时间在不断减少。到最后，猫几乎是一被放进笼子就去启动机关，即猫学会了开门闩这个动作。

通过这个实验，桑代克认为所谓的学习就是人和动物通过不断的尝试形成刺激—反应联结，从而不断减少错误的过程。他把自己的观点称为试误说。试误说的主要内容有：学习的实质在于形成一定的联结；一定的联结是通过尝试错误（试误）过程而自动形成，不需要以观念为中介；学习是试误过程，主要受练习律、效果律与准备律的支配：动物的学习是盲目的，而人的学习是有意识的。

桑代克根据自己的实验研究得出了三条主要的学习定律。

准备律。在进入某种学习活动之前，如果学习者做好了与相应的学习活动相关的预备性反应（包括生理和心理的），学习者就能比较自如地掌握学习的内容。

练习律。对于学习者已形成的某种联结，在实践中正确地重复这种反应会有效地增强这种联结。就小学教师而言，重视练习中必要的重复是很有必要的。另外，桑代克也非常重视练习中的反馈，他认为简单机械的重复不会造成学习的进步，告诉学习者练习正确或错误的信息有利于学习者在学习中不断纠正自己的学习内容。

效果律。学习者在学习过程中所得到的各种正或负的反馈意见会加强或减弱学习者在头脑中已经形成的某种联结。效果律是最重要的学习定律。桑代克认为学习者学习某种知识以后，即在一定的结果和反应之间建立了联结，如果学习者遇到一种使他心情愉悦的刺激或事件，那么这种联结就会增强，反之会减弱。他指出，教师尽量使学生获得感到满意的学习结果显得尤为重要。

④斯金纳的操作条件反射学说

继桑代克之后，美国又一位著名的行为主义心理学家斯金纳用白鼠作为实验对象，进一步发展了桑代克的刺激—反应学说，提出了著名的操作条件反射学说。

与桑代克相类似的是，斯金纳也专门为实验设计了一个学习装置——"斯金纳箱"，箱子内部有一个操纵杆，只要当饥饿的小白鼠按动操纵杆，小白鼠就可以吃到一颗食丸。开始的时候小白鼠是在无意中按下了操纵杆，吃到了食丸，但经过几次尝试以后，小白鼠"发现"了按动操纵杆与吃到食丸之间的关系，于是小白鼠会不断地按动操纵杆，直到吃饱为止。斯金纳把小白鼠的这种行为称为操作性条件反射或工具性条件反射。斯金纳与桑代克的主要区别在于：桑代克侧重于研究学习的S—R联结，而斯金纳则在桑代克研究的基础上进一步探讨小白鼠乐此不疲地按动操纵杆的原因——小白鼠每次按动操纵杆都会吃到食丸。在这一实验中，白鼠学会了按压操纵杆而获取食物的反应，把强化（食物）与操作性反应联系起来，就形成了操作性条件作用。

操作性条件作用的主要规律有以下几点。

强化。所谓强化，是指能够增强反应频率的后果。行为之所以发生变化就是因为强化作用。强化的作用在于改变同类反应在将来发生的频率。强化又分正强化和负强化。正强化通过呈现想要的愉快刺激来增强反应频率。负强化通过消除或中止厌恶、不愉快刺激来增强反应频率。凡是能够增强反应频率的刺激或事件叫作强化物。

惩罚与消退、维持。当有机体做出某种反应之后，呈现出一个厌恶刺激或不愉快刺激，以消除或抑制此类反应的过程，被称为惩罚＝惩罚与负强化不同。负强化是通过消除厌恶刺激来增加反应在将来发生的频率，而惩罚是通过呈现厌恶刺激来降低反应在将来发生的频率。

有机体做出以前曾被强化过的反应，如果在这一反应之后不再有强化物的伴随。那么这一反应在今后发生的概率便会降低，这种现象叫作消退。

维持就是行为的保持。操作性条件作用一旦形成，为了永久保持所获得的行为，应当逐渐减少强化的频次，或者使强化变得不可预测。

逃避条件作用与回避条件作用。当厌恶刺激或不愉快情境出现时，有机体做出某种反应，从而逃避了厌恶刺激或不愉快情境，则该反应在以后的类似情境中发生的概率便会增加，这类条件作用称为逃避条件作用。但预示厌恶刺激或不愉快情境即将出现的信号呈现时，有机体就会自发地做出某种反应，从而逃避了厌恶刺激或不愉快情境的出现，则该反应在以后类似的情境中发生的概率也会增加，这类条件作用称为回避条件作用"防患于未然"就属于回避条件作用。

（2）认知学习理论

20世纪60年代以后，随着认知心理学的诞生，学习理论开始重视研究学习者处理环境刺激的内部过程和机制，用S—O—R（O即学习的大脑加工过程）模式来取代简单的没有大脑参与的S—R联结，强调有机体的学习是在大脑中完成的对于人类经验重新组织的过程，主张人类的学习模式不应该简单地观察实施刺激以后的有机体的反应方式，而应该重视学习者自身的建构和知识的重组，应该强调不同类型的学习有不同类型的建构模式，主张在教学中要加强学习者有意义学习的比重，运用同化与顺应的方法有效地促成学习者知识结构的建立。认知学派的主要代表人物有布鲁纳、奥苏贝尔、加涅、皮亚杰等。

①鲁纳的认知结构学习理论。

布鲁纳的主要教育心理学理论集中体现在1960年出版的《教育过程》一书中。对于布鲁纳在教育心理学方面做出的卓越成就，美国一本杂志曾经这样评价：他也许是自杜威以来第一个能够对学者和教育家谈论智育的人。这足以看出布鲁纳在学术界的崇高威望。

重视学科基本结构的掌握。布鲁纳强调"不论我们选教什么学科，务必使学生理解该学科的基本结构"。所谓"基本"，就是具有既广泛而又强有力的适用性，学科的基本结构包括基本概念、原理及基本态度和方法。

掌握学科基本结构的教学原则有：动机原则。几乎所有的学生都具有内在的学习愿望，具有求知欲、成功的欲望和人与人之间和睦共处的需要，内部动机是维持学习的基本动力。结构原则。任何知识结构都可以用动作、图像和符号三种表象形式来呈现。教师应根据学生的年龄、知识背景和学科性质选择最好的呈现方式。程序原则。通常每门学科都存在着各种不同的程序，要根据过去所学习的知识、智力发展的阶段、材料的性质以及个别差异等采取学习者适用的具体程序。强化原则。反馈和强化是学习成功的重要环节。

强调基础学科的早期教学。布鲁纳有句名言："任何学科的基础知识都可以用某种形式教给任何年龄的任何人。"因此他主张将基础知识下放到较低的年级教学，他认为任何学科的最基本的观念都是既简单又强有力的，教师如果能够根据各门学科的基本概念按照儿童能够接受的方式开展教学的话，就能够帮助学生缩小"初级"知识和"高级"知识之间的距离，有效地促进知识之间的迁移，引导学生进行开发早期智慧。他认为，加强基础学科的早期教学，让学生理解基础学科的原理，向儿童提供具挑战性但是适合的机会使其步步向前，有助于儿童在学习的早期就形成以后进一步学习更高级知识的同化点。布鲁纳列举了物理学和数学学习中的例子来进一步说明，如果儿童能早一点儿懂得学科学习的基本原理的话，就能更容易地完成学科知识的学习，他把这种对学科基本原理的领会和掌握称为通向"训练迁移"的大道，其意义在于不仅能够帮助儿童理解当前学习所指向的特定事物，而且"能促使他们理解可能遇见的其他类似的事物"。

主张学生的发现学习。所谓发现是指学习者独自遵循他自己特有的认识程序亲自获取知识的一切方式。教学是要促进学生智慧或认知的生长，"教育工作者的任务是要把知识转换成一种适应正在发展着的学生的形式，以表征系统发展的顺序，作为教学设计的模式"。由此，教师在教学中要使用如何学习的方法。

使用发现法应遵循四个步骤：创设问题情境，提出学生感兴趣的问题；激发学生探究的欲望，提供解决问题的各种假设；从理论上或实践上检验自己的假设；引导学生运用分析思维去验证结论，最终使问题得到解决。

布鲁纳之所以强调在教学中要重视学生的发现学习，原因在于他通过比较研究发现学习和接受学习，看到发现学习有以下几个比较明显的优点：第一，有助于激发学生的好奇心和探索未知事物的兴趣；第二，有助于调动学生的内部动机和学习的积极性；第三，有助于学生批判性、创造性思维的发展。

当然，发现法自身也有局限，即，只有极少数高水平的学生才能真正用发现法学习，对于学得慢的学生来说，发现学习是比较难的；对发现学习的界定缺乏科学性和严谨性；发现学习比较费时间，很难保证学习水平。

②奥苏贝尔的认知同化理论

奥苏贝尔是美国的认知心理学家，他对教育心理学的杰出贡献集中体现在他对有意义学习理论的表述中。他在批判行为主义简单地将动物心理等同于人类心理的基础上，创造性地吸收了皮亚杰、布鲁纳等同时代心理学家提出的著名的有意义学习、先行组织者等理论，并将学习论与教学论两者有机地统一起来。

有意义学习。奥苏贝尔学习理论的核心是有意义学习。他指出："有意义学习过程的实质就是符号所代表的新知识与学习者认知结构中已有的适当观念建立非人为的和实质性的联系。"在他看来，学习者的学习，如果要有价值的话，应该使其尽可能地有意义。奥苏贝尔将学习分为接受学习和发现学习、机械学习和意义学习，并明确了每一种学习的含义及其相互之间的关系。为了有效地区分这四种学习，奥苏贝尔提出了有意义学习的两条标准：第一条，学习者新学习的符号或观念与其原有知识结构中的表象、有意义的符号、概念或命题等建立联系，如学习者在了解哺乳动物的基本特征后，再对照特征，知道鲸也属于哺乳动物家族中的一员。第二条，新知识与原有认知结构之间的联结是建立在非人为的、合乎逻辑的基础上的，如四边形的概念与儿童原有知识体系中的正方形的概念的关系并不是人为地强加的，它符合一般与特殊的关系。

奥苏贝尔在提出有意义学习标准的基础上进一步指出了有意义学习的两大条件：一是内部条件，学习者表现出有意义学习的态度倾向，即学习者表现出积极地寻求把新学习的知识与本人认知结构中原有知识联系起来的行为倾向性。二是外部条件，所要学习的材料本身要符合逻辑规律，能与学习者本人的认知结构、认知特点相互吻合，并且在学习者的认知视野之内。

奥苏贝尔提出了人类存在的三种主要的有意义学习的类型。

一是表征学习，主要指词汇学习，即学习单个符号或一组符号代表的是什么意思。比如"cat"这个单词，对于刚刚接触英语的孩子来说是无意义的，但老师多次指着猫对孩子说这就是"cat"，最后孩子自己看见猫的时候也会说这就是"cat"，这时候我们就能说孩子对"cat"这个符号已经获得了意义。

二是概念学习，主要指学习者掌握同类事物的共同的关键特征。比如学习者学习了"鸟"的概念，知道了鸟的共同的关键特征是体温恒定、全身有羽毛后，儿童能指出鸡也应该属于鸟类，这个时候我们就能说学习者已经掌握了"鸟"这个概念。

三是命题学习，命题学习必须建立在概念学习的基础上，是学习若干概念之间的关系或把握两个（或两个以上）特殊事物之间的关系的活动。这是一种最高级别的学习类型。学习若干概念之间的关系称为概括性命题学习，比如学习长方形的面积等于长乘以宽，这里的面积、长、宽可以代表任意长方形的面积、长和宽，而这里的乘积表示的是任意长与宽之间的联系。

知识的同化。奥苏贝尔学习理论的基础是同化。他认为学习者学习新知识的过程实际上是新旧材料之间相互作用的过程，学习者必须积极寻找存在于自身原有知识结构中的能够同化新知识的停靠点，这里同化主要指的就是学习者把新知识纳入已有的认知结构中去，从而引起量变的过程。奥苏贝尔指出，学习者在学习中能否获得新知识，主要取决于学生个体的认知结构中是否已有相关的概念（即是否具备同化点）。教师必须在教授有关新知识以前了解学生已经知道了什么，并据此开展教学活动。

奥苏贝尔按照新旧知识的概括水平及其相互间的不同关系，提出了三种同化方式。

一是下位学习（又称类属学习）。主要是指学习者将概括程度处在较低水平的概念或命题纳入自身认知结构中原有概括程度较高水平的概念或命题之中，从而掌握新学习的有关概念或命题。按照新知识对原有知识产生影响的大小，下位学习又可以分为两种。一种是派生类属学习，即新学习的知识仅仅是学习者已有概念或命题的一个例证或是一种派生物。例如，学习者掌握了个性心理的基本特征后，就不难理解个性心理中具有代表性的性格特征了，这种学习不仅使新知识获得了意义，而且使原有知识获得了证实或扩充。另一种是当学习者获得一定的类属于原有概念或命题的新知识以后，自身原有的概念或命题就会进一步精确化，受到限制、修饰或扩展，这种学习称为相关类属学习。例如，学习者已经熟悉了"氯在点燃状态下可以与铁发生化学反应"的命题，现在学习新的命题"溴在点燃状态下也可以与铁发生化学反应"，后一命题与前一命题之间只是相关关系，后者不可以从前者中派生出来。

二是上位学习（又称为总括关系）。是指在学习者已经掌握几个概念或命题的基础上，进一步学习一个概括或包容水平更高的概念或命题。如学习者在熟悉了"感知""记忆""思维"这些下属概念之后，再学习"心理过程"这个概括程度更高的新的概念，这个概括水平更高的新概念主要通过归纳原有下位概念的属性从而获得意义。

三是并列结合学习。当新学习的概念和命题既不能与原有知识结构中的概念或命题产生下位关系，也不产生上位关系，而是并列关系时，这时的学习便只能采用并列结合学习。如学生在学习了心理过程的基本知识以后，再学习个性心理的有关知识，这时的学习就是并列结合学习。

奥苏贝尔还在有意义学习和同化理论的基础上提出了学习的原则与策略。

关于学习，他提出了以下三条原则。

一是逐渐分化原则。这条原则主要适合下位学习，奥苏贝尔认为学习者在学习新知识时，用演绎法从已知的较一般的整体中分化细节要比用归纳法从已知的具体细节中概括整体容易，因而教师在传授新知识时应该先传授最一般的、概括性最强的、包摄性最广的概念或原理，然后再根据具体细节逐渐加以分化。

二是综合贯通原则。这条原则主要适合上位学习和并列结合学习，奥苏贝尔主张教师在用演绎法渐进分化出新知识的同时，还要注意知识之间的横向贯通，要及时为学习者指出新旧知识间的区别和联系，防止由于表面说法的不同而造成知识间人为的割裂，促进新旧知识的协调和整合。三是序列巩固原则。这条原则主要针对并列结合学习，该原则指出对于非上位、非下位关系的新旧知识可以使其序列化或程序化，使教材内容由浅入深、由易到难。同时，奥苏贝尔也指出，对于这类知识的学习，教师还应该要求学习者及时采取纠正、反馈等方法复习回忆，保证促进认知结构中原有观念的稳定性以及对新知识掌握的牢固性。

关于学习策略，奥苏贝尔为了有效地贯彻这三条原则，提出了具体的先行组织者策略。先行组织者是指在呈现新的学习任务之前，由教师先告诉学生一些与新知识有一定关系的，概括性和综合性较强、较清晰的引导材料，帮助学生建立学习新知识的同化点，有效促进学习者的下位学习。根据所要学习的新知识的性质，奥苏贝尔列出了两种不同类型的先行组织者。对于完全陌生的新知识，他主张采用说明性组织者（或陈述性组织者），利用更抽象和概括的观念为下一步的学习提供一个可资利用的固定观念；对于不完全陌生的新知识，他主张采用比较性组织者，帮助学生分清新旧知识间的共同点和不同点，为学生获得精确的知识奠定基础。

③加涅的信息加工理论

学习阶段。加涅在对学习活动进一步分析的基础上，把与学习过程有关的教学划分为以下八个阶段。

一是动机阶段。要使有效学习行为得到发生，学习者必须要有学习意向，所以学习的准备工作就是由教师以引起学生兴趣的方法去激发学生的学习动机。

二是了解阶段。在这个阶段，教学的措施要引起学生的注意，就需要提供选择性的知觉。主要目的在于促使学习者将学习的注意力指向与他的学习目标有关的各种刺激。

三是获得阶段。教学在此阶段的任务是支持学生把了解到的信息转入短时记忆系统，也就是对信息进行必要的编码和储存。教师可向学生提示编码过程，帮助学习者采用较好编码策略来学习知识，以有利于信息的获得。

四是保持阶段。这个阶段主要是让学习者把获得阶段所得到的信息有效地放到长时记忆的记忆存储器中去。存储信息的内部过程到底在多大程度上受教学方式的影响，现在还没有完全研究清楚。但是，加涅认为，为有效地学习应适当地安排条件，如同时呈现不同的刺激来代替相似刺激，由于相互间干扰的减少就可以间接地影响信息的保持。

五是回忆阶段。也就是信息的检索阶段。在此阶段，为使所学的知识能以一种作业的形式表现出来，线索是必不可少的，因而加涅主张教学可以采取提供线索以此引起记忆恢复的形式，或者采取控制记忆恢复过程的形式，以保证学生可以找到适当的恢复策略加以运用。另外，他认为教学还可以采用包括"有间隔的复习"等方式，使信息恢复有发生的机会。

六是概括阶段。在此阶段，教师提供情境，使学生学到的知识和技能以新颖的方式迁移，并提供线索，以应用于以前不曾遇到的情境。

七是作业阶段。在此阶段，教学的大部分是提供应用知识的时机，使学生显示出学习的效果，并为下阶段的反馈提前做好准备。

八是反馈阶段。在此阶段，学生关心的是他的作业接近或达到他的预期标准的程度。如果学生能够得到完成预期证实的反馈信息，对强化学习过程将有很大的影响。

（3）建构主义学习理论

建构主义是认知主义的进一步发展。在皮亚杰和早期布鲁纳的思想中已经有了建构的思想，但相对而言，他们的认知学习观主要在于解释如何使客观的知识结构通过个体与之交互作用而内化为认知结构。自20世纪70年代末起，以布鲁纳为首的美国教育心理学家将苏联教育心理学家维果茨基的思想介绍到美国，对建构主义思想的发展起到了极大的推动作用。维果茨基在心理发展上强调社会文化历史作用，强调活动和社会交往在人的高级心理机能发展中的突出作用。他认为，高级的心理机能来源于外部动作的内化，这种内化不仅通过教学，也通过日常生活、游戏和劳动等实现。另一方面，内在智力动作也外化为实际动作，使主观见之于客观。所有这些都对当今的建构主义者产生了很大的影响。

建构主义学习理论的基本观点如下。

建构主义在知识观、学生观、学习观方面提出了许多新观点，其中有些观点虽过于激进，但对传统的教学和课程理论也提出了巨大挑战，值得我们深思。

知识观。建构主义对知识的客观性和确定性提出了质疑，强调知识的动态性和情境性。它强调，知识并不是对现实的准确表征，它只是一种解释、一种假设，并不是问题的最终答案。知识并不能精确地概括世界的法则，在具体问题中，我们并不是直接使用、一用就灵，而是需要对具体情境进行再创造。不同的学习者对同一个命题会有不同的理解。

学生观。建构主义者强调，学生并不是空着脑袋走进教室的，他们在日常生活、学习中已经积累了丰富的经验。所以，教学不能无视学生的这些经验，而是要把儿童现有的知识经验作为新知识的生长点，引导儿童从原有的知识经验中"生长"出新的知识经验。教学要为学生创设理想的学习情境，增进学生之间的合作，激发学生的推理、分析等高级思维活动，促进学生自身积极的意义建构。

学习观。建构主义认为，学习不是教师向学生传递知识，而是学生建构自己的知识的过程。学生不是被动的信息吸收者，而是意义的主动建构者，这种建构不可能由其他人代替。学习者的知识建构过程具有三个重要特征：学习的主动建构性。面对新信息、新概念和新命题，每个学生都在以自己原有的知识经验为基础建构自己的理解。学习的社会互动性。学习任务是通过各成员在学习过程中的沟通交流、共同分享学习资源完成的。学习的情境性。知识并不是脱离活动情景抽象地存在，知识只有通过实际情景中的应用活动才能真正被人理解。因此，学习应该和情景化的社会实践活动有机结合起来。

（4）人本主义学习理论

人本主义是20世纪50年代末60年代初在美国出现的一种重要的教育思潮，主要的代表人物是马斯洛、罗杰斯等。人本主义心理学的主要观点是：心理学研究的对象是"健康的人"；生长与发展是人的本能；人具有主动地、创造性地做出选择的权利；人的本性中情感体验是非常重要的内容。

①马斯洛的需要层次论

马斯洛认为人的需要有五种，它们由低到高依次是生理需要、安全需要、归属和爱的需要、尊重的需要和自我实现的需要。在人的需要层次中，最基本的是生理需要；在生理需要得到基本满足之后，随之便是安全需要，即表现为个体要求稳定、安全、受到保护、免除恐惧和焦虑等；这之后是归属和爱的需要，即个体要求与他人建立感情联系，如结交朋友、追求爱情等；随后出现的是尊重需要，它包括自尊和受到他人尊重。这四种需要统称为缺失性需要。在上述这些低一级的需要得到基本满足之后，便进入自我实现需要层次。作为一种高级的需要，自我实现是指完满的人性和个人潜能的充分实现。从学习心理的角度看，人们进行学习就是为了追求自我实现，即通过学习使自己的价值、潜能、个性得到充分而完备的发展和实现。

马斯洛的需要层次理论说明，在某种程度上学生缺乏学习动机可能是由于某种缺失性需要没有得到充分满足而引起的。如家境贫困使得温饱得不到满足；父母离异使得归属与爱得不到满足；教师过于严厉和苛刻，使得安全需要和尊重需要得不到满足等。所以，教师不仅要关心学生的学习，而且也应该关心学生的生活和情感，要让学生感觉到老师是尊重和热爱他们的，以排除影响学生学习的一切干扰因素。

②罗杰斯的自我实现人格论

人本主义心理学家认为，人的成长源于个体自我实现的需要，自我实现的需要是人格形成、发展的驱动力。人格发展的关键就在于形成和发展正确的自我概念。而自我概念的正常发展必须具备两个基本条件：无条件的尊重和自尊。其中，无条件的尊重是自尊产生的基础，因为只有别人对自己有好感（尊重），自己才会对自己有好感（自尊）。

患者中心疗法。罗杰斯认为患者有自我实现的潜能，这种潜能不是治疗者所创建的，而是在一定条件下自由释放出来的，故采用"患者中心疗法"。基本做法是鼓励患者积极叙述问题，自己解决问题。治疗者在治疗过程中，不为患者解释过去压抑于潜意识中的经验与欲望，也不对患者的自我报告进行评价，只是适当地重复患者的话，帮助他澄清自己的思路，使患者自己逐步克服他的自我概念的不协调，接受和澄清当前的态度和行为，实现自我治疗的效果。而要有效地运用患者中心疗法，使患者潜在的自我得到实现，必须具备三个基本条件：①无条件的积极关注。治疗者对患者应表现出真诚的尊重、关心、喜欢和接纳，即使当患者叙述某种可耻的感受时，也不表示冷漠或鄙视，即"无条件的尊重"。②真诚一致，不能虚伪做作。③移情性理解。治疗者要深入了解患者体验到的感情和想法，设身处地地了解和体会患者的内心世界。

（5）自由学习理论

罗杰斯在其撰写的《学习的自由》一书中，提出了以自由为基础的自由学习原则，主要包括以下几方面：①人生来就有学习的潜力。②教材有意义且符合学生学习目的时才会使其产生学习欲望。③学生只有在较少威胁的教育情境下才会有效地学习。这里所说的威胁是指个人在求学过程中因种种因素所承受的心理压力。④主动、自发、全身心投入地学习才会产生良好效果。⑤学生自评学习结果。这有利于培养独立思考和创造力。⑥重视生活能力的学习，以应对变动的社会。⑦涉及学习者整个人（包括情感和理智）的自我发起的学习，是最持久、最深刻的学习。⑧在现代社会中，最有用的学习是了解学习过程、对经验始终持开放态度，并把它们结合到自己的变化过程中去的学习。

2. 教学设计与学习理论

（1）以行为主义联结学派心理学为基础的斯金纳程序教学设计理论的诞生与早期发展行为主义产生于20世纪20年代的美国，由华生开创。主张用客观方法研究客观行为，提出刺激—反应联结公式，即刺激得到反应，学习就完成了。他们的环境决定论和教育万能论都说明行为主义十分重视学习，但是他们对学习的研究仅仅局限于外部现象和外在条件，完全否定人的内部心理的存在。四五十年代，以斯金纳为代表的新行为主义主张"教育是塑造人的行为"，在长期研究中，斯金纳形成了学习和机器相联系的思想，制造了教学机器来实现"小步子教学"。尽管教学机器对教师主导作用的发挥存在障碍，对学生学习动机考虑甚少，但是程序教学的耐心、促进主动学习的热情和及时反馈的速度几乎是一般教师所不及的，进而促成了60年代的程序教学运动。

程序教学思想对教学设计产生了深刻影响，到70年代后，程序教学思想和方法又被广泛用于计算机辅助教学，但是行为主义把人视为消极被动的机械结构，任由环境摆布，否定人的主观能动作用，否定大脑对行为的支配和调节作用，使其在理论上显得苍白无力，因此教学设计不得不寻求其他理论。

（2）教学设计吸收各学习理论学派精髓作为其科学依据进行教学设计的实践。随着脑科学的发展，人们对心理认知的研究逐渐增多，使心理学中认知学派占据了主导地位。认知学派源于格式塔心理学，核心观点是学习不是机械的、被动的刺激—反应联结，学习通过主体的主观作用来实现。瑞士心理学家皮亚杰提出认知结构说。认为认识是主体转变客体的过程中形成的结构性动作和活动，认识活动的目的在于取得主体对自然、社会的环境的适应，达到主体与环境之间的平衡，主体又通过动作对客体的适应推动认识的发展。他将 S—R 联结改为 S—AT—R 联结，其中 A 代表同化，T 代表主体的认知结构。强调新旧知识相联系的过程，表明只有学习者把外来刺激同化进原有的认知结构中去，学习才会发生。60年代，美国认知学派代表人物布鲁纳提出认知发现说，认为人的认知活动是按照一定阶段的顺序形成和发展的心理结构来进行的。这种心理结构就是认知结构。他提出的知识结构论和学科结构论是其发展理论同时付诸实践的主要功绩。他认为要让学生学习学科的基本结构，并指出学生在特定的年龄有特定的观察事物和解释世界的方式，任何观念都应该用一定年龄学生的思维方式去阐述。他认为，不应奴性地跟随学生认知发展的自然过程，而应促使学生步步向前。

认知学派的启示：学习过程是一个学习者主动接受刺激、积极参与和积极思维的过程。学习是依靠学习者的主观建构，把新知识同化到原有的认知结构中去。因此学习必须以原有的知识为基础，也只有丰富的知识才能启迪智力发展，形成良好的认知结构。

要重视学科知识结构与学生认知结构的关系，以保证有效地学习，近三十年来，加涅吸收了行为主义和认知学派的精华，成为联结—认知学派的代表人物。他主张既要揭露外部刺激于外在反应的作用，又要揭示内部过程的内在条件的作用。他的《学习条件》和《教学设计的原理》为教学设计提供了更多的支持。

（3）教学设计本身的理论结构将随着学习理论的发展而趋于更严密更有效

历史证明，脑科学的发展使得学习心理学拨开了蒙在眼前的迷雾而逐步走向明朗。脑科学至今仍是一项未竟的事业，相信未来脑科学的继往开来将再次推动学习心理学的发展，而学习心理学的深入也必将把教学设计引向更加成熟的方向。

（三）教学理论与教学设计

教学理论是为解决教学问题而研究教学一般规律的科学。教学设计是科学地解决教学问题、提出解决方法的过程，为了解决教学问题，就必须遵循教学客观规律，因此教学设计离不开教学理论。

1. 教学设计的产生是教学理论发展的需要

古今中外的大量材料已经发现和揭示了许多教学过程中稳定性、普遍性的内在本质的联系和客观规律。但是教学理论多是涉及教学过程及其理论原理的个别方面，不能完整反映整个教学过程，因而在实践中推广容易陷入片面。另外，教学理论的层出不穷会使有的人无所适从，还有的人忽视发展，只知继承。人们已经认识到尽管教学理论对教学过程各要素都有肯定、明确的总结和认识，但是面对复杂的教学问题和教学过程中各要素的错综关系，仍然束手无策，教学设计正是应这种需要而产生的。

2. 教学理论的研究和发展为教学设计提供了科学依据

我国古代有孔孟的儒家教学思想，如孔子的学而不思则罔、思而不学则殆，举一反三，因材施教和孟子的循序渐进、专心有恒等，又如《学记》中及时施教、教学相长、长善救失，朱熹的学问思辨行等。近现代，蔡元培、陶行知、陈鹤琴等教育家提出要发展儿童的个性，从儿童的特点出发，发挥主观能动性，培养独立学习能力等。

国外教学理论的发展首推西方。萌芽时期有苏格拉底、柏拉图的教育思想，昆体良的问答法、练习法、模仿等教学方法。近代夸美纽斯的《大教学论》对教育目的、内容和直观性、系统性、巩固性教学原则做了比较系统的阐明，并提出了班级授课制。卢梭提出了观察法、游戏法。现代的杜威反对传统的教师中心和课堂中心，主张儿童中心和"做中学"的教学方法尽管对教师在教学中的主导作用和系统科学知识的学习有所忽视，但对反传统教学具有重大的意义。

教学设计形成于20世纪60年代末，而50年代后发展起来的当代教学理论越来越受到青睐，教学设计也就更多、更直接地从中寻找科学理论依据。这包括布鲁姆以行为结果作为目标分类依据的教育目标分类理论、掌握学习理论、形成性评价理论，奥苏贝尔提出的有意义学习的观点和先行组织者的教学程序，等等。

3.教学设计与教学理论的相互影响促进双方的进一步发展

教学理论是对一定条件下采取一定教学行动后产生的结果的客观总结，因此不可能适用于所有的教学实践。教学设计是运用系统方法首先鉴别教学实践中要解决的问题，根据问题情境，通过比较选择合适的教学理论作为依据来制定解决问题的策略，试行中还可以调整。这样，教学设计在系统过程中为教学理论应用实践的成功创造了良好的环境。另外，在解决实际教学问题时，会发现有的教学理论有局限不足之处，也会发现没有教学理论可以借鉴的情况，这样可以促使人们进一步地研究。而教学理论的完善，必将促进教学设计的成功。

（四）教学设计与系统科学理论

所谓系统方法，就是通过系统论的思想、观点，研究和处理各种复杂的系统问题而形成的方法，即按照事物本身的系统性把对象放在系统的形式中加以考察的方法。它侧重于系统的整体性分析，从组成系统的各要素之间的关系和相互作用中去发现系统的规律性，从而指明解决复杂系统问题的一般步骤、程序和方法。无论是宏观教学系统设计，还是微观教学系统设计，都强调系统方法的运用。系统方法采用的步骤如下：

（1）系统地分析所要解决的问题的目标、背景、约束条件和假设，其目标是系统要求实现的功能。

（2）调研，收集与问题有关的事实、资料和数据，分析各种可能性，提出各种可供选择的方案。

（3）对这些方案进行分析，权衡利弊，选出其中最优方案并提出优化方案的准则。

（4）具体设计出能体现最优方案的系统。

（5）进行系统的研制、试验和评价，分析是否达到了预期的结果，发现不足之处及时纠正，直到实现或接近理想设计为止。

（6）应用和推广。

二、几种主要的教学系统设计理论

（一）加涅的教学系统设计理论

核心思想：为学习设计教学，加涅认为教学必须考虑影响学习的全部因素，即学习的条件。学习的条件分为内部条件和外部条件。

1. 加工系统

加工系统主要由信息的接收器、感觉登记器、工作记忆和长时记忆组成。从学习环境中来的刺激作用于学习者的感受器，信息在一个感受记录器里短暂停留后由选择性知觉经过加了输入短时记忆。如果信息在短时记忆中没有被复诵，一般保留不到20秒，且短时记忆的容量有限，一次最多只能记忆7个项目。需要记忆的信息须经过语义编码转化成有意义的模式进入长时记忆。长期记忆的信息经过两条途径进入反应发生器。一是长时记忆中的信息先回到工作记忆，再由工作记忆进入反应发生器，引起反应。这种条件下，人能意识到从长时记忆中提取信息。另一条途径是长时记忆中的信息直接进入反应发生器，引起反应。这种条件下，反应是自动进行的，不受人意识的控制。当信息从短时记忆或长时记忆中提取并传递到反应发生器激活效应器（肌肉）时，就造成学习者对环境可观察到的行为，至此学习者就完成了一次学习过程。

2. 执行控制系统

执行控制系统的调节与控制作用主要体现在以下几个方面。

（1）感觉系统进行调节，使之选择适当的信息，予以注意。

（2）指导工作记忆中的信息加工方式的选择。

（3）对工作记忆和长时记忆中表征形式的选择。

（4）对长时记忆中的知识提取线索的选择。

（5）对解决任务的计划的执行加以监督。

3. 预期系统

预期是指人的信息加工活动是受目的指引的。认知目的能指引认知加工方式的选择，如学习者对学习结果有什么期望会对其如何感知外界刺激、如何编码记忆产生影响。认知加工活动的实现和预期目标的达到会带来情感的满足，由此进一步激励新的认知行为，所以预期是与信息加工活动的动力有关的系统。

在加涅看来，学习的发生要同时有外部条件和内部条件，教学的目的就是合理安排可靠的外部条件，以支持、激发、促进学习的内部条件，这就需要对教学进行整体设计，即教学设计。因为学习的过程有许多有顺序的阶段，所以教学也有相应的不同阶段。

（二）瑞格鲁斯的教学系统设计理论

1. 核心观点

教学设计理论就是"教学科学"，教学系统设计理论是规定性的教学理论。瑞格鲁斯还提出了关于建立教学系统设计理论知识库的构想。他把教学理论的变量分为教学条件、教学策略、教学结果，并进一步把教学策略变量细分为教学组织策略、教学管理策略和教学传输策略。

教学组织策略可以进一步分为"宏策略"和"微策略"。宏策略：揭示学科知识内容中的结构性关系，也就是各部分之间的相互作用和相互联系。在实际教学中，用来指导对学科知识内容的组织和对知识点顺序的排列，它是从全局考虑学科知识内容的整体性记忆中各个部分之间的关系。微策略：强调按单一主题组织进行教学，策略部件包括定义、例题、练习等。在实际教学中，为如何教特定的学科内容提供"处方"，考虑的是一个个概念或原理的具体教学方法。

2. 细化理论

细化理论（the elaboration theory，简称 ET）的最早提出者是瑞格鲁斯，该理论的基础是认知学习理论。新知识的获取与保持在很大程度上取决于学习者原有的认知结构。奥苏贝尔是这种观点的最早提出者之一，他因提出先行组织者教学策略而著名。该理论是建立在两个关于认知结构的假定的基础之上的。

知识按层次结构组织，抽象程度较高的知识处于较高层次，随着抽象程度降低，其所处的层次也逐步降低。认知结构中的知识是相互作用、相互联系的。细化理论组织教学内容的基本原则是把更广泛、更一般的概念放在较高层次。除此之外，关注学科内容的各个部分如何彼此相关，记忆各个部分和整个学科之间的关系。

模式概括：一二四七

一个目标：指 ET 的全部内容都是为了达到一个目标——按照认知学习理论实现对教学内容（即当前所教学科知识内容）最合理而有效地组织。

两个过程：是指 ET 主要通过两个设计过程来实现上述目标。一是"概要"设计，"广角"看全部。二是一系列细化等级设计，"变焦"看部分。横纵两方面：同一等级上对不同教学内容细化（复杂程度相同），同一教学内容在相继等级中细化（复杂程度不同）。

"选择"（selection）、"定序"（sequencing）、"综合"（synthesizing）和"总结"（summarizing），简称 4S。

选择是指从学科的知识内容中选出为了达成总的学习目标或单元的教学目标所要教的各种概念和知识点，从而为概要设计做好准备，这是 ET 的初始设计任务。

定序目的是要使教学内容（学科知识内容）根据"从一般到特殊"的次序来组织和安排，这既是概要设计和细化系列设计的指导思想，又是设计的基本内容，应该贯串在这两个设计过程的始终，从而保证每次细化结果的一致性。

综合是要维护知识体系的结构性、系统性，即确定各个知识点之间的相互联系。通过综合应使学习者看到各个概念之间的关联以及它们在更大的概念图中（乃至整个课程中）所处的地位。在每一级细化过程中都将有两种形式的综合发生：内部综合与外部综合。

总结：对于学习的保持和迁移都是很重要的。两种总结：一种是课后总结，另一种是单元总结。

七种策略：指为保证细化过程的有效性和可操作性，必须在细化过程中适当运用的有关教学内容组织的七种宏策略。

宏策略 1：用于确定课程内容的细化顺序。

宏策略 2：用于确定每一堂课的内容顺序。

宏策略 3：用于确定总结的内容及总结的方式。

宏策略 4：用于确定综合的内容及综合的方式。

宏策略 5：用于建立当前所学新知识与学习者原有知识之间的联系（这是帮助学习者实现意义建构的关键）。

宏策略 6：用于激发学习者的学习动机和认知策略，使学习者始终处于积极的信息加工状态。

宏策略 7：用于实现学习者在学习过程中的自我控制。

3. 应用

以某一节课的教学为例来分析。

（1）出本节课的概要（完成概要设计）。

（2）嵌入动机激发器帮助学习者形成学习动机。

（3）如果概要内容较抽象难懂则应进一步给出形象化的比喻（或适当的类比）。

（4）顺序呈现按照宏策略 1 和宏策略 2 的要求以及一系列细化设计结果组织

起来的教学内容。

（5）运用宏策略5建立新旧知识之间的联系，以促进学习者进行意义建构。

（6）根据学习情况的需要嵌入认知策略激发器，以帮助学习者提高学习质量与效率。

（7）提供本节课的课后总结。

（8）提供本节课的课后综合。

（三）史密斯和雷根的教学系统设计理论

尽管不同的学习结果需要不同的教学策略，但是教学过程一般都包括四个阶段：导入、主体部分、结论和评定。

在训练情境中（如军事训练），一般包括引起注意、提高动机、给出课的概要、解释和详细说明知识、学习者在监督下来练习、评价、总结、鼓励、结束等若干教学事件。

史密斯和雷根认为一般教学过程包括以下15个教学事件。

（1）导入阶段：

·引起注意。

·建立教学目标。

·唤起兴趣和动机。

·课的概述。

（2）主体部分：

·回忆先前学过的知识。

·处理信息和例子。

·集中注意。

·运用学习策略。

·练习。

·评价反馈。

（3）结论部分：

·总结和复习。

·知识迁移。

·进一步激励和完成教学。

（4）评价阶段：

·评定作业。

·评价反馈和补救教学。

第四章 慕课概述

第一节 慕课的产生

MOOC（慕课）是英文 MassiveOpenOnlineCoursev 的首字母缩写，直译为大规模开放在线课程。从慕课的概念分析，其含义分析如下。

"大规模"是指参与学习的学习者数量众多。课程的注册学习者规模达到数千乃至数以十万计，包括各行各业各个年龄阶段的人员。如此大规模的教育活动，在此之前是从来没有过的。不仅如此，慕课的"大规模"不仅仅是指学习者的数量庞大，而且还指更多的教师参与到教学之中。

"开放"是指学习是一种开放的教育形式，没有限制。慕课是多年来世界"开放教育资源"（Open Educational Resource，OER）运动的延续，是开放教育潮流的重要组成部分。有了慕课，只要能上网，只要有时间，只要有学习意愿，任何人都可以进行在线学习。

"在线"是指学习资源和信息通过网络共享，学习活动发生在网络环境下。

"课程"是指开放教育的形式是课程，是整个教与学的活动。

慕课只有短暂的历史，但是却有一个不短的孕育发展历程，它是长期积淀的结果。准确地说，它可追溯到20世纪60年代。1962年，美国发明家和知识创新者道格拉斯·恩格尔巴特（Douglas Engelbert）提出一项研究计划，号召人们将计算机技术作为一种改革"破碎的教育系统"的手段应用于学习过程之中。之后，类似的努力一直在进行。

2007年是慕课孕育最重要的一年。这一年秋天，美国学者戴维·维利（David Wiley）基于Wiki技术开发了一门开放课程——"开放教育导论"（Introduction to Open Education）。这门3个学分的研究生层次的开放在线课程的突出特点在于来自世界各地的参与者（学习者）为这门课程贡献了大量的材料和内容。换句话说，也就是学习者不只是来消费这门课程的，而是所有人一起在学习的过程中建设这门课程，并在建设的过程中学习这门课程。这样的设计是非常有意思的，也是很科学的。一方面，这门课程的性质决定了教师和学习者必须持开放的态度，并拿出实际的行动；另一方面，戴维·维利所选用的 Wiki 技术平台为这样的共建共享奠定了良好的基础。

同样是 2007 年，加拿大里贾纳大学（University of Regina）教育学院的亚历克·克洛斯（Alec Couroa）教授开设了一门研究生层次的课程，名字叫"社会性媒介与开放教育"（Social Media & Open Education）。它始终是开放的，既面向以获得学分为目的的学习者，又面向其他任何人。这门开放的在线课程的突出特征就在于来自世界各地的特邀专家都参与了课程的教学活动。

2008 年加拿大爱德华王子岛大学的网络传播与创新主任大卫·柯米尔（Dave Curmier）与国家人文教学技术应用研究院高级研究员布莱恩·亚历山大（Bryan Alexander）联合提出慕课概念。同年 9 月，加拿大学者乔治·西蒙斯（George Siemens）和斯蒂芬·唐斯（Stephen Downes）开设了第一门慕课"连通主义与关联知识"（Connectivism and Connective Knowledge Online Course，CCKOC，有 25 名来自曼尼托巴大学的学生（付费）以及 2300 多名来自世界各地的学生（免费）在线参与了这门课程的学习。这门课程兼容并蓄，既借鉴了维利的开放内容和学习者参与的思想，又吸纳了克洛斯的开放教学和集体智慧的举措。不仅如此，这门课程还支持大规模学习者参与，采纳了连通主义学习理论和教学法。

在 CCKOC 课程中，所有的课程内容都可以通过 RSSFeed 订阅，学习者可以用他自己已选择的工具来参与学习：用 Moodle 参加在线论坛讨论，发表博客文章，在第二人生（Second Liffe）中学习，以及参加同步在线会议。从那时开始，一大批教育工作者，包括来自玛丽华盛顿大学的吉姆·格鲁姆（Jim Groom）教授以及纽约城市大学约克学院的迈克尔·布兰森·史密斯（Michael Branson Smith）教授，都采用了这种课程结构，并且成功地在全球各国大学主办了他们自己的慕课。这种慕课类型基于连通主义学习理论，也称为 MOOC，并在随后得到逐步推广，如 eduMOOC、MobiMOOC 等。

重要的突破发生于 2011 年秋天，美国斯坦福大学教授塞巴斯蒂安·史朗（Sebastian Throe）与彼得·诺维格（Peter Norvig）把为研究生开设的"人工智能导论"课程放在了互联网上，吸引了来自 190 多个不同国家的 16 万余名学生，并有 2.3 万人完成了课程学习。从而开启了慕课的新篇章。

史朗是谷歌 X 实验室的创始人之一，他领导了包括谷歌眼镜、无人驾驶汽车等多项创新性技术和研究，又在教育上开辟了新的道路。2012年2月，他创立了odaeitY慕课平台。之后，Coursera、edX等慕课平台在2012年相继创立并迅速发展。这类慕课也被称为xMOOC，其高质量的课程内容、短视频设计、新型测评方式、大规模学习者群体、强辐射性等特征，引起了教育、科技、商业等多领域的关注，被认为是2012年教育领域的重要事件之一，推动了全球开放教育运动的新发展，标志着人类文明传承和知识学习方式将发生革命性的变化。2012年也因此被《纽约时报》称为"慕课元年"。

第二节　开放教育资源运动的发展

从开放教育资源运动的发展历程来看，慕课的产生不是偶然的，而是开放教育资源运动发展中的新型课程模式。在教育全球化和信息化的背景下，基于"开放共享"，理念的"开放教育资源"运动是全球教育发展的重要趋势。美国麻省理工学院（MIT）从2001年开始启动的开放式课程（Open Course ware, OCW）项目带动了全球开放教育资源运动。此后，在OCW的示范和引导作用下，开放教育资源运动不断发展和演化。同时，云计算、社会化网络媒体等的发展与成熟提供了新的信息技术环境与支持，并极大地降低了创建与共享教育资源的成本。新的开放教育资源的概念与实践模式不断进步和演化，进一步推动开放教育的研究与实践。慕课正是在这种背景下开放教育资源运动的新发展和突破，并将对人类文明传承和知识学习方式产生深刻的影响。

一、开放式课程（OCW）

2001年4月，美国麻省理工学院（MIT）校长查尔斯·韦斯特（Charles Vest）在《时代》杂志上宣布正式启动开放式课程（MIT Open Course Ware, MIT OCW）项目。MIT将利用几年的时间，将下属5个二级学院的3300门课程放在互联网上。免费供全世界所有人使用。MIT OCW项目的目标是尝试为在线学习建立一个高效的、基于标准的典范，希望其他有兴趣提供在线学习课程的院校效仿，并为他们提供经验和帮助，公开发布并共享各自的课程材料，共同推动课程创新运动。

此后，在美国，犹他州立大学、约翰·霍普金斯大学、塔夫斯大学、卡耐基梅隆大学、加利福尼亚大学尔湾分校、圣母大学等高校加入了这一行列。世界各个国家越来越多的高等院校纷纷仿效，相继将部分课程放到互联网上和全世界共享。如法国巴黎高科的开放式课程计划。2005年5月，日本早稻田大学、东京大学等6所高校启动开放式课程计划，2006年4月正式成立了日本开放式课程联盟，而到2010年1月，其成员就多达40所高校。法国"巴黎高科"（Paris Tech）由10个正式成员和1个合作成员联合组成，正式成员均为法国公认的各自学术领域中最优秀的工程研究生学校。2005年12月，巴黎高科启动"Paris Tech OCW"项目。

截至2014年3月，MIT OCW已经建设了2150门课程。全球约12亿5千万用户访问了开放式课程内容。

开放式课程的迅速发展与多个因素有关。首先，科学技术不断进步使得教学资源的制作和提供更为简单，并且无须负担太多成本；其次，高等教育面临全球化、高龄化社会，以及高等教育机构之间的激烈竞争，需要考虑以不同的教学模式吸引更多学生；最后，习惯网络环境的数字一代人口越来越多，愿意使用和分享各种网络资源的思维也就更为普遍。

这些开放式课程具有几个共同特征：

（1）课程资源的设计开发采取自下而上的形势，由基金会和大学支持，由教师制作完成。

（2）资源的知识产权清晰。普遍遵从"知识共享协议"，任何人都可以通过互联网全球访问。

（3）除标准浏览器外，没有繁杂的技术要求。

（4）这些大学只提供课程资源，免费供全世界任何学习者和教学人员使用，无须注册、登记，不收费，也不提供学分和学位。

二、开放教育资源（OER）

2002年7月，联合国教科文组织（UNESCO）在巴黎召开了题为"开放式课程对发展中国家高等教育的影响"的论坛。在这次会议上，首次提出"开放教育资源"（OER）的概念，认为开放教育资源是指那些通过信息通信技术来向有关对象提供的可被自由查阅、改编或应用的各种开放性教育类资源。这些教育资源可以通过互联网免费获得，用于教育机构教师的教学和学习者的学习。此后，UNESCO不断对OER的概念和内涵进行讨论和修正。2006年，在OER论坛的总结报告中，UNESCO 将 OER 定义为：OER 是指基于网络的数字化素材，人们在教育、学习和研究中可以自由、开放地使用和重用这些素材。

随着科技的发展和人们对此问题理解的深入，开放共享的理念已经逐渐被公众认可，开放教育资源运动在全球范围内已蔚然成风。除了以 MIT0CW 为代表的开放式课程外，开放的教科书、流媒体、测试工具、软件，以及其他一些用于支持获取知识的工具、材料和技术也纷纷被纳入开放教育资源之中。

从 OER 的分类上来看，UNESCO 认为开放教育资源包含学习资源、支持教师的资源和质量保证的资源三部分。其中，学习资源包括完整的课程、课件、内容模块、学习对象、学习支持和评价工具、在线学习社区；支持教师的资源包括为教师提供能够制作、改编和使用开放教育资源的工具及辅助资料、师资培训资料和其他教学工具；质量保证的资源是指确保教育和教育实践质量的资源。

焦建利等学者认为，从 OER 内容和类型来分，开放教育资源可分为开放存取的教育内容、开放的标准和协议，以及开放的工具和平台三部分内容。

OER 的本质特征表现在：

（1）OER 是面向教育者、学生和自学者的资源，其目的是支持人们学习、教学或研究，促进教育资源的最大共享。

（2）OER 是基于信息通信技术的数字化资源，互联网为 OER 的实施提供了技术支持和运营环境。

（3）OER 包含内容广泛，不仅包括开放的课程资料、学习内容，还包括支持学习与教学的工具、软件和技术。

（4）OER 是免费的、开放的资源，是遵循开放许可协议的资源。其中特别需要注意的是，OER 中的"开放"（Open）并不意味着放弃著作权或免费获取享用，而是指遵守知识共享协议的开放，即在特定的条件下将部分权利授予公共领域内的使用者的开放。

在 OER 理念的推动下，国际教育资源运动风起云涌。在我国，2003 年，教育部启动国家精品课程建设项目。2003 年 4 月 8 日，教育部发布《关于启动高等学校教学质量与教学改革工程精品课程建设工作的通知》，要求建立各门类、专业的校、省、国家三级精品课程体系。

2007 年 9 月，20 位来自世界各地、从事不同职业、持不同观点的人士在南非开普敦签署了《开普敦开放教育宣言》。

开普敦开放教育宣言：我们正处于教育学的全球性的变革之巅，全世界教育工作者在互联网上开发出大量的教育资源，这些资源向任何人开放并供他们免费使用。这些教育工作者正在创建一个世界：地球上的每个人都能够获取人类所有知识，每个人能对人类知识的汇集做出贡献。

宣言构想出三大战略来实现开放教育资源的愿景：第一，号召广大教育工作者和学习者通过创建、提升和应用开放教育资源来积极参加这场运动；第二，呼吁作者和出版商公开发布他们的资源；第三，促使各国政府、议会以及高等教育管理者们优先考虑开放教育资源的倡议、收集整理的资源以及各种思想观点等。

三、公开课

视频公开课是开放教育资源发展过程中一种重要的网络教育形式，是指教师在自然环境下授课并与学生互动，用视频加字幕的形式记录完整的课程过程，并通过网络传播和共享。随着网络技术发展对在线高清视频点播的支持，高质高清视频课程的开发越来越受到关注。2009年，哈佛大学与波士顿公共电视台合作出资，以三万美元一集的成本将哈佛大学教授迈克尔·桑德尔（Michael J. Sandel）的"公正"（Justice）课程制作为高质量视频课程。该课程在互联网上的热播受到了全世界的瞩目。之后，许多高质量视频课程被制作出来并通过互联网共享，如哈佛大学的"幸福"公开课、斯坦福大学的"经济学"公开课等。

目前主要的公开课资源有：

（一）可汗学院

可汗学院（Khan Academy）是由孟加拉裔美国人萨尔曼·可汗（Saimaa Khan）于2006年创立的一家教育性非营利组织，由比尔和梅琳达·盖茨基金（Bill & Melinda Gates Foundation）及谷歌等公司提供经费支持。其主旨是通过在线视频课程，向世界各地的人们提供免费的高品质教育。

可汗学院的内容涉及从幼儿园到大学各个层次，学科涵盖数学、物理、生物、化学、计算机科学、金融、美术等众多学科，教学影片已超过5000段。同时，网站还提供练习、评价、教师在教室或学校中使用的工具包、指导者（如父母、教师、教练等）使用的工具面板以及游戏奖励机制。

可汗学院的主要特点有：

（1）每段课程影片长度约10分钟，从最基础的内容开始，以由易到难的进阶方式互相衔接。

（2）录像使用一种电子黑板系统，教学者本人不出现在影片中。

（3）适应性学习系统，学习者可以根据自己的学习情况选择要学习的内容。

每个题目都是随机产生的，如果学习者需要帮助，每个问题能被分解为一个个小步骤。

（4）根据知识点之间的依赖关系和难度情况构成知识地图。

（5）使用勋章机制，提供了多种勋章。学习者在完成相关任务后会被授予勋章，进而提高积极性。

（6）练习系统记录了学习者对每个问题的完整练习内容。

（7）为教师提供课程教学数据和报告，帮助教师发掘和诊断问题，更好地做到因材施教。

TED（Technology，Entertainment，Design，即技术、娱乐、设计）是美国的一家私有非营利机构。该机构以其组织的 TED 大会著称，这个会议的宗旨是"用思想的力量来改变世界"。TED 诞生于 1984 年，其发起人是里查德·沃曼（Richard Saul Woman）。2002 年起，克里斯·安德森（Chris Anderson）接管 TED，创立了种子基金会（The Sapling Foundation）并营运 TED 大会。每年 3 月，TED 大会在美国召集众多科学、设计、文学、音乐等领域的杰出人物，分享他们关于技术、社会、人的思考和探索。

由于 TED 大会演讲的主要语言为英语，造成与非英语使用者语言上的隔阂。为此，2009 年 TED 推出开放翻译计划。该计划提供英文字幕，供志愿人士翻译成各种语言，目前已有超过 100 种以上语言的翻译。

（三）iTunes U

iTunes U 是苹果公司 2006 年面向全球开放的在线教育专区，提供了移动环境下强大的公开课学习资源，诸多名校，如哈佛、MIT、牛津等，都把自己的课堂的音频、视频、文档放在网上，用户可以通过 iTunes U 免费下载。

iTunes U 的特点包括：

（1）规模庞大的免费教育内容，涵盖上千种学科的 500000 多个免费讲座、视频、电子书和其他资源。

（2）汇集了一年课程的所有教材，包括音频和视频、电子书、教学大纲和课堂作业、教师发布的公告、PDF 文档、演示文稿等。用户只需手指轻轻点击，即可在 iPad、iPhone 或 iPod touch 上获得丰富的课堂体验。

（3）具有强大的笔记功能。在观看视频、收听音频或读书时，可以使用工具"添加笔记"功能输入记录的内容，iTunes U 会记录每条笔记在音频、视频或文本中的位置。

（4）快速共享信息。可以通过电子邮件或信息，将课程信息或课堂笔记发送给好友，并通过点击共享按钮的方式进行资源分享。

（5）完善的课程信息推送通知和信息同步功能，能够在新消息发布后推送给用户。并使用户的文档、笔记、重点内容和书签在所拥有的设备上保持同步更新。

苹果公司的教育生态系统中还包括 iTunes U Course Manager 课程制作工具和 Books Textbooks 互动出版物等。iTunes U Course Manager 目前已经在全球 70 个国家上线，能帮助教师在 iTunes U 应用上创建课程并向学生分发或进行公开分享。iBo6ksTextbooks 是面向 iPad 用户和教育市场的电子出版物，为用户提供了多样化的阅读体验，并可以进行笔记标记、添加书签等操作。

（四）网易公开课

2010 年 11 月 1 日，网易推出"全球名校视频公开课"项目，首批 1200 集课程视频上线，其中有 200 多集配有中文字幕。目前，网易公开课已经包含国际名校公开课、中国大学视频公开课、TED、可汗学院、Coursera 等栏目，用户可以在线免费观看来自国内外的公开课课程。

（五）精品视频公开课

2011 年 10 月，教育部在国家精品课程建设项目实施的基础上，决定开家精品开放课程包括精品视频公开课与精品资源共享课，是以普及共享优质课程资源为目的，体现现代教育思想和教育教学规律，展示教师先进教学理念和方法，服务学习者自主学习，通过网络传播的开放课程。首批 120 门中国大学资源共享课于 2013 容 6 月 26 日正式通过爱课程网向社会大众免费开放。

第三节　慕课引发的学习革命

慕课打造了跨时空的学习方式，使知识获取的方式发生了根本变化，正在引发一场学习的革命和教育的革命，正在改变几千年来的教育模式。慕课正在倒逼我国教育的改革，谁在教育信息化潮流中落伍，谁就会被时代淘汰。

一、印刷术发明以来教育最大的革新

慕课，简称"MOOC"，也称"MOOCs"（Massive Open Online Courses），是

一种将分布于世界各地的授课者和成千上万个学习者通过教与学联系起来的大规模线上虚拟公开课程。这一大规模在线课程掀起的风暴始于 2011 年秋天，被誉为"印刷术发明以来教育最大的革新"。2012 年被《纽约时报》称为"慕课元年"。斯坦福大学两个教授创立了 Coursera 在线免费公开课程平台，麻省理工学院和哈佛大学联手发布 edX 网络在线教学计划，慕课已成为当今国际教育界最热的话题。2013 年世界主要发达国家都纷纷推出了自己的慕课平台，如英国的"未来学习"、法国的"数字大学"、德国的"我的大学"、欧盟的"开发教育"、日本的 JMOOC 和澳大利亚的 Open2Study 等。在我国清华大学推出了"学堂在线"、上海交大推出了"好大学在线"后，一些高校已开始进行慕课的尝试，一些中学已开始通过制作"可汗课"微课程，帮助学生从辅导班、教辅书堆中解放出来。只用了一年多时间，美国的 Coursera 已有普林斯顿、斯坦福大学等 100 余所世界一流大学为其提供的 500 多门优质慕课，来自全球各国学生人数已经突破了 550 多万。慕课正如一股洪流，以不可逆转之势向各级各类教育的各个层面渗透，使学生有了前所未有的选课自由度，可享受到海内外最优质的教育资源。

二、呈现了"未来教育"的曙光

慕课对高等教育和基础教育的冲击，引发了各种议论，有支持的，也有诟病和反对的。作者认为目前对慕课的认识存在两个误会。

第一个认识误区是认为慕课就是网络视频课程，因此不屑一顾。事实上，慕课完全不同于近十多年来兴起的教学视频和网络共享公开课，它具有三个特点：一是大规模，与传统课程只有一二十个或一二百个学生不同，慕课的学生动辄上万人，甚至十几万人，优质教育受益范围可无限扩大；二是微课程＋小测试，慕课授课形式生动活泼，充分运用动画、视频等手段，营造一种沉浸式、游戏化学习环境，使教学深入浅出，更有利于发挥学生的能动性；三是很强的教学互动，慕课完全克服了传统网络视频课程单向、没有互动的不足，慕课线上"你提问、我回答"，亦学亦师，形成强大的线上学习社区，极大促进了教师与学生之间的互动教学和学生与学生之间的协同学习。

第二个认识误区又有两种极端的观点，一些人认为慕课是万能的，未来教育都可通过慕课来解决；而持反对意见人以没有师生面对面的知识传授与交流而否定慕课。实际上这两种观点都是片面的。慕课当然不是万能的，重要的是慕课为促进教育公平、提高教育质量、推动教育创新提供了强大的途径。慕课的出现最关键的是引发了教学理念与方法的重大变革。传统的教学模式是老师在课堂上讲课、布置作业，让学生在寝室、在家做练习、做家庭作业。慕课引发的全新的教学模式称为"翻转课堂"，学生在寝室、在家完成网络在线的慕课学习，而课堂跃升为师生间深度知识探究、思辨、互动与实践场所，使以教师为中心的知识灌输为主的教学模式转变为以学生为中心、以能力提升为核心的个性化教学模式／实践表明，采用这种"翻转课堂"的学习方法，能够大大提高学生的学习效率和效果。这种线上线下加合式教育模式，也称 O2O（online to offline），是既充分利用网络在线教学优势，又强化面对面课堂互动、进行知识传授与探索的全新教学模式，显现了"未来教育"的曙光。

三、慕课正在倒逼我国教育改革

党的十八大提出要在 2020 年基本实现教育现代化。没有教育的信息化，教育的现代化就无法实现。十八届三中全会明确指出"构建利用信息化手段扩大优质教育资源覆盖面的有效机制，逐步缩小区域、城乡、校际差距"。对我国这样拥有 13 亿人口、幅员广阔的大国，要缩短与发达国家在经济、教育与文化之间存在的差距，要加快从教育大国向教育强国、从人力资源大国向人力资源强国迈进，慕课所引发的教育变革和给我国教育带来的机遇与挑战，应得到教育界的足够关注。

我们应加强有关慕课引发的全球教育资源配置对我国基础教育和高等教育影响与挑战的研究，尽快编制我国慕课发展规划与政策，同时加强对慕课的教育教学规律和可能引发的教育变革的研究，大力推进线上线下混合式教育模式。在基础教育上大力推进慕课和各学科重点、难点部分微课程的建设和我国慕课共享平台建设，为学生提供个性化学习支撑，让全国中小学共享质教育资源，促进义务教育均衡发展，缩小校际教育资源差距，提高我国基础教育质量。在高等教育上大力推进高校慕课建设与慕课共享平台建设，实现高校优质课程资源共享及学分互认，促进高校学生跨校选课，缩小高校校际教育资源差距，提高高等教育质量，推动教育创新。在继续教育上，大力促进基于慕课的继续教育发展，向民众提供优质继续教育慕课，让慕课成为民众学习知识和接受继续教育的主要渠道，推进学分银行，打造灵活开放的终身教育体系，构建人人皆学、处处可学、时时能学的学习型社会。

第四节 慕课的种类

每一门慕课都包括三部分——内容、社交网络以及任务,三者设计的侧重点各不相同,由此可以把慕课分成三种类型,即基于内容的慕课、基于社交网络的慕课以及基于任务的慕课。其中基于内容的慕课主要是运用传统授课方式进行知识获取且侧重于他人组织的内容动态生成的慕课,它是以行为主义为理论基础的,Udacity、Coursera 等平台大多是这种形式;基于社交网络的慕课一定意义上可以理解为连通主义的慕课,它强调在对话和社交中构建知识,侧重于内容的动态生成,是需要自我构建才能生成知识的慕课;而基于任务的慕课,则是要在多重任务完成中获得技术和知识,内容也是需要自我构建和动态生成。后两者的典型范例就是作为连通主义鼻祖的 CCKOC 课程。

此外,还有一种分类方法是从理论基础出发,将慕课分成五种类型:讲授主义的慕课、认知主义的慕课、建构主义的慕课、社会建构主义的慕课和连通主义的慕课。不过,研究者更为认可的是以学习理论基础进行的划分,即基于连通主义和基于行为主义的两种:cMOOC 和 xMOOC。

一、连通主义学习理念下的慕课——cMOOC

(一)连通主义学习理念简析

连通主义是一种利用互联网思维来思考学习的本质和过程的学习理念,强调"在关系中学习",具有自主性、多样性、连接性和互动性等特征。

连通主义是 2005 年乔治·西门思提出的,他在:"Connectivism: A Learning Theory for the Digital Age"一文中系统论述了连通主义思想,认为网络环境下的学习,不再是一个人的知识积累活动而是将专门的学习节点与信息源连接起来形成学习网络的过程。它表述的是一种能够适应当前网络社会结构变化的学习,这种学习循环开始于个人——不同的人的知识网络是不同的,学习者在一定环境中围绕相关的节点对知识进行连通,使自己的知识网络得以延伸;同时,学习者的已有知识网络在交流与连通中与他人的知识网络进行碰撞,进而产生新的知识节点和信息源,使得知识无边界地一直延续下去。在这里,知识不再是已约定俗成的文本资料，而是将信息源与节点一直延伸，成为动态网状的信息流。

西门思在论述知识的形成时做了这样的比喻——知识"在管道中比管道中的内容更为重要"，意思就是知识是不断进化增长的，学会获取所需知识的途径远比当前掌握的知识更加重要。连通主义要表达的就是这种"在关系中学习"的理念。它描述了学习在网络时代里发生的过程，并且将学习看作个人知识网络形成的过程。通俗点讲，就是"在网络中"（实体网络和社会关系）形成"网络"（自己的知识网络）。西门思还在文中把连通主义的探索看作"探索混沌理论、网络理论、复杂理论和自组织理论的原理的整合"。

从上面的论述我们可以看到，连通主义具有以下几个要素连通主义的适用情境——网络化、复杂化、混沌的情境；适用者——具有自主能力的个人或组织；学习过程——建立动态的、持续的网络。据此，可以这样描述连通主义：它是一种在混沌、复杂和网络化情境中，主要通过个体或组织自我建立网络来进行持续学习活动的理念。

在连通主义者看来，知识是处于网络之中的，并且它不能被定义，只能被描述。作为节点的知识是碎片化的描述性知识，连通性知识则是将节点连接起来的知识。所以知识要不断重组生成，在不同的情境中不同的节点知识重组、连接会产生不同的新知识。因此连通性学习就是将节点知识连接的过程，它可以由此及彼，也可以由彼及此。

知识的连通机会多少取决于连通性知识的共性多寡，共性越多，连通机会越多，连通性越强，生成的新连通知识联系越深。因此，高效的学习取决于在网络环境中知识的流动性。节点知识之间连通机会越多，生成的连通性知识也会越多，学习也就会越高效。这种理论指出了知识更新速度加快的原因：网络背景中，知识的传递和连通速度不是传统学校知识传递和连通的速度能比拟的。这种差异，与网络中信息传递的速度与网络出现前普通信息传递的速度的差异一致。

连通主义的学习理论，揭示了网络环境下知识与学习的动态性以及复杂化的特性，因为连通性知识具有动态性，连通主义中的学习并不关注知识的积累，而是关注对知识的生成。知识的学习要从一个节点出发，但并不是完结于这个节点；学习也不是一个人的"战斗"，而是一众带着各自不同知识网络的人集结在一起，分享与主题相关的有共性的节点，进而将节点连接延伸，达到各自的知识的学习与扩展的过程。这个过程是没有尽头的，就像一个人提供知识节点渐渐形成知识网络一样，旧的知识网络还能作为新的节点知识继续形成新的知识网络，一直延伸下去。

（二）教学模式

我们不难看到，cMOOC 教学模式中体现了建构主义的原理思想。建构主义认为学生要从知识的被动灌输者成为知识的主动构建者。客观世界是客观存在的，但是对客观世界的理解会因每个人的不同的认知视角而不同。学习不只是简单地接受，更应该是主动地构建。教师不是教学活动的主导者，而是发起者、引导者和组织者。在学习活动中，学习者需要较高的学习自觉性，才能顺利完成课程的学习。

cMOOC 培养的是在大数据时代以及信息时代的发展背景下能够对数字信息给予恰当处理并形成自己知识网络的人才，所以这种教学模式注重知识的创新，让每个学生都成为信息和知识的生产和加工者，但是是否每个学习者都具有这样的能力，是值得商榷的。学习过程中是否每名学习者都能全神贯注于课程，也是一大问题。

（三）连通主义慕课的特点与范例——MobiMOOC

就像前文提到的慕课出现与连通主义息息相关一样，我们也可以说慕课是连通主义行实践的平台。自 2008 年由连通主义学者西门思和道恩斯开设的 CCKOC 课程始，连通进入慕课主义，即 cMOOC 发展了起来。因为具有和以往的网络课程不同的特点，它吸引了很多来自世界各地的线上学习者加入。下面就针对 cMOOC 课程中的一门具体课程——MobiMOOC 进行解读，以此来具体分析 cMOOC 的特点。

MobiMOOC 是 Mobile Learning 课程的缩写。它开设于 2011 年 4 月初到 5 月中旬，为期六周。开设者是几位来自英国、美国和比利时的移动学习领域的专家，Inge Ignatiade Waard 是这门课程的主要协调组织者。MobiMOOC 向任何感兴趣的人开放，它开设的目标是"帮助学习者了解移动学习的一般知识，鼓励并帮助学习者自己建立移动学习项目，为学习者就这一主题提供多种方式的交流和合作"。在课程的发布平台 WikiSpaces 上，可以找到关于这门课的课程信息（课程介绍、资源链接、每周话题、讨论活动以及通知公告等），还有大量相关的学习材料。课程讨论组以谷歌讨论组为主要场所，课程也允许学习者在其他如虚拟教室、RSS 等环境中参与讨论或分享。六周的课程一共有六个与移动学习有关的主题，分别是：

（1）移动学习导论——介绍移动学习的初步知识，提供学习资源，尝试使用移动工具进行学习。

（2）移动学习项目的计划——学习规划一个移动学习项目，尝试建立一个相关的项目。

（3）赢中国家的移动学习——介绍一些实施在发展中国家的公益移动学习项目，进行视频观看与讨论。

（4）前沿创新的移动学习——对移动学习的创新性进行探讨，参与头脑风暴与讨论。

（5）移动学习以及移动方式连接下的社会间交互——讨论移动学习与移动生活，通过视频与讲座直观了解这种交互作用。

（6）移动学习在 K12 中——运用实际案例阐述 K12 中移动学习的实施。

它的每一次课都包含一个与移动学习相关的主题，在主题的基础上开展学习活动与讨论。每个主题都会设有一个主持人，这里的主持人和其他参加者一样都是自愿的，接受的信息也完全相同。设立主持人是为了尽可能多地提出符合主题的想法，主持讨论的后续工作，在与参加者一起讨论交流同时，帮助参与者在已获得的信息的基础上构建适合自身需求的新知识。

因为课程需要学习者具有很强的自主自控能力，参与每一期话题、设计自己的项目都需要很大的精力和意志力，所以课程中的活跃参与者并不多，更多是加入了论坛和学习组而不积极参与讨论的"旁观者"。因此，课程的发起者和组织者要通过一定的奖励方式来刺激参与者积极参与话题讨论、提高参与的积极性。所以，MobiMOOC 的评价大多由教师完成，他们会集中地需参加者的学习进程作出评估，并据此给予积极参与者一定奖励，比如颁发证书、为参与者的移动学习项目提供专家支持等。

从上面整个 MobiMOOC 课程运行的流程我们可以看出 cMOOC 的以下几个特点：

首先，cMOOC 是以连通主义为理论基础开展在线开放课程，它的学习目标是要参与者共享资源，创建知识。它的学习过程是自发进行的，大多是以兴趣为出发点。这就要求参与者具有较高的自主和自控能力，而且同时要对相关的主题有一定了解和研究。

其次，cMOOC 的课程模式需要以一定主题为基础。课程组织者提供的资源更多是开放式的非结构化学习内容，这些资源围绕给定主题开展，给定主题就是对知识进行连接与创作的起点。它旨在建立一个学习的通道，希望学习者在课程中找到学习的"路径"，学会"意义建构"。参与者进入课程后，要在给定资源的背景下开始讨论和交流，分享与主题相关的已一有知识，在分享的同时获得其他参与者的分享资源，并通过这种知识的连通充实已有知识、构建新的知识，从而形成更完善的知识网络。

最后，因为课程本身具有开放性和动态性，进行知识交互的课外讨论也不囿于单一的场所，它能够出现在多种诸如推特、博客等的社交媒体之中，所以cMOOC中的师生关系也是变化且平等的——课程组织者与学习者都是课程的参与者，大家借助彼此感兴趣的主题聚集在一起，平等交流讨论，分享知识，从不同参与者的分享中延伸自己的知识网络，形成新的知识。在cMOOC中，我们可以这样说：每个人都是组织者，每个人也是学习者。虽然最后的测评仍是由课程组织者做出，但是这种测评不是传统意义上的考试分数，而是对积极参加课程、参与讨论的学习者的一种肯定。连通主义者构建了一个可以满足实时讨论以及知识生成的线上学习模式，它自主自发，平等讨论，为生成新知识提供了路径，也有及时的反馈和评价。

不过，这仍有许多不确定因素存在：

首先，连通主义下的慕课课程中，学习讨论与协作的交流基础很薄弱，网络学习不同于课堂，学习者彼此之间并不认识，没有信任基础，且人员流动性大。学习中的交流是需要学习者自发进行的，过程由学习者自己掌控。没有了规定的、设计好的学习活动，活动中的交流协作关系的建立比较困难。

其次，在交流中提供信息的学习者具有不同的知识结构和文化背景，感兴趣的点也各不相同，这会导致很多学习者陷入大量的资源信息中，茫然找不到重点。大部分的学习者在浏览了一定的给定资料并参与了讨论之后，还会因种种原因没有办法深入到研究中去，只能中途放弃。

最后，慕课上课的时间分配一般是一周一次课，一门慕课最多不过三十几周就结束了，而很多信息和资源是没有办法在短时间内消化，参与者最终只好止步于一些节点知识的浅显了解，很难构成有用的知识网络。以上这些，都是连通主义慕课暂时无法克服的弊端，也因为这些局限性，慕课并没有在这一时期高速发展起来。

二、行为主义学习理念下的慕课——XMOOC

同前一部分一样，行为主义学习理念下的MOOC这部分仍是按照先做学习理论简析，再结合具体课程案例出发分析特点的框架进行。

（一）行为主义学习理论简析

行为主义是西方心理学的一个经典流派，主张采用客观的观察法和实验法来研究人的行为。行为主义学习理论的发展可以分作三部分：早期的行为主义者以美国心理学家桑代克（Edward L. Thorndike）和华生（John Watson）为代表，他们主张学习是刺激—反应的联结，认为学习过程就是在刺激情境中不断试误，直至找到正确答案反应的过程。因此，学习不是发生的偶然事件，而是经过一系列微小的、有顺序的步骤逐渐达成的过程。同时，学习也是一个外显的过程，是人对外部环境的反应。

新行为主义的创立者与代表人物是美国心理学家斯金纳（Burrhus Skinner）。他通过实验引入了"操作条件性反射"的概念，认为人的行为包括应答性行为和操作性行为，前者是已知刺激造成的反应，后者是与刺激物无关的自身反应。所以，人的条件反射也分为应答性反射（S）和操作性反射（R）两种。在学习问题上，斯金纳强调学习过程中有"反应概率的变化"，即"当主体学习时，反应速率加强；当主体不学习时，反应速率下降"。因此，强化在学习中的作用巨大，这就是行为主义的"强化理论"。它要求学习者在学习中要循序渐进，而教师可以利用强化物的刺激来促进学生学习，达到预定的教学目标。他的"程序教学法"是对这一行动主义学习理论的最好解释。

新的行为主义发展出现了分派：除了以斯金纳为代表的激进派以外，还有以班杜壶（Albert Bandura）为代表的社会认知学习理论派。班杜拉认为学习是指个体通过对他人行为的观察，获得新的行为反应或者修正已有行为的过程。所以，学习来源于观察和模仿，处于什么样的社会就会模仿什么样的行为，而且个体会通过观察别人对某一种行为的奖惩来强化自己的行为，这被称作"替代性强化"。在替代性强化发生作用时，个体也可以进行自我强化，即个体可以自我观察自己的行为，根据一定标准来判断一种行为的好坏，进行自我强化。

行为主义学习理论强调学习过程中的刺激的强化作用，在传统的学校教育中，很多以知识传授为中心的讲授课程都蕴含着行为主义的学习理论思想，比如说利用一定的刺激（树立榜样、合理奖惩等）来强化学生的学习行为，使之注重练习，从而养成良好的学习习惯。传统的行为主义教学方法略显沉闷，却是对描述性知识进行教学的一种很好方式，也是能够满足班级中大多数学生一起学习需要的方法。

在慕课中，很多课程设计者放弃使用连通主义方法开设课程而是回归传统，更多是看中了传统行为主义授课方式在网络中的可传播性。虽然有人评价

xMOOC 是"搬上网络的课堂",认为慕课没有教育学上的创新,却不能否认就是因为 xMOOC 侧重于使学生掌握教学内容而不是进行知识的生成,才能网罗各个领域的专家学者在自己熟悉的领域里开设各有主题的慕课,打破专业的限制,才能吸引更多有致于求知的学习者加入慕课,参与学习并分享上课的体验与思考。

(二)教学模式

在课程开始前,教师把明确的教学大纲和课程进度发布到网站上,学生在注册选修某一门课程之后,要及时地了解课程进度,安排学习时间。开课之前,教师会提前录制好教学视频,这些视频不是课堂教学的录制版,而是特意为慕课课程准备的。为了保持学习者的学习兴趣,一大节的内容由若干个小视频组成,并且视频时间都比较短。为了保证学生学习的专注度,每个学习视频中都设置需要学习者回答的问题,回答正确之后继续学习。回答错误,回看视频,找到错误的原因,重新作答;回答正确,继续学习。在课程学习之中,教师会布置有截止日期的作业,学生需要在规定的时间内完成作业,否则按照 0 分处理。这些上交的作业由选修这门课的同学进行互评(Peer Grading)。互评结果随后公布,但是教师拥有最后裁决分数的权利。最后就是期末测试。由于是网络学习,学生需要在虚拟在线的环境下考试,诚信与否是教师面临的又一大问题。为了解决这个问题,edX 和 Udacity 施行"线上学习,线下考试"的原则。学生上网学习课程视频,如果你需要结业证书,就需要参加线下的考试,但是这类考试是需要学生交纳监考费用的。线下的考试由美国的 Pearson 公司负责。他们设想,随着各国考生的增多,他们计划运用托福、雅思的考试模式对非美国本土的学生进行最终测试。而 Coursera 则通过电脑技术对学习者的日常用语习惯进行监测,到了期末考试时,将考试中的语言与平时的语言进行对比;或者要求学生在装有摄像头的电脑上进行作答。但是这种全部依赖于电脑技术的测试还是有缺点的,随后 Coursera 宣布其网站也将会与 Pearson 公司进行合作。

(三)行为主义慕课的特点与范例——史记(一)

"史记(一)"是 2014 年 11 月我国台湾大学历史学教授吕世浩在 Coursera 开设的一门历史读书课。课程一共持续 14 周,通过中式讲授。它是吕世浩老师"史记"系列课程的第一部分(目前其后续部分还未开始)。这门课自开始之初就吸引了很多人的关注,这与吕世浩老师第一门中文文史类慕课"中国古代历史与人物——秦始皇"的成功有极大关系。到课程结束,这门课一共吸引了三万多人参与，其中的 204 人完成了课程并拿到证书。在果壳网的"史记（一）"学习交流区，有 383 条点评量、290 个讨论话题及 590 篇学习笔记，可见其火热程度。

"史记（一）"的课程设计与讲授框架和吕世浩先生在 Coursera 开设的第一门慕课"中国古代历史与人物——秦始皇"的几乎一致：每周一节课，分几个十几分钟的小视屏，每节课不是单单讲授历史的知识，还会用问题引导的方式让学习者思考关于人生的问题并以问题思考的方式推进课程，用吕老师的话来说，就是"通过这门课，让学习者明白历史的有用和有趣"。以下是"史记（一）"七次课的课程内容和相关主题：

导论与太史公自序（一）——什么是责任？

太史公自序（二）——以俟后世圣人君子

报任少卿书——谁为为之？孰令听之？

五帝本纪——固难为浅见寡闻者道矣

吴太伯世家——道德与成败

伯夷列传——傥所谓天道，是邪非邪？

每周课程除了附有引导性问题的讲课视频，也会布置相应的课后作业。"史记（一）"的特别之处就是"用'史记'的方式读《史记》"（吕世浩语），即通过文章本身去了解太史公作文所要表达的意思，并从中学到智慧。课后作业往往与学习后的自我感悟有关，比如第三次课后作业是"纪传体的核心在于人物，请选择你在《史记》中印象最为深刻的人物，写一篇期末报告"。就是要求学习者运用视频课件以及课下自己阅读《史记》的感悟，在熟悉文本的同时，了解作者司马迁在文章中记录和表达的观点，并发表自己的观点。这样的课程作业要求当然也比较宽泛，期末报告除了规定要写出人物的时代事迹和成败得失，也要写明学习者自己的感悟。报告内容和形式大多以开放式为主，最终作业的评定一般不采用选择回答、计算机直接给出答案的评分方式，而是和许多 Coursera 课程中评价非客观题的方式一样采用同伴互评（Peer Assessment）的方式进行。

在吕世浩老师看来，同伴互评是不得已之举，但同时也是学习者之同查看彼此想法、进行交流的机会。除了作业部分，平台还提供向学习者完全开放的讨论区和笔记展示区。讨论区是学习者和授课者交流答疑的地方，它的管理由课程发起者执行，授课专家会就一些大家共同关注的问题给予解答；笔记展示区则是学习者分享上课心得、展示听课成果的地方。除了这些，很多慕课平台会创造更多机会促成大家的交流，比如论坛以及线下讨论组等。同时，还能利用"传课网"软件，定期开设能让教师与学习者对面的实时讲授课，方便双方的交流。

课程结束后，完成规定作业通过测试的学习者能够得到课程的认证证书。而且，Coursera 平台还专门开辟了学习证书的展示区，希望通过"晒证书"的方式，激励更多人参与学习更多课程。

行为主义慕课相较于连通主义慕课而言，更具有传统的色彩。它的教学理念是："教师是专家，学生是知识的消费者；学习是学生习得由课程设计者组织并由教师传递知识结构框架的过程。"从授课方式上看，它和传统的教学非常类似，比如规定的授课时间，给定的讲课视频和问答讨论，还有作业与相关测评，等等。由此，我们可以看出 xMOOC 有别于 cMOOC 的特点：

首先，xMOOC 的理论基础是行为主义学习理论，它通过练习和强化进行知识学习，更侧重于知识内容传授。它的学习目标是通过给定讲座视频和相关知识资料掌握一定的学习内容。

其次，课程的设计与开展大多是利用视频、作业、测试等方式进行知识的传播与复制；教学的框架也按照传统学校授课的方式进行。学习者加入一门课程不一定需要很多的相关知识做铺垫，但是在课程中要按照课程进度阅读一些相关的书籍，扩充知识储备。在课程中学习者随时可以加入或退出，学习者具有极高的自主性，不过，想要获得结业证书，学习者需要在规定时间内提交一定次数的作业。

再次，授课的教师大多是各个领域的专家，具有相当的权威，虽然师生关系也有平等民主的一面，不过，授课教师对课程的主导作用还是很明显的。虽然授课视频走向受教师主导，慕课的讨论区和论坛却是随时开放、欢迎学习者随时交流与探讨的场所。同时，许多地区学校成立了线下的慕课讨论小组，将线上讨论与线下聚会结合在一起，形成混合性学习的模式。授课教师的团队负责管理论坛和讨论区的日常,,对集中的问题和疑惑进行解答，论坛和讨论区活跃者大多是积极参加讨论的学习者，他亻门也会就一些问题给出标，讨论区相对开放，可以就学习问题展开讨论，畅所欲言。

最后，课程结束颁发证书需要完成一定的作业和测试。作业评测大多根据授课教师给定的标准进行同伴互评。在测试前会有与学习者签订的信用保证书，测试一般是可重复测试的客观性题目。目前大部分的慕课测试环节是建立在信任学习者诚信的基础之上。关于考试的作弊监督除了头像认证等途径之外，暂时没有更好的解决办法，更多还是依靠学习者的自觉。不过，那些需要高校学分认证的课程的考试标准相对要求严格得多。学习者想要获得学分，需要交纳一定考试费用，并在平台合作的考试中心或者高校进行考试，才能通过测试，获得学分。

cMOOC 课程模式是基于连通主义学习理论开发出来的，它已有课程的内容也大多与"连通主义和网络环境中的学习"的探讨有关。虽然它在实践中也具有"大规模""开放性""免费性"等慕课的基本特征，也吸引了除本校课堂中的学生以外的、来自世界各地的众多学习者的参与，却并没有在可以包含更多课程内容的大众化教育中引起人们的追捧和热烈讨论。真正让"慕课"这一名词走入普通学习者大众的却是同样免费、开放，且不太强调知识的生成和建构的 xMOOC 课程。在本书中，主要以 xMOOC 为切入点分析相关问题，后面的章节中所指的慕课更多是基于行为主义学习理论的 xMOOC。

第五节　慕课的相关理论依据

一、建构主义理论

建构主义理论于 21 世纪成为一种主导的教育理论倾向，其哲学根源可追溯到古代的苏格拉底、柏拉图和康德；当今主要以维果斯基的理论为基础，综合了加涅的信息加工理论、心理学（人本主义）及社会互动理论（社会学）而成为了主流的教育学说。

建构主义理论主张知识与社会交互作用的结果，由学习者进行有意义的主动建构与先前的经验知识相结合，成为再次建构了的客观经验知识。维果斯基认为有意义的学习发生在学习者能够主动参与建构知识的理解和诠释。

从维果斯基的建构主义理论可以得知，学习者通过与其他人的交互来实现自己对于知识的建构过程，强调学习者与助学者（教师、学生）和情景的交互作用过程的动态性，将具有不同文化、历史背景的学习者加入到社会交互活动中来，将会呈现一种多元化的社会活动状态。因此，个体学习者的个人情感和个人需求应得到教育的重视。

建构主义理论的核心是：以学生为中心，强调学习者主动学习、建构和发现知识。（而不像传统教学那样以教师为中心，学生只是单向地接受知识）。

建构主义认为教学应当为学生创造良好的学习环境，帮助学生意义建构。环境中应提供多元化的认知工具，丰富学习资源，有助于学习者与环境互动。学习者在交流协作、工具运用的过程中学习和建构知识。学习共同体之间会取长补短、共同学习、相得益彰。共同体中每一个个体的认知特点、认知特征和运作方式不同，各个小组的社会组织不同，这些差异为学习者之间交流、碰撞和发展提供条件。活动形式会影响个体知识建构，而共同体在完成任务，合作交流过程中，也会改变学习者的信念、知识和关系。教师要帮助学习者形成学习共同体，并在共同体中进行知识协作、交流沟通和知识建构。

建构主义学习理论的内容有：学习含义和学习方法。（1）学习的含义。学习是获取知识的过程。学习者能够在教师帮助指导下，利用环境中的资源建构知识，而不是单项灌输、被动接受知识。（2）学习的方法。建构主义注重教师指导下、以学习者为中心的学习。教师是帮助者、促进者。学生是不仅是信息加工主体，还是知识意义主动建构者。学生在学习过程中要主动搜集相关资料，将新内容与自己已有知识联系起来，运用探索发现、积极主动建构知识的意义。

MOOC中学习者可以利用各种工具，随时进行学习，促进知识建构。MOOC创建了一个学生学习社区，将所有优质资源集中在云端。学习者能够选择微博+论坛、社交网站等各种个性化工具，进行讨论和交流。学习者在这样的环境中成为学习的主动参与者，能够积极主动学习、促进知识的意义建构，这些都渗透着建构主义学习理论的思想。

二、群体动力学

群体动力学由德国心理学家勒温创立，主要是一门阐述群体发展运动规律的理论，表明组织中一旦有两个及以上加入而形成团体，就必然会发展成为一种相对比较复杂的关系，这种关系也将融入到群体的各个行为当中。

群体动力一般表现在全体成员中的各种影响，可以反映出群体的内部的动态过程。根据勒温的群体动力学理论可知，该理论系统包含三大要素，即凝聚力、驱动力和耗散力。这三种衍生于群体中的动力构成要素相互作用、抗衡，彼此消化、转化，推动着群体的演化和发展。

（一）群体凝聚力

群体凝聚力是一种维持群体稳定的坚定力量，通过各成员的个性融入的程度、群体的总目标和个体目标的相关程度去维系关系模式的情感因素，传达出群体与成员、成员与成员间的各种交互关系的紧密程度。

（二）群体驱动力

群体驱动力是保持群体具备动力的主要因素，主要表现在鼓舞和维持群体的士气方面上。当群体进行相关的活动时往往会凸显出群体的一种态度和状态，而群体驱动力则是保证此种活动进行的动力装置。在具体教学过程中主要通过设定一些航标（学习任务、目标等）、典型（优秀的学习者等）及条例制度（评价标准体系等）来激发群体的驱动力。

（三）群体耗散力

群体的活动中是以动态的方式进行的，期间不但可以产生有利于群体发展的凝聚力和驱动力，同时也将是一个耗散的场，产生一种不利于群里凝聚和影响群体的整体绩效的耗散力。主要表现在群体的消极氛围活动、群体缺失决策者和群体冲突等，因此在实行群体活动时应尽量避免群体的耗散力。换言之，组织者在群体活动中应与群体成员以加强讨论、沟通等方式努力化解压力和冲突，使群体活动在一个良性的氛围中得到发展。

三、情境认知理论

人类的社会活动是复杂多样的，个体拥有着不同的社会属性（社会、历史、文化和认知等因素），在参与各项社会活动时进入相应的环境中去直接互动与反馈的方式。由此可见，情境是人类进行一切认知活动的基础。在情境认知理论中，学习活动就是通过学习者参与到这个同他人和情境环境的相互影响、相互作用的认知实践过程。情境认知过程在活动中主要表现为：

（1）情境性。该理论强调情境的重要性，在学习认知活动中，往往根据需要去设定相关的情境的线索，去指引学习者进行有效的学习。

（2）主动性。在基于情境的学习环境中，学习者不应只是被动地去观察学习过程，而要参与到与教师、同伴的交流互动中去建构知识产生的真实情境。

（3）探究性。在情境交互认知过程中，辅助者应该让学习者投入于真实的困境中去探究，而不是直接给出解决方案，这将有利于专业思维能力的培养。

四、协作学习理论

众所周知，人类社会是一个紧密协作的群体，协作性融入在人的生活方式和劳动方式的活动中。协作学习理论是指学生为在知识技能的学习过程中完成共同的学习目标，而通过协作的方式共同进取的一切相关活动。

协作学习一般是由教师来分配学习任务和控制教学过程，对于在课堂中进行的协作学习，教师的地位和作用是很重要的。但在慕课的学习过程中，专家、教师及学员之间可能身处异处，各自之间的交流互动都依赖网络技术，在这种突破时空界限的教学模式中，教学设计往往需要设计出协作的理念，使得学员们能够体会到亲近感和归属感，这有助于教学效果的提升。

五、活动理论

活动理论作为一个交叉学科，20世纪90年代时被引入于美国和其他西方国家，是研究在特定社会文化背景下人的行为活动理论，最早是被应用于残疾儿童的教育和设备控制面板的人性化设计。活动理论的哲学基础是马克思、恩格斯的辩证唯物主义哲学。它的基本思想是：人类行为活动是人与形成社会和物理环境的事物以及社会和物理环境所造就的事物之间的双向交互的过程。活动理论主要包括以下几个方面：

（一）基本的分析单位——活动及活动系统

活动时活动理论中的基本分析单位。一个完整的活动系统包括三个核心要素和三个次要要素，次要要素之间又构成了核心要素之间的联系。由此可知，活动理论认为人类的任何活动都是指向对象的，并且人类的活动是通过工具作为媒介来完成的。

（二）活动具有层次的结构

活动理论认为活动受动机的支配，由一系列大行动组成，同时每个行动都受目标的控制。行动是有意识的，并且不同的行动可能会有相同的目标，相关的操作受环境条件的限制，只是被用来调整活动以适应环境。

（三）活动是发展变化的

任何活动的进行都不是固定不变的，在人类进行的这一复杂的社会行为活动受各方面环境等因素的影响，同时人类的行为活动又影响着环境的变化；可见，活动是在发展中伴随着变化的。

六、认知负荷理论

20世纪80年代，心理学家John Sweller等人提出认知负荷理论。90年代，该理论逐渐受到重视,得到扩充和发展,并成为人们进行教学设计的理论基础。认知负荷指在进行智力活动过程中,工作记忆需要处理的所有智力活动的总量。工作记忆有限加工容量的假设及图式理论是其主要的理论基础。

(一)认知负荷的类型

认知负荷类型有:内部认知负荷、外部认知负荷和相关认知负荷。

学习者已有的知识和学习任务的复杂程度决定了内部认知负荷。学习者需要在工作记忆中把学习材料中的图式元素进行加工整合。如果学习者原有的知识水平低,学习材料复杂,那么学习者在学习过程中就会运用大量工作记忆单元素,进而产生高的内在认知负荷。相反,则会产生低的内在认知负荷。

学习者参与的学习活动和教材呈现方式引起外部认知负荷。如果学习材料组织方式和呈现方式会干扰学习者建立图示间的联系,或者没有对这一过程发生效果,就会带来额外的负荷。教学设计的好坏、教学活动信息传递渠道是否通畅、学习活动是否复杂,都会影响学生在学习过程中获得图式的干扰程度,进而影响外在认知负荷。

相关认知负荷是促进学习者建立图式的负荷。相关认知负荷与图式自动化的过程相关,是有效的认知负荷。当学习者具备较高的比较、推理和重组能力的时候,更能有效地将认知资源分配到活动中。

三种类型的认知负荷并不是独立作用,而是共同影响学习者认知效率。好的教学设计有助于增加学习者相关认知负荷,减少外部认知负荷,并使认知负荷总量控制在学习者工作记忆容量能够承受的范围内。

(二)认知负荷理论的主要观点

(1)学习发生在工作记忆中,工作记忆容量有限。认知负荷理论认为,工作记忆的特点是在信息加工过程中能够保持和处理信息,即学习者同时处理信息和保持必要信息。工作记忆容量有限,能够即时处理的信息组块是5至9个,工作记忆容量限制学习的有效性。学习活动的认知资源总量超过工作记忆的承受范围,会导致学习者认知资源分配的不足,从而阻碍学习者有效地意义建构,形成认知超载。

(2)学习过程是将信息转化为图式储存在长时记忆的过程,即认知图式构建和自动化的过程。长时记忆中知识的存储方式是图式。学习就是学习者通过利用记忆中的图式加工、整合新信息,从而增加图示数量、扩大图式规模、提高图式质量的过程。

（3）图式自动化能够降低学习者认知负荷。学习者对某领域的知识技能熟练掌握后，对该领域中资源消耗和认知控制就会减少，进而转变为自动化认知过程。认知图式自动化大大减少了资源消耗和意识控制，释放工作记忆容量。

MOOC 中课程内容都在几分钟到十几分钟不等，学习者在短时间学习过程中产生的认知负荷，不会超过工作记忆容量，推动学生有效地学习。MOOC 学习材料通过文本、声音、图像、ppt 课件等多种方式相互整合地呈现给学生，有效降低学习者的认知负荷。

七、行为主义学习理论

行为主义学习理论的主要代表人物是斯金纳。斯金纳于 1954 年发表《学习的科学与教学的艺术》，在教育界掀起一场革命。斯金纳将开发有效教学材料，促进人类有效地学习作为自己的理想。他认为人类的学习是一种操作反应的强化过程。一个比较完整的行为可以通过操作性强化来完成。难度较大的行为的学习可以分成很多个小步子，每个小步子的强化程度由易到难，逐步增加，最终达成目的。也就是在促进学习者学习的同时，根据教学目标，不断给予学习者强化，使学习者朝着学习目标进步。

程序教学法遵循斯金纳的行为主义学习理论，主要有以下 4 个原则：

（一）积极反应原则

教师在教学中要注意保持学生积极的学习状态。具体做法是要让学生对学习做出反应，然后强化或者奖励这个反应，达到巩固该反应的目的，进而引导学生做出下一个反应。

（二）小步子原则

程序教学要把一门课程教学内容分解为前后衔接的内容，并且将这些内容一步一步呈现给学生。学生在完成前一步学习后才能进行下一步的学习，前面的内容给后面学习做了铺垫，后面的学习是前者的进一步延伸。由于每两个步子之间的难度小，学习者的学习更容易成功，从而建立起学习的自信心。

（三）即时反馈原则

斯金纳认为使学生树立信心、保持学习行为有效的一个重要措施就是即时反馈，也就是让学生在练习后立即知道答案，了解自己的学习情况。当学生对前一个问题做出正确的回答之后，立即给学生呈现出第二个问题，这本身就是一种反馈：帮助学生了解到自己可以进行下一步的学习。

（四）自定步调原则

传统教学中教师一般以大部分学生的掌握知识的水平作为参考，确定掌握材料的进度。这种教学方法容易使得学习能力强的学生被拖住，同时又使得学习比较慢的学生跟不上进度，不管对那一类学生而言都存在问题。程序教学法允许学生根据自己学习情况来确定知识学习的速度，从而掌握学习的进度。

MOOC制课团队也参考了程序教学法。MOOC将视频分解，并且在视频中嵌入各种类型的习题和小测验。小视频方便学习者利用短时间来学习充实自己，小测验能够对学习内容进行强化和巩固，帮助学习者进行知识的迁移。

八、掌握学习理论

掌握学习理论的代表人物是布卢姆。美国为了提高国家科学技术水平，以结构主义课程理论为指导思想，进行课程改革。但由于其改革过分强调学术性、理论化和结构化，导致学校教育质量大幅下降，出现很多"差生"。为了解决教育改革中出现的问题，大面积提高高校教学质量，布卢姆深入学习教育学、心理学、社会学等理论，广泛吸取世界著名教育家的教育经验，并在美国教学实践中进行深入的实践研究。布卢姆对于当时教育界中广泛流传的"教育的功能是选拔而非发展"的教育理念提出质疑，并且提出"掌握学习理论"。在战后世界范围内的教育改革中，"掌握学习理论"产生了广泛的影响，被美国称为最有意义的教育研究成果之一。

掌握学习理论的核心思想是"为掌握而学""为掌握而教"。（1）教师只要运用适当的教学方法、给予学生足够的时间学习，所有的学生都能够掌握所学内容。掌握学习就是在95%以上的学生都能够掌握的理论指导下，给予学生足够的学习机会和学习实践，通过及时有效的学习反馈、有针对性的个别指导，从而使得大部分学生都能够达到教学目标的标准。（2）布卢姆认为个别学生的成绩不能评价整体教学水平的高低，几个尖子生或者差生都不能代表整体教学质量的好坏。教学评价应该根据所有学生的学习情况做出，而且教学评价不是为了划分学生的等级，而是为了了解学生掌握课程内容的情况，是为了更好的教学。

布鲁姆根据掌握教学理论，设计了以下教学步骤：教学目标设计、集体教学、个别化矫正学习、形成性评价、加深学习，最后发展总结性评价等。MOOC课程中教学目标设计、教学过程中情感投入以及注重为学生提供无压力的学习氛围,让学生成为学习的主体,自己掌控学习步骤,这些都体现出掌握学习理论的思想。

九、人本主义学习理论

罗杰斯和马斯洛是人本主义心理学的主要代表人物。人本主义心理学家一致认为人的潜在能量决定人的基本需要,个体自我实现的需要是人成长的来源。自我实现是人格形成发展的驱动力,在这一思想影响下形成了人本主义学习理论。人本主义理论认为经验的过程就是学习的过程,形成与获得经验是学习的实质,并提倡以学生为中心的教学观。教师要激发学习者的动机、使学习者潜能有效发挥,需要给学生提供一个安全、宽松、自由的心理环境。

人本主义学习理论的基本要点如下:(1)知情统一的教学目标观。教育的理想是培养身体、心灵、情感、态度融会一体,能够适应变化和知道如何学习人。(2)有意义的自由学习观。罗杰斯认为学习方式包括为无意义学习和有意义学习。无意义学习不涉及个人感情和个人意义,是发生在颈部以上的学习。意义学习不仅促进学习者知识增长,而且促进学习者未来的个性、态度、行为等发生重大变化。(3)学生为中心的教学观。有意义的自由学习观念决定了教学观念是以学生为中心。教师要以学生为中心,营造促进学习的气氛,提供丰富的学习资源,让学生自己决定学习内容和学习方法。学习者也要充分利用教师提供的各种丰富资源,发展个性,适应变化。

MOOC在激发学生学习动机、以学生为中心、注重学生需要等方面都体现出人本主义思想。(1)MOOC学习都是自发的学习,学生自己发动动机学习才能真正学到知识。(2)MOOC学习中重视学生的需要,学生自己决定学习的内容、学习的时间和学习的进度。教师只是课程的发起者和引导者,提供有用的知识和学习资料。(3)MOOC中学习环境的开放性和灵活性有利于学习者学习,教师和管理人员也为学习者主动探究提供了人性化服务,处处渗透着"以学生为中心"的思想。

第五章　学习动机与大学英语教学

很多人认为，动机是对学习影响最大的因素之一。的确如此，无论学习什么，动机都是必不可少的。比如掌握一门学科的教材与知识，需要个体的不懈努力，把这一门学科的新观念材料融合到自己的知识框架中。英国语言学家科德说过这样一句话："只要有学习动机，谁都能学会一门语言。"一方面，学习动机可以帮助个体树立正确的目标，克服学习中出现的困难，进而取得更好的成绩；另一方面，学习动机还可以激发个体学习的热情，引导他们积极地参与到学习中去。因此，通过树立正确的学习动机，学习者可以变被动学习为主动学习，提高学习效率。本章介绍和阐述了学习动机的含义及特征、学习动机与英语教学的关系，并讨论了如何培育和激发学生的学习动机。

第一节　学习动机概述

一、学习动机的含义

学习动机是一个教育心理学概念，是指激励个体进行学习活动、维持已引起的学习活动，导致行为朝向一定的学习目标的一种内在过程或内部心理状态。

根据加德纳（Gardner，1985）的划分，学习动机包括四方面：①学习某种语言的目标；②学习中做出的努力；③实现学习目标的愿望；④学习某种语言的热爱程度。

学习动机是影响第二语言学习和外语学习速度与成功的主要因素之一。很多研究表明，学习动机与学习成绩密切相关。学习动机一旦形成，不仅对个体所学东西有一定的指向性，比如用主动积极的态度去学习，对学习表现出浓厚的兴趣、上课能集中注意力去汲取知识等，而且也有一定的动力使学习过程中的注意状态、兴趣水平保持下去，在遇到困难时有克服困难的意志力。

同时，学习动机与学习态度也是密切相关的。如果个体学习动机明确，学习态度认真，学习目的明确，那么就会积极地为自己创造良好的学习条件和氛围。学习动机是支撑外语学习的主要动力并促使学习过程持续下去。

任何影响学生学习积极性的因素，都是通过学习动机这一媒介对学习活动产生影响的。可以说，学习动机是推动学生学习的内驱力，而内驱力对学习活动推动作用的强弱，主要取决于以下两方面：

（1）学习需要性。在不同的学习需要中产生的学习动机对学习的推动作用各不相同。稳定、持久的学习动机，对学生的推动力大，一般在高层次学习需要中产生；变动、短时的学习动机，对学习的推动力小，一般在低层次学习需要中产生。

（2）各种学习动机相互影响、共同作用。由于学生的学习需要是多层次的，因此受多种学习动机的支配。一般而言，在一定时期内，多种学习动机中总有一个学习动机起主导、支配作用。各种学习动机的方向一致时，对学习的推动作用自然比单一的学习动机作用大；而各种学习动机的方向不一致时，对学习的促进作用必然减少。

二、学习动机的特点

研究表明，学习动机呈现可变性、社会性、多元化的特点。

（1）可变性。学习动机在学习过程中并非一成不变，而是随着社会环境、周围环境、个人所受教育及经历、思想、需要、兴趣、情绪及家庭等多种因素的不断变化而变化的。除此之外，学习动机本身还存在着强弱变化的现象。在学习中，学习动机并非越强越好。因为学习动机如果过强，人的注意力便会高度集中，但注意的范围则相应变小，这不利于完成要求有较广泛注意范围的学习任务。另外，过强的学习动机易造成心情紧张，产生焦虑情绪，影响记忆活动中的再现，反而不利于正常的学习。

（2）社会性。随着对社会认识的不断深入和社会责任感的进一步增强，越来越多的学习者能自觉地把自己当前的学习与国家建设和社会发展的需要联系起来，能充分认识到自己所学的专业知识和技能在未来社会发展中的作用，从而希望自己能尽快适应社会。学习动机社会性意义日趋广泛，特别是高年级的大学生，随着他们对自己所学专业的深入了解，学习动机中的社会意义更加突出，这也成为当代大学生奋发进取、努力学习与拼搏的主要动力。

（3）多元化。多元化是指学习动机多种多样，同一个体的学习往往受多种动机支配。由于每一个体的家庭情况、接受的教育、个人所受的影响、生活经历以及对未来的打算各不相同，因而学习动机呈现出多元化的特点。有的人是为了报答父母的养育之恩；有的人是为了不辜负教师的培养和期望；有的人则是因为自己对某一学科有着浓厚的兴趣，希望自己在事业上有所成就；有的人是为将来的进一步深造打下基础；有的人是为了改变自己的生活现状，希望将来能谋求到一个理想的工作；有的人是为了提高自身地位，获得他人的尊重；有的人则是为了学到更多的知识和本领，将来能为国家建设和社会发展多做贡献。多种动机虽然同时存在，但在一定时期总有一个主导性动机起支配作用。

三、学习动机的分类

关于学习动机的分类，角度不同分类就不同。例如，从社会语言学的角度分析，加德纳（1972）将学习动机分为两大类：

（1）融入型动机（Integrative Motivation）。具有这种动机的学习者喜欢并欣赏所学的语言以及与所学语言相联系的文化，希望自己能够掌握并自由运用该语言，更希望自己能像目标语社会的一个成员，并且能被目标语社会所接受。这样的学习动机被认为是学习者内在的、更加持久的语言学习动机。

（2）工具型动机（Instrumental Motivation）。所谓工具型动机，是指学习者将目标语看作一种工具，希望掌握目标语后能给自己带来实惠，比如提高自己的社会地位和经济收入，能够利用这门语言找到更好的工作等。这种学习动机具有"无持久性"和"有选择性"的特点。这种动机也有一定的局限性，在一定程度上影响和束缚着学习者，从而很难达到真正意义上的语言学习效果。目前在我国的外语学习中，由于受中西方语言和文化的差异、外语教学环境以及学习方法等多种因素的影响，绝大多数外语学习者的动机为工具型动机。例如，绝大部分大学生学习英语的动机都是获得四、六级证书，有人把它称为"证书型动机"。

另外，从认知语言学的角度，学习动机同样分为两大类：

（1）内在动机（Intense Motivation）。这种动机是指外语学习本身能激发学习者的兴趣和愉悦。比如具有内部动机的学习者在日常生活中碰到一些人、物、事时，总会情不自禁地用英语表达出来。他们具有好奇心，喜欢挑战，能积极地参与学习过程，并能在学习过程中得到满足。他们在解决问题时具有很强的独立性。内在动机能对学习产生更积极的推动作用，因此它能使学习者保持持久的学习兴趣。

（2）外在动机（Extrinsic Motivation）。外在动机是指学习外语的动因存在于学习活动本身之外，是为了得到奖赏或避免惩戒才学习外语，比如为了得到老师表扬或是为了避免批评、惩罚等。这种动机具有一定的被动性，不是学习者主动、自发想去学习某种语言，因此与内在动机相比，其持久性较短。

此外，还有成就动机（AchievementMotivalion）。这种动机是指外语学习者愿意去学并力求学好他认为很有价值的一门外语，取得好成就，而好成就反过来又进一步强化了他的成就动机。成就动机为人类所独有，它是外语课堂学习的主要动机。成就动机主要由三种不同的内驱力构成：认知内驱力、自我提高的内驱力和附属内务力。

认知内驱力的主要因素是好奇。因为好奇导致探究和追求环境的刺激行为，是一种求知的愿望和指向学习任务的动机。这种内驱力与外语学习的目的性和认知兴趣有关。学习者在课堂上获得好成绩，而这些成功的学习经验又会使他们期望在今后的外语学习中取得更好的成绩，如此良性循环，从而得到满足。可以说，这种动机等同于内部学习动机，大量实验证明这是一种在课堂外语学习中最稳定和最重要的动机。

自我提高的内驱力是指外语学习者因自身学习成绩好而受到一定奖励或赢得相应地位的需要。这种内驱力不像认知内驱力直接指向学习任务本身，而是把一定的外语成就看作赢得一定地位和自尊心的根源。这种内驱力可使外语学习者把自己的行为指向当时学业可能取得的成就，又可使他们在成就基础上把自己的行为指向今后奋斗的目标。

附属内驱力是指外语学习者取得好成绩主要是为了满足教师、家长的要求，得到他们的赞许或认可。很明显这种动机等同于外部动机。

总而言之，家庭教育对外语成就动机的影响很大。一般来说，在学校里的学生其外语成就动机与外语学习动机成正比，外语成就动机强者其外语学习成绩更好。因为他们取得好成绩会感到自豪，对失败不感到羞愧；而成就动机弱者对成功不怎么感到自豪，对学习失败则感到羞愧。因此，自我提高的内驱力可称为求成欲，附属内驱力可称为满足欲。

四、影响学习动机的因素

了解影响学生学习动机的因素，有利于增强对学生学习动机的培养和激发，从而更有效地促使学生成功地学习。学生作为学习的主体，其学习动机既受学生自身内部条件的影响,也受外部环境的影响。

(一)内部条件

学习动机是学习的内部动因,是客观的学习要求在学生头脑中的反映。因此,首先要注意到的是内部条件在对学习动机的影响。

(1)学生自身需要与目标结构。在现实社会中,由于每个人的生活经历、所受教育各不相同,形成了个人独特的自身需要和认知事物的方式。由此反映在学习动机上的认知和求知需要也多种多样,由于其强度和水平不同,反映在学习动机上的强度和水平也就不同。另外,学生的目标结构也影响着学生的动机和学习。目标明确、难度中等、近期便可达到,则会加强学生的动机和学习完成任务时的持久性。在课堂上,学生们常常有两类主要的目标—以掌握所学内容为定向的掌握目标(或称为学习目标)和以成绩定向的成绩目标。对于拥有不同目标的两类学生,尼哥斯和米勒(Nicholls&Miller)把前者称为专注于任务的学习者,把后者称为专注于自我的学习者(A.E.Wool Folk,1995)。两种目标指向者在归因和坚持性上也具有不同的特点,掌握目标指向者在完成活动中具有较强的坚持性,而成绩目标指向者的坚持性较差。在归因方面,掌握目标指向者倾向于将成功归因于学习方法,成绩目标指向者倾向于将成功归功于运气、能力和课题,而将失败归因子任务难度和运气。

(2)学生的性格特征和个性差异。学生自身的兴趣爱好、好奇心、意志、耐心等品质都影响着学习动机的形成。比如交往性动机对某些学生来讲可能是第一位的,但有的学生可能以得到别人尊重的威信性动机为其第一位动机。此外,成功与失败对不同学生的作用不同反映了学生的个性差异。有的学生趋于进取,力求获得成就,有的学生则力求避免失败。

(3)学生的志向水平和价值观。因为学习动机与个人理想紧密相连,学生整个人生观、世界观、价值观所直接反映的理想情况或志向水平影响着学习动机的形成。一般而言,理想水平高的学生,其学习动机就强,反之则低。

(4)学生的焦虑程度。焦虑指学生在担心不能成功完成任务时所产生的紧张、担忧、恐惧等负面心理感觉。焦虑水平不同,对学生的影响不同。大量调查表明,学生的焦虑程度过高或过低都会对完成学习任务有不良影响。中等程度的焦虑对学习是有益的。

(二)外部环境

影响学生学习动机的外部环境,包括社会舆论、家庭环境以及教师的榜样作用。

（1）社会舆论。社会条件不同，对学生的要求就不同。例如，在封建社会，读书人的学习动机是追求功名富贵；在工业社会，人们的学习动机是通过劳动市场的需求来确定自己学什么专业；我国"文化大革命"期间，由于对知识和知识分子的不公正待遇，从而产生了"读书无用论"。这些都反映了社会舆论对学习动机所产生的巨大影响。但是，社会舆论一般都是通过家庭来对学生的学习动机发挥作用。如果家长教育得当，学生就对社会上的正确舆论产生积极响应，从而抵制错误的舆论现象。

（2）家庭环境。家庭环境是影响学习动机的主要因素，因为家庭环境相较社会舆论范围要小很多。家庭环境是学生主要的生活范围。一直以来，国外有许多心理学家都在研究"家长的态度对学生学习成绩的影响"。美国心理学家凯尔和赫尔赛（Kahl&Hahay，1961）对两组打算上大学的男孩进行调查研究和互相比较，目的在于找出两组学生学习动机上的差异及其与父母态度的关系，结果发现父母的期望与管教对学生学习动机的形成具有相当大的影响。

（3）教师的榜样作用。大量的调查研究表明：教师在学生学习动机形成中是一个十分强有力的因素。首先，教师本身是学生学习动机的榜样。教师治学严谨、学而不厌，对自己的专业和教学具有极大的热情和兴趣，那么必然给学生留下深刻的印象。其次，教师的期望会对学生的学习动机产生不同的影响。教师对不同的学生具有不同的期望行为和期望结果，由于这些期望的不同，教师对待不同学生的方式自然就不同，而这种对待方式的不同就影响着学生的自我概念、成就动机水平和抱负水平的不同。随着时间的推移，学生的行为和成就与当初老师的期望值越来越近。于是，高期望的学生产生了高水平的动机，经过不懈的努力，取得了高水平的行为；而低期望的学生则恰恰相反。最后，教师不仅有榜样作用，他还是沟通社会、学校和家庭的纽带，是学生形成正确动机的重要一环。教师要善于把各种外部因素和学生的内部因素结合起来，促使学生形成正确的学习动机。

第二节　学习动机与大学英语教学的关系

学习动机是推动学生学习的一种内部驱动力，它实质上是对学习的一种需要，这种需要是社会和教育对学生学习上的客观要求在学生大脑里的反映。心理学家经过研究认为，学习动机在学习活动中的作用有四种：①引起学习；②维持学习；③强化学习；④调整学习。在英语教学实践中我们可以发现，英语学习差的学生并不是智力水平低，而是缺少兴趣和信心，或没有养成良好的学习习惯。进一步分析可以得出，这些学生在学习的过程中逐步丢失了学习动机，将自己置身于英语学习之外。

在大学，英语课程的学习是不少学生学业发展中薄弱的一环。可以说，学生对英语学习的畏难程度居于各科课程之首。因此，英语教学界和教育管理部门都采取了不少措施，从激励学生的学习动机入手，来保障大学英语教学效果，提高学生的英语学习成绩，从而保障学生毕业后具备一定的英语知识和能力。

英语教学界和教育管理部门采取的学习动机激励措施无外乎是融入型动机激励和工具型动机激励两类。融入型动机激励主要从学生自身事业发展和生活丰富性对知识基础的广泛性要求出发，以及全球经济一体化大趋势和中国社会经济发展对未来人才的需求，引导和激起学生对目的语社会的参与意愿和学习兴趣。但经过实践证实，在英语的实际教学过程中和学生自身英语学习的进程中，这种融入型激励往往显得流于空泛而缺乏切实的可操作性。

大部分学生认为自己毕业之后基本没有应用英语交际的必要，因此对英语的学习态度十分淡漠，有些人甚至放弃了对英语的学习，此时，工具型动机激励措施就发挥了举足轻重的作用。

在如今的大学里，可以说绝大部分学校都偏重于运用工具型动机激励措施，比如大学英语教学将各种考试、考级、考证书作为激励大学生加强英语学习的主要手段，相关管理部门也将其作为评价大学英语教学水平和质量的重要标准。而这些考试、考级、考证书的集中体现就是大学生英语四、六级考试，其成为检验大学英语教学质量的标准，有的学校甚至与大学生毕业及学位挂钩，由此来激励学校加强英语教学，激励学生努力学习英语。

一、学习动机激励现状单一

在目前各高校教学体制的要求和国家英语四、六级考试措施的实施下，绝大部分学生进入大学学习英语就是为了完成课时学分，通过过级证书，最后确保自己大学顺利毕业，而这些很显然都是工具型动机的体现。如此，他们就具备了动机的三个要素：明确的态度、学习的愿望，为此所做出的努力，力求达到的预期目标。因此，能够肯定的是国家英语四、六级考试多年来为保障和促进大学英语教学发挥了关键作用。

但是，在单一学分以及考试标准等激励下学习英语，相当一部分学生的成功也只是应试教育的产物。学生迫于压力或短期功利而学习英语，一旦短期目标得到实现，他们对英语也就失去了兴趣，甚至会因产生抵触情绪而陷入止步不前的糟糕状况，这些正是目前大学英语教学应该高度重视的问题。

二、学习动机激励失衡

根据已公布的全国大学生英语四、六级考试改革后多次考试成绩统计数据来看，考生中达到420分合格成绩标准的只有40%（总分710分计，合格成绩为420分）。如果四、六级证书与学位挂钩，那么这就意味着有半数以上的大学生毕业时拿不到学士学位证书。由此也可以看出，作为激励大学生外在学习动机的重大措施，英语四、六级考试受到了严峻的考验，越来越多的人质疑其存在的必要性，指责、埋怨甚至呼吁取消之声渐起。即使统计数据不是如此严酷，但从利用学习动机激励大学生学习英语这一角度看，其反映了任何单一的学习动机激励措施都不可能从根本上解决大学生英语学习的动机问题。

因此，针对当前学生英语学习的情况，我们应重新审视学生学习动机激励的问题，制订相应的方法与措施。在正确评价多年来偏重于工具型动机激励的同时，重新认识与强化融入型动机的作用，使每位学生都能认识到英语学习对自身、对社会的长远意义。英语教学界和教育管理部门也应多探寻带有根本性的、切实可行的学生英语学习动机激励的措施与方法。

三、复合型学习动机激励的设想

从学习动机的角度看，学生的学习行为是由他们自身学习动机的强弱支配的，是由内部的学习动机和外部的学习动机共同发生作用而促成的。从动机激励的表现形式看，内部动机主要表现为融入型动机激励，外部动机则主要是工具型动机激励。

（1）两类学习动机激励的表现形式与内在联系。加德纳动机理论的核心是融入型动机，其所对应的英语学习动力或动因是学生对目的语社会语言交际和社会生活的主动性意愿。工具型动机则更重视目的语的实用价值以及其语言优势，更多地表现为学生对于社会英语要求的适应。

就大学生个体而言，其英语学习动机往往是由两种动机类型的复合共存而构成的。

①融入型动机是学生个体的人生基本取向的体现，能持久、强烈地推动他们的学习。因为融入型动机激励一般体现我国社会经济发展和全球经济一体化的大趋势对未来人才的要求，以及学生自身事业发展和生活丰富性对知识基础的广泛性要求出发，引导学生对英语社会的参与意愿和兴趣。

②工具型学习动机体现社会对学生的要求，其作用较弱，具有短暂但强迫性较强的特点。考试、考级、考证是工具型动机激励的集中表现形式，并以其强迫性督促学生强化英语学习，可收到十分直接的激励效果。但由于其激励方式的强迫性和被动性，往往令学生产生心理抵触等负面影响。

在英语教学的实际过程中，许多学生在学习中都具有深层的融入型动机，只是其所拥有的程度不同。但由于各界种种因素的影响，学生学习动机往往在表层体现为工具型动机，并发挥重要作用。王荣英（2007）认为，这其实正是两类动机激励具有内在联系的表现。学生深层的英语社会参与意愿必须借助一定的英语知识和能力予以实现，而英语成绩及英语达标、达级的水平，则是其英语知识和能力的证明。这样，"必须具备英语知识和能力"，将学生深层的融入型学习动机和表层的工具型学习动机联系到了一起，产生了复合激励的效果。

（2）融入型动机与工具型动机的复合型激励。英语学习动机是可以激发的。大量研究结果显示，激励学生学习动机的最重要因素就是教师自身的行为。在英语教学活动中，教师对于学生学习动机的有效激励，将会使学生产生很大的学习动力，得到良好的教学效果。因此，教师与教学管理者都必须利用各种有效的教学手段，最大限度地激发学生的学习动机。

在英语教学实践中，复合型激励方法是一个十分有效的学习动机激励系统，融入型动机激励与工具型动机激励相互渗透，相辅相成。

①融入型动机激励侧重于潜移默化，润物无声。这种动机激励往往借助于英语教学的文化熏陶、氛围感染、精神激励等产生作用。融入型动机要求教师在教学过程中，始终有意识地营造一种影响学生学习意愿的教学环境。即使是在设计测验、考试、评价等功利性教学环节，也仍要从其内容和形式诸方面服从于融入型动机激励的教学环境。

②工具型动机激励强调切实明确与可操作性。这种动机激励更多地体现在具体的教学环节上，以尽量适合学生实际的教学内容、进度、程度等，有步骤、循序渐进地引导和推动学生在英语学习上不断进步，既直接发挥工具型动机激励的

作用,又间接增强融入型动机激励的效果。

在具体的英语教学中,这两种动机激励途径并不能分开,意思是说在同一教学过程中既要引起学生对知识的长期兴趣,调动学生的融入型学习动机,又要施以明确的标准、目的、要求、奖惩等,激发学生的工具型学习动机。二者互为表率,交叉融会,共同发挥着学习动机的激励作用。

教学活动能否有效地开展并取得显著成效的关键就是提高并保持学生的学习兴趣和积极性,充分发挥他们的主观能动性,让他们进行自主创新的学习。因此,教师在英语教学过程中不仅要重视学生的语言知识和语言技能的发展,而且还要关注学生情感态度的发展。显而易见,学生的学习动机正是情感态度中重要的一环。教师在教学中应不断激发并强化学生的学习兴趣,并引导他们逐渐将兴趣转化为稳定的学习动机,以使他们树立自信心,锻炼克服困难的意志,充分认识到自己的优势与不足,养成乐于与他人合作的习惯,形成和谐健康的品格。另外,要培养学生对英语学科的积极情感和正确态度,发展他们在英语学习中的动机、兴趣、自信、意志和合作精神等。

第三节 学习动机的培养

学生的英语学习动机表现为对英语学习的强烈愿望和求知欲,直接或间接地影响着学生的英语学习效果。为此,如何培养和激发学生健康的英语学习动机,是提高大学英语教学效果的关键因素。

一、学习动机的培养

大学英语学习动机的培养方略有如下几点:

(1)掌握大学英语教材,激发学生的学习动机。大学英语教材是专家编写的用来供教师和学生进行教学活动时使用的材料,具有一定的抽象性。教师要认真钻研和分析教材,挖掘出蕴藏在教材中的知识点,组织学生进行探讨活动,从而形成良好的学习氛围。同时,教师在教学过程中应以丰富、生动的教学内容,灵活多样的教学方法,来吸引学生的注意力,令学生得到精神上的满足,从而达到激发学生学习动机的目的。

(2)鼓励学生自主探索研究,保护学生学习动机。教师在课堂教学中要力求体现学生的主体地位，敢于放手让学生参与学习活动，留给学生一个自主探究的空间。要保证学生思考、探讨问题的时间，让他们自己经历发现知识、思考问题、寻找规律、概括结论、质疑难问乃至整个知识结构的建构过程。在丰富多彩的自主探究活动中，学生的生命潜能和创造精神就会得到充分的释放。

（3）给予学生合理正确的评价，保持学习动机。教师不仅要激发学生心灵深处那种强烈的探求欲望，而且要让学生在探究活动中获得成功的情感体验。因为只有那些获得成功的学生才会保持足够的探究热情，产生更强大的内部动力以争取新的成功。苏霍姆林斯基说："在人的心灵深处，都有一种根深蒂固的需要，就是希望感到自己是一个发现者、研究者、探索者。"对于学生提出的各种探究性问题或设想，教师都应认真对待，积极引导；在探究过程中，教师的评价要以激励为主、运用多种评价策略，并以自己的语言、神态、动作等方式来激励学生，使学生保持探究热情，积极参与探究活动。

（4）注重培养学生的成就动机，使学生的学习动力持久化。成就动机强的学生，对成功感到骄傲，对失败却不是很沮丧；而成就动机弱的人对成功没有多大的追求，却非常害怕失败，思想负担重。虽然追求成功和回避失败都能促进学生去学习，但在心理上的作用不同。追求成功使人振奋，积极进取，学习效果也好；回避失败使人焦虑压抑，消极被动，怕学厌学。在一定程度上可以说，成就动机是学生学习毅力的源泉，可以使学生的学习动力永不枯竭。同时，成就动机也是刻苦和自觉学习的动力。因此，教师应该教育学生努力提高自己的成就动机。

（5）加强小组活动，提升学习动机。学会合作与交流是现代社会所必需的技能，教师在教学中要提供探索材料，让学生有计划地组织合作探究，以形成集体探究的氛围和培养学生的合作精神，促使集体智慧高度结晶。另外，教师在教学过程中还应该提高学生学习的自觉性，增强学习的自主性。因为学生一旦形成了自觉性的学习习惯，就会迸发出极大的热情去探究知识，并在这个过程中激发出不畏困难、勇往直前的坚毅精神。

（6）培养学生正确的归因观。学生把成功和失败归因于何种因素，对以后的工作态度和生活的积极性有很大影响。美国心理学家韦纳（B.Weiner）提出，学生常常用能力、努力程度、任务的难度和运气四个因素解释学习成败的原因。学生的成功与否是激发学生良好的学习动机和兴趣的一个关键因素。因此，当学生完成某一项学习任务后，教师应指导学生进行成败分析，引导学生找出成败的真正原因。此时，有三种方法可以使用：①观察学习法，即学生观察模仿归因榜样，学会正确归因；②团队讨论法，即小组成员共同讨论学业成败的原因，由一名受过训练的教师或管理人员进行引导,指出归因误差,鼓励符合实际的归因;③强化矫正法,即教师根据学生情况,结合学科教学内容,对有归因偏差的学生进行暗示和引导,鼓励做出正确归因的学生,促使他们形成积极的归因。当学生关注自己的努力时,他将成功归因于自己付出的努力,失败归因于自己努力不够。这种归因方式对于培养学生内在动机,形成认识失败、面对失败时不会受环境影响的正确态度及形成良好的自我意识具有重要作用。而有些学生常常把自己的成功归因于自己的努力和能力,失败归因于任务的艰难和运气不佳,但对于他人的分析刚好相反。这种有偏爱情绪的归因,教师应因势利导,帮助学生进行切合实际的归因,并通过归因调整状态,树立新的目标。

(7)建立良好的课堂环境,提高学生的学习动机。教师作为课堂教学的主导,其任务是引导学生自己学习英语、研究英语,从而能够灵活运用英语。建立民主、平等、亲密的师生关系,创设和谐、宽松的课堂氛围,是学生主动探究的前提条件。鼓励学生自主探索,独立思考,发表独特见解,敢于与老师辩论,指出老师讲课中的失误及教材的不妥当之处。如此,课堂上就会呈现出一种积极向上、自然和谐的学习景象。

(8)培养学生的认识兴趣,促成学生的学习动机。所谓认识兴趣,即推动学生学习的一种内部动力。当学生对某事物具有兴趣时,这种兴趣就会驱使他积极地从事这方面的学习活动,从而获得比别人更多的知识。一般来说,认识兴趣强烈的学生在学习中常常会忘记疲劳,精神高度兴奋,思维活跃。这时,教师可以通过丰富教学内容来培养学生的认识兴趣,并令其转化为学习动机。美国心理学家布鲁纳说过:"学习的最好刺激,乃是对所学教材本身的兴趣"。学生对所学教材的内在兴趣是最大、最持久的动机。丰富教学内容的方法有如下三个:

①讲课时灵活运用教材内容。教师讲课时在思想情感上要尽量引起学生的共鸣,带着一种高涨、激动的情绪进行学习和思考,提出的问题要切合实际,深浅适度,难易得当,从而培养学生强烈的学习兴趣。

②及时补充新鲜知识。教师要特别注意选取那些当前发生的时效性较强的新知识、新信息应用到课堂教学中去,如此不仅能够满足学生的好奇心,而且更能培养他们的学习兴趣。

③丰富学生的感情材料。教师可以让学生多参加社会活动,在实践中教育自己,不断培养和激发自己的学习兴趣,并由此产生新的兴趣需要。

(9)了解和满足学生的需要,促进学习动机的产生。不同的社会和教育对学生的要求不同,因而反映在学生头脑中的学习需要也不同。学生的学习动机产生于需要，需要是学生学习积极性的源泉。学习动机的培养，是使学生从没有学习需要或很少有学习需要到产生学习需要的过程；是使学生把社会的需要和教育的客观要求变为自己内在的学习需要，把已经形成潜在的学习需要充分调动起来的过程。教师要培养学生的学习动机，就应当重视学生的需要，尤其是学生的心理需要，分析学生需要存在的问题以及合理需要是否得到应有的满足，并通过采取一些强化和训练手段使学生掌握一系列认知和行为策略，使之内化成心理需要，形成自觉性、坚定性、自制力、有恒心等优秀的学习品质。

由此可知，大学教育在满足大学生的合理需要时，要考虑选择有效的强化物来强化其学习动机，如选择学生喜欢、想得到的物品或活动等。但教师若一味以学生的喜爱作为有效强化物的标准，则会阻碍学生的发展。因此，教师要善于选择适当的强化物来满足学生的合理需要，矫正其不合理需要，促使其学习动机的产生。此外，教师可以在学生没有学习需要的情况下，引导学生把从事其他活动的动机转移到学习中来，即利用原有动机的迁移，使学生产生学习需要。

综上所述，英语学习动机是英语学习行为的直接原因和内部强动力，是影响英语学习的重要因素。在大学英语教学过程中，教师应充分发挥其"中介作用"，采取有效的教学方法和策略，激发起学生英语学习的积极性，并使学生掌握学习策略、体验到学习成功的喜悦和乐趣，从而将他们引向合理的外在学习动机，不断增强内在学习动机。正确的学习动机既是掌握知识的必要条件，又是形成高尚道德品质的重要组成部分。因此，要充分激发学生的学习积极性，正确培养学生的学习动机。

二、学习动机的激发

学习动机的激发是指把已形成的潜在的学习需要充分调动起来，也就是说，要培养和调动学生学习的积极性。通过激发学习动机可以进一步培养和加强学生已有的学习动机。

（1）更新教育观念，转变教师角色。美国人本主义心理学家罗杰斯说："人的认知活动总是伴随着一定的情感因素，当情感因素受到压抑甚至抹杀时，人的自我创造潜能也就得不到发展和实现，而只有用真实的、对个人尊重和理解学生内心世界的态度，才能激发起学生的学习热情，增强他们的自信心。"由此可知，激发学生的学习动机，教师首先要更新教育观念，转变自身观念，采取多种教学方式来增进师生间的情感交流，采用生动形象且适合学生心理发展和个性特征的教育方式，建立良好的师生关系，激发学生高水平的求知欲，适时地对学生进行学习目的和意义的教育。

（2）创设问题情境，实施启发式教学。启发式教学最大的特点是能够充分调动起学生学习的积极性。与平时教师"嚼烂"知识"喂"给学生的做法相反，启发式教学引导学生积极思考，自己找出问题的答案并总结出结论，而启发的关键就在于创设一种问题情境。所谓问题情境，就是创设一种使学生产生疑问，并渴望得到答案，经过一定的努力能够得到解决的学习情境。这种情境是最容易激发学生求知欲并获得理想教学效果的方式之一，而能否形成问题情境，主要看学生的学习任务与已有知识经验的配合度如何。学习任务完全适合或完全不适合，均不能构成问题情境，只有在既适应又不适应的情况下，才能构成问题情境。教师如果想要创设问题情境，首先必须熟悉教材，了解新旧知识之间的内在联系。其次要求教师充分了解学生已有的认知结构状态，使新的学习内容与学生已有水平构成一个适当的跨度。最后，认知好奇心是学生内在的学习动机的核心，是一种追求外界信息、指向学习活动本身的内驱力，因此要想激发学生的认知好奇心，还需要考虑信息量的质员和大小。

（3）根据作业难度，恰当控制动机水平。美国心理学家耶克斯（Yerks）和多德森（Dodson）认为，中等程度的动机激起水平最有利于学习效果的提高。同时，他们还发现，最佳动机激起水平与任务难度密切相关：任务较容易，最佳动机激起水平较高；任务难度中等，最佳动机激起水平也适中；任务越困难，最佳动机激起水平越低。这便是有名的耶克斯·多德森定律（简称倒"U"曲线）。因此，教师在教学时要根据学习任务的不同难度，恰当控制学生学习动机的激起程度。

（4）培养学生自主学习的能力。强烈的学习动机只是学好英语的前提条件，英语学习本身是十分复杂的。学生想要真正学好英语还必须培养自己的自主学习能力。教师应该让学生在有限的课堂学习中掌握基本的语言点，然后自己在课后的操练与应用中做到举一反三，在一些交际活动中能够展示自己的英语水平和能力。

（5）充分利用反馈信息，妥善进行奖惩。从韦纳的归因理论中可以看出，教师在教学时给学生的反馈（尤其是对学生考试成绩的评定）信息会对学生的学习动机的形成产生很大的影响。教师在教学全过程中，应及时提供学习反馈，及时给学生提供学习结果，使学生及时看到自己的进步。学习结果包括让学生看到自己所学知识在实际运用中的成效，解决课题时的正确与错误，以及学习成绩的好坏。一方面学生可以根据反馈信息调整学习活动，改进学习策略；另一方面学生为了取得更好的成绩或避免再犯错误而增强了学习动机，进而保持了学习的主动性和积极性，对于学生的学业评定、学习态度主动性等教师应该及时进行评价，并且要对不同类型的学生进行中肯的、有激励性的评价，提升学生的能力水平。这就要求教师能够帮助学生建立具体的学习目标，以及在每一个阶段所要达到的学习效果，及时批改作业、写好评语，就学习结果与学生一起进行分析探讨，使学生受到鼓舞和激励。

此外，适度的表扬与奖励比批评与指责能更有效地激发学生的学习动机，因为前者能使学生获得成就感，增强自信心，而后者作用恰恰相反。为了巩固和发展学生正确的学习动机，还必须给学生以正确的评价和适当的表扬与批评。在此过程中我们应努力做到以下几点：①评价一定要做到客观、公正和及时；②表扬与批评要考虑到学生个性差异的特点，进而讲究不同的方法；③使学生对评价有正确的认识和态度。尽量多鼓励，多表扬他们的进步，降低他们的焦虑，保护学生的自尊心，增强他们学习的自信心。

（6）帮助学生设立明确、适当的学习目标。学习目标是学生学习的结果，是奋斗的方向。没有目标，容易导致学习的盲目和被动，这是所有学习问题的潜在因素。因而，设立明确、适当的学习目标显得尤为重要。这样不仅使学习目标具体化，让学生知道如何去做，而且学习目标的难度也适合学生的能力，更能够激励学生的学习动机，调动学生的学习积极性。

（7）采取新颖、创新化的教学方法，激发学生学习动机。新颖的东西才能引起学生的注意和兴趣，所以教学内容和教学方法的不断更新和变化，可以使学生保持积极的学习态度。此外，采用灵活多样的教学方法也是非常重要的。教学方法是教师为完成教学任务、提高教学质量、充分调动学生学习积极性所采用的方式和途径。因此，教师应不断更新教学方法，发挥创新意识，运用发散性思维教学模式。教师可根据课堂内容的难易程度，把握学生的思想状况，以及针对学生的思维特点，运用实验法、讨论法等多种教学方法，使教学内容新颖丰富，让学生把学习变成一种愉悦的需求，激发学生的求知欲。

（8）正确指导结果归因，激发学生的学习动机，归因方式对学习动机的影响有三点。首先，就稳定性维度而言，学生将成败归因于稳定因素，如果学生对未来结果的期待与目前的结果是一致的，会增强他们的自豪感。其次，就内在性维度而言，如果学生将成功或失败归因于自身内在的因素，如自己的能力、努力、身心状态等，学生则会产生积极的自我价值感；如果学生将成功或失败归因于个体外在因素，如任务难度、运气、外界环境等，则学习结果不会对其自我意象产生影响。最后，就可控性维度而言，如果学生把成功或失败归因于可控因素，学生会对自己充满信心或产生一种内疚感；反之，如果学生把成功或失败归因于不可控因素，则会产生感激心情或仇视报复情绪。由此，在学生完成某一学习任务后，教师应指导学生进行成败归因。一方面，要引导学生找出成功或失败的真正原因；另一方面，教师也应根据每个学生以往成绩的优劣进行归因。

（9）对学生进行竞争教育，适当开展学习竞争，激发学生的进取精神。竞争是激发学生学习动机和提高学生学习成绩的一种有效手段。通过竞争活动，可以令学生的成就动机更加强烈，学习兴趣和学习毅力也会有所增加。但为了保证竞争对激发学习动机能够产生积极作用，应注意以下几点：

①在多种竞争形式中以团体竞赛为主，团体竞赛不仅可以增强学生的协作精神，而且还有利于团体精神的培养。

②竞争内容与指标需多样化，用以培养学生广泛的兴趣，使每个学生都有展现自己才能的机会。按学生的能力等级进行多指标竞争，让每个学生都有获胜的机会。

③竞赛活动要适量。竞赛本身在一定程度上会给学生带来情绪上的紧张感，产生一定的心理压力。因此，竞赛不应过于频繁，且题目应该难度适中。

（10）构建健康向上的校园文化。所谓校园文化，是指学校中的主体在学校生活中所形成的具有独特凝聚力的学校面貌、制度规范和学校精神气氛等。为了激发学生学习英语的动机，学校管理部门应在学校面貌和学校精神氛围上注入英语的气息，让学生处处都能感受到学好英语的重要性。欧洲现代第一所新式学校的创办人雷迪说："学校不应该成为一块人工造成的地方，专靠书本做媒介，而不与生活相通连。"不难想象，有时学生对英语学习缺乏动机和兴趣，在很大程度上使他们无法感受到学习英语的紧迫性。尽管中国加入世界贸易组织（WTO）和经济的飞速发展已使英语的工具性和重要性日益突出，但这些对于尚未真正接触社会的大学生来说是无法体会的，而仅仅只是靠老师家长的说教是十分苍白无力的。因此，学校的相关部门一定要在校园文化上下功夫，让学生每时每刻都能想起和接触英语，让他们在潜移默化中激起一种学习英语的欲望。例如，可以在教室里张贴英语手抄报，在走廊两边悬挂宣传画，在走廊里展示学生作品、英文报纸等。有的学校别出心裁，在一幢大楼的每一级楼梯上都写有一句英语谚语或警句，给人耳目一新的感觉。此外，学校也可以利用学校广播播放一些英语新闻与歌曲，让学生在休息与活动中感受到英语的学习氛围。虽然这些都只是一种环境文化，但它也是一种潜在课程，暗含着许多教育意义。另外，学校也可以在观念文化和制度文化上对英语给予一定的关心与重视，这对学生学习动机的形成和保持也是大有裨益的。

第四节　大学英语学习方式

　　随着大学英语教学改革的推进，大学英语教学已经从注重培养学生的读写能力向英语语言综合运用能力转变。传统教学的结果是让英语学习者陷入"哑巴英语"的困境，这不符合当今时代的发展要求。在教学改革的背景下，大学英语学习方式也要有所改变。以前的英语学习大都是接受学习，而现在的教学理念需要学生在学习中占主体地位，而不是被动地接受知识。在这种形势下，自主学习、合作学习和探究学习的理念应运而生。本章就具体谈谈教学改革背景下的大学英语学习方式。

一、自主学习

　　在当前的知识经济和互联网时代，知识的重要性显得尤为突出，并且知识更新日益迅速，这就对人们的学习能力提出了巨大挑战。如果人们不能开发自己的学习潜能，便会被社会所淘汰。因此，终身学习这个理念引起了人们的关注，要想实现终身学习，必须具有独立自主的学习能力。与此同时，英语教学也应该致力于培养有自主学习能力的学习者。

（一）自主学习的内涵及特征

1. 自主学习的内涵

　　国外许多教育家都对自主学习做过研究，1981年，霍莱茨（Holec, 1981）出版著作《自主性与外语学习》，指出自主学习就是"能负责自己学习的能力"，并进一步解释负责自己的学习就是：确定学习目标、确定学习内容、选择学习方法和技巧、监控学习过程、评价学习结果。他认为，这种自主学习能力是要通过自然途径或专门学习才能获得。迪金森（Dickinson, 1995）这样定义自主学习：自主学习就是成功地掌握了学习态度和学习能力，学习态度就是在学习过程中负有决策的责任，学习能力就是学习过程中做决定和反思的能力。美国心理学家齐莫曼（Zimmennan）也做了有关自主学习的研究，他提出自主学习者必须在元认知、学习动机和学习行为三方面都是积极的，元认知是对学习的计划、监控、评价和调节，而学习动机是一种学习的欲望，学习行为则是学生创造条件展开真实的学习活动。国内的学者也对自主学习进行了研究。庞维国认为，自主学习是建立在自我意识发展基础上的"能学"；建立在学生具有内在动机基础上的"想学"；建立在学生掌握了一定学习策略上的"会学"；建立在意志努力上的"坚持学"。

综合以上定义，不难看出自主学习的本质包含：第一，自主学习首先是对整个学习活动的预想、规划和组织；第二，自主学习还应包括对学习过程的监视和控制；第三，自主学习包括对学习活动进行自我检查、自我评价以及根据反馈信息调节学习活动。

2. 自主学习的特征

1）自主计划

自主计划是在学习之前进行的，为接下来的学习活动所做的准备工作。在这个阶段，学习者需要了解学习内容，选择学习策略。具体来讲，自主计划包括先行组织、集中注意、选择注意和自我管理。先行组织就是在自己原有知识的基础上预习即将要学习的新资料，了解大意和相关概念；集中注意是指始终将注意力集中在所要学习的资料上；选择注意就是注意学习过程中的特定方面而忽视其他方面；自我管理是创造条件促使学习任务的完成。

2）自主监控

自主监控，简单来讲，即对整个学习过程的检查、调整和确认。这既包括监控自己听到的、看到的、理解到的知识信息，也包括对学习计划、学习方法和策略的监控。对学习计划的监控是指监控计划的科学性以及时间分配的合理性；对学习方法和策略的监控只涉及方法、策略的选择是否得当。

3）自主评价

自主评价发生在学习活动的最后阶段，是对自己学习任务的完成情况进行的分析、判断。它包括对计划和时间分配的合理性、知识信息的获得、策略的运用等进行评价。自主评价有利于学习者反思学习过程中遇到的问题，总结经验教训，以便对下一次的学习进行指导。

（二）自主学习的理论基础

国内外的教育专家之所以大力提倡自主学习，是因为它有稳固的理论基础。认知学习理论、建构主义学习理论、人本主义学习理论以及社会语言学是自主学习的四大理论基础。

1. 认知学习理论

现代认知学习理论包括布鲁纳（Bruner）的认知发现说、奥苏伯尔（Ausubel）的认知同化说及加涅（Gagne）的信息加工说。认知发现说主张学习每门学科的内在结构，并且这种学习需要经历获得、转化和评价三个阶段，它同时强调利用头脑中的已有经验主动学习新的结构性知识；认知同化说指出，已有的认知结构对于新知识的学习是一种必要基础，学习就是将新旧知识建立联系的同化过程；信息加工说指出，学习就是对知识进行编码加工的过程。

2. 建构主义学习理论

建构主义学习理论的本质是：学习是学习者在新信息的刺激下，对已有知识的重组和调整，以及对新知识形成有意义的解释和理解，进而建构新的知识结构。并且它认为，知识并不是对客观世界的绝对客观反映，它只是人们对世界的看法和理解，是相对可信但不是永恒不变的真理，因此知识会随着社会文明的进步有所调整。

3. 人本主义学习理论

人本主义学习理论是以人本主义心理学为基础，其代表人物马斯洛（Maslow）和罗杰斯（Rogers）。人本主义学习理论认为学习不仅是认知的学习，而且是经验的学习；认知学习是无意义学习，经验学习是有意义学习；学习最终导致个体在智力、情感、态度、人格和行为等方面发生稳定的变化。总之，人本主义学习理论包括：①学习是个体的全身心的投入，重视知识和情感的作用；②学习是自我管理、无教师指导的，即自己发现、自己理解并且自己评价；③学习是在无威胁的环境中进行的，教师应尽量给学生创设舒适轻松的学习环境。

4. 社会语言学

社会语言学兴起于20世纪60年代的美国，它包括两个领域，即社会领域和语言领域。海姆斯（Hymes）认为，社会语言学的研究目标既有社会的又有语言的。它是探讨语言在社会范围中的广泛使用的理论。杨永林则认为，社会语言学包括语言结构和社会语境这两个研究主题，主要探讨语言和社会之间的关系，也就是将语言结构放到社会这个背景下去分析研究。

（三）自主学习能力的影响因素

1. 自我效能感

自我效能感是个体对自己是否能完成某目标的自信程度。它对自主学习能力的影响主要有：①影响学生选择学习任务。一般来说，学生会选择跟自己能力匹配或相当的任务，由于个体的自我效能感高低不同，所以选择的任务不同。②影响学生制定学习目标。自我效能感与学习目标的选择是正相关的。③影响个体在遇到学习困难时的耐受力。自我效能感越强，越能直接面对困难并坚持适应困难。④影响学习策略的选择"自我效能感越高，越能合理地运用元认知策略和认知策略。

2. 学习动机

学习动机是激发和维持某一学习行为的驱动力。学习动机和自主学习是呈正相关的，学习动机越强，就越能激发自主学习，它为自主学习提供动力和方向。而学习动机是一种内在心理过程，是无法观察到的，因此具有隐蔽性，但仍然可以通过学习的外在表现，如学习态度、学习时间等推断其强弱。

3. 归因

归因是个体对自己成败原因的解释。归因对自主学习的影响不可忽视。把学业失败归因于内在稳定的因素，会降低其自主学习性；而把学业失败归因于可控制的因素，就会提高其自主学习性。

4. 学习策略

学习策略是指为了实现学习目的而采用的学习规则和途径，其对自主学习有一定程度的影响。选择了合适的学习策略，就等于选择了较大的成功概率，而成功的次数越多，自主学习的可能性也就越大。不仅如此，学习策略还可以使学习者在学习过程中更加轻松，因为一旦对规则和手段更熟悉，做某事就更加得心应手。

5. 社会环境

影响自主学习的社会环境包括教师和同伴，这两者都是影响自主学习的外在因素，然而二者对学生个体的自主学习有着广泛而深远的影响。

1）教师

教师的教学模式、管理方式、指导方式都影响着学生的自主学习。通常情况下，以学生为中心的教学模式，较能使学生发挥主动性，也就能提高学生的自主学习能力。再者，如果教师采取民主、自由的教学管理模式，也能提高学生的自主学习能力。另外，教师在学生的学习过程中给予的指导也是自主学习能力很大的影响因素，如果教师在需要时提供心理上、技术上的指导，而不是处处控制干预，那么学生的自主学习能力也会有所提高。

2）同伴

首先，个体对自主学习能力的评估会受到同伴的学习结果的影响。因为个体会把学习进行相互比较。其次，在培养能力方面，榜样的力量是相当强大的。个体可以在观察、模仿和内化的过程中不断提升自己的自主学习能力。最后，同伴之间的人际交往也影响自主学习能力。一般来讲，在关系亲近、氛围轻松、团结友好的人际关系中，个体较能通过互相帮助提高自己的自主学习能力。

（四）自主学习能力的培养

1. 提升自我效能感

自我效能感影响着自主学习，那如何提高自我效能感以促进自主学习能力的提升呢？这就需要学生在语言学习方面不断进步以便获得持续的成功。学生可以制定阶梯式的学习目标，先完成简单的目标以建立信心，然后再慢慢地增大任务难度，并且这种难度是可以通过自己的努力达到的，这样自己就会在不断地尝试成功当中提升自我效能感，形成"学习成功—自我效能感提升—学习成功—自我效能感提升"的良性循环。

2. 增强学习动机

学习动机可分为内部动机和外部动机，内部动机与爱好倾向、成就感等有关，而外部动机与学习行为是否满足外在要求有联系。所以要想增强学习动机，一方面，学生在英语学习中要注意培养兴趣，并让自己尽可能多地体验英语学习带来的成就感；另一方面，当自己实现了学习目标之后，要给予一定的外在奖励作为鼓励，也就是给予正强化。

3. 正确归因

归因方式对自主学习有着不可忽略的影响。美国心理学家韦纳（Weiner）认为，成败的原因有六种，分别是能力、努力、任务难度、运气、身心状况、其他人或事的影响。他进而从三个维度对这六个因素进行了划分：内部与外部、稳定与不稳定、可控与不可控。其中，能力和任务难度是稳定的，努力是可控的。当学生将失败归因为不稳定、不可控的因素，他就不会丧失希望，进而加强自主学习，不断提升自己；而当学生将成功定义为稳定的、可控的因素，他就认为是自己能力强并且努力到位，持续的尝试成功的欲望就不会消失，因而也会加强自主学习。

4. 训练学习策略

学习策略也会对自主学习有一定的影响。良好的学习策略会减少学生在学习过程中的挫折和不知所措的感觉，使其提高学习效率并保持较高的学习情绪，这对自主学习大有裨益。学习策略训练包含：首先，教师应该亲自示范学习策略，并让学生对它的运用理解透彻；其次，教师要布置学习策略的操作案例，让学生课外练习巩固；再次，还要将学习策略进行班级性的讨论。另外，教师应该在课堂上选择合适的教学内容，然后将学习策略渗透其中；最后，让学生围绕该学习策略设计相关的课堂活动。

5. 优化社会环境

社会环境包括教师和学生两方面。教师要不断地制造让学生成功的机会并适当地给予正强化，以提升学生的自我效能感和学习动机。同时，教师要引导学生进行合理的归因，让学生拥有希望，可以通过劝说的方式去引导。教师还要向学生传授学习策略，因为学习策略也是自主学习能力的一种体现。另外，教师要创设自由轻松的氛围，并且投入自己的热情，提升人格魅力，让学生对自己心悦诚服，进而加强自主学习。学生必须和同学建立良好的伙伴关系，以便在自主学习方面获得更多的社会支持。

二、合作学习

教学改革背景下，大学英语注重培养学生的英语交际应用能力，而合作学习就是需要小组成员之间的交流配合，因此它的存在是必然且合理的。它是一种群体共同学习的方式，是团体精神在学习领域的体现，并且在某种情境下，它比个人独自学习更有效。

（一）合作学习的定义及基本要素

1. 合作学习的定义

所谓合作，是指个人与个人或者群体与群体之间基于一个相同的目标而采取一定的群体规范，共同行动、积极配合的方式。因此，合作学习就可以这样来定义：它是以一个学习目标为导向，以生生、师生、师师之间的协作为基本方式，以小组为表现形式，以小组成员之间的学习活动为主体，以团体总成绩为评估依据的一种学习方式。

2. 合作学习的基本要素

合作学习的要素归纳起来有三点：①小组活动。没有小组活动就没有合作学习。小组活动，是指小组有明确的学习活动时间、明确的学习活动目标、明确的学习活动任务、各个组员间的明确分工、真实详尽的学习活动反馈。②相互支持。组员间的利益是联系在一起的，每个成员的学习行为都会对整个小组的学习造成不可忽视的影响，因此组员之间必须在心理、资源等方面相互支持，才能使整个小组的利益最大化。③组员间的人际交往技能。良好的小组氛围影响着学习目标的完成，因此组员应该掌握一定的人际交往技能以便创设良好的氛围。这就要求组员之间彼此信任、积极沟通以及正确地处理冲突，这些都是人际交往技能的表现。

（二）合作学习的理论基础

1. 动力理论

动力理论是由格式塔心理学提出的。动力理论将合作小组看成一个动力整体，这个小组的统一目标能够带给组员一定的学习动力。组员的利益是连在一起的，并且组间的竞争也有利于组员提高为共同利益而奋斗、对抗竞争对手的意识。组员之间的学习行为也是相互影响的，主要表现在组员的努力程度和学习状态受其他组员的影响，因此只有每个成员都将自己的能力和努力发挥到最佳，才能最大限度地实现学习目标。

2. 选择理论

美国心理学家威廉·哥拉斯创造了选择理论。他认为人的一生有多种需要，如合作的需要、归属的需要、与人分享的需要、爱的需要以及关心他人的需要，人们会尽量去满足它们。而合作学习正好满足了这些需要，因为成功的合作学习在某种程度上会使人获得归属感、爱以及分享的喜悦感。需要的满足才能带来幸福的、有质量的生活。

（三）合作学习的基本模式

1. 分组

合作学习的第一步是将学生进行分组，这里涉及几个原则：第一，教师必须决定小组规模。可根据学习活动的时间、学习材料的多少来决定小组规模。第二，最好将能力不同的学生分到一组，能力不同的学生在一起可以促进学习从而保证各个小组的能力水平相当。第三，将学习风格不同的学生放到一组，研究表明，不同学习风格的学生在一起，有助于学习效率的提升。第四，组员的选择应由教师来定，而不能自由选择，因为自由选择的小组会做较多与学习无关的事情。

2. 任务分配

分组结束后，紧接着就是分配任务。分配任务是合作学习过程中很重要的一个步骤，任务分配的明确与否影响着合作学习的成功与否，进而影响合作学习的评价。教师应以清晰详细的方式告知各个小组的任务，解释完成任务的规则和步骤，规定所需要的时间，然后向学生提一些和任务相关的具体问题，以检查学生是否真正理解了各自的任务。这些都是教师作为合作学习的引导者的体现。

3. 过程管理

学生开始合作学习的同时，教师也有自己的工作，那就是对整个过程进行监督管理。教师要观察学生的表现并不时地给予提示，也可以用提问来检查学生的表现。教师在必要时应向学生提供帮助，解答学生的问题，让他们在学习过程中少走弯路，从而提高学习效率。对于学习中遇到的每个问题，组员应该先做深入思考，然后再和其他组员讨论交流，教师应该尽量保证让学生做到这一点。

4. 效果评价

在合作学习的最后，还要进行学习效果评价。要注意把学习过程和学习结果结合起来进行评价，把小组集体和小组个人结合起来进行评价。小组集体评价的目的是使组员明白合作学习是培养学生的团队精神，个人的成功依赖于集体的成功。尽管如此，也不能忽视对小组个人的评价，否则会使学生丧失学习的积极性。

（四）合作学习的效益

1. 批判性思维

批判性思维已经被许多教育家提倡为高等教育的重要目标之一，由此可见，它对于大学生的意义之重要。因为批判性思维具有开放性和分析性的特点，而合作学习过程中的互动、讨论等环节，就鼓励了学生将不同观点、不同思路开放性地表达出来以供组员思考分析。选择了正确的学习方法，对批判性思维的发展更具有重要意义。研究表明，小组讨论这种学习方法比学习内容更有利于促进批判性思维的发展。

2. 积极的人际关系

为了提高合作学习的效果，小组成员必须增强信任感，减少心理防御。并且提供高效的支持，如资源和信息等，还要能接受别人的质疑，在遇到分歧的时候，不是回避而是平等地交流讨论，这样有利于拉近彼此的关系。另外，在相互评价时，还要能提供积极的反馈以便组员在未来做得更好。最后，相互激励也是很重要的一环，因为被鼓励、被尊重能增强学习欲望。合作学习的效果良好，必然有着积极的人际关系；反过来，积极的人际关系也会带来良好的学习效果。因此，学习效果和人际关系是相辅相成的。

3. 健康的心理

除了合作精神，良好有效的合作学习不仅可以提高组员对人的情绪或者对所处的情景的敏感度和观察力，而且能形成较强的自尊心。在相互联系的社会网络中，合作精神、观察力和自尊心都是维持心理健康的重要因素。因此，合作学习有助于维持健康的心理，健康的心理可以增强人体免疫力、提升幸福感，因此它是相当重要的。

三、探究学习

（一）探究学习的含义及特征

1. 探究学习的含义

20世纪50年代，美国教育学家施瓦布（Schwab）提出了探究学习的理念。他认为，探究学习是指儿童通过自主地参与学习活动而获得知识的过程，从而掌握研究自然所必需的探究能力。徐学福则认为，探究学习是学生在教师的指导下，为获得科学素养，以类似科学研究的方式所展开的学习活动。张秀娟（2012）认为："探究性学习是指学生在教师指导下，从自然、社会和生活中选择和确定专题进行研究，并在研究过程中，主动地获取知识、应用知识、解决问题的学习活动。它已成为高等教育的有效补充和延伸，体现出指导与自主、基础与研究、分科与综合、理论与实践、校内外、课内外等的有机结合和兼顾。"我国教育人士王茜茜（2011）对探究学习进行总结："探究学习是一种以学生内在探索发现的品质为基础、以解决问题为导向，在教师的指导下，学生通过各种形式获得知识与技能、发展能力、培养情感与态度，特别是探究精神和创新能力的学习方式。进行探究学习，通过探究、合作的亲身体验，不仅能够有效地促进学生形成科学概念和对知识深层的理解，还有利于培养学生运用科学方法去思考问题，帮助他们提升解决问题的能力，获得成功的喜悦。至今教育界对探究学习还没有达成一致的定义，但它作为一种新型的学习方式已经被多个国家所重视。综上所述，探究学习是学生在教师的指导下进行的主动学习和积极探索的过程。

2. 探究学习的特征

1）主体性

探究学习鼓励学生充分发挥自己的主观能动性，积极参与探究活动，形成多方面的学习交流，从而创造一种开放、民主的学习氛围。它注重个体体验，将知识的学习看成认识、情感和人格的综合结果。学生在这种学习活动中都能获得一种主人公的感受,学生不是被动地接受教师传递的知识,而是自己控制探究学习的进度。学生也不把教师分配的任务看作一种外来压力,而是看成自己学习的契机。它主张学生不断挖掘自己的内在潜能,只要智力正常,都可以通过学习提高自己的创新能力。探究学习常常是多人参加的过程,这既是探究学习本身所要求的,也是为了适应学习型社会所必需的。

2)发展性

语言不是交际的目的,而是一种工具。之所以说探究学习具有发展性特征,主要有两个原因:第一,探究学习是在活动的模式下进行的,而活动的开放性让学生可以充分发挥自由的权利,表现学习的主体性,从而促进个体发展;第二,探究学习的评价采取类似于纵向评价的方式,鼓励学生不断超越之前的自我而获得新的发展,学生通过不断进步而拥有越来越多的自信,也就能迎来新的成功,进而提高了内在驱动力。

3)问题性

问题和学习是相辅相成的关系,问题越多,产生的学习活动就越多;产生的学习活动一旦多起来,问题也会自然而然多起来。这就是知识越多,越能发现问题的原因。问题是学习的线索,由问题入手,才会激发学生的好奇心,才会有深刻而全面的思考。探究学习就是一种发现问题、提出问题进而解决问题的过程,这也是一条通往提升创新能力的道路。人类的进步和社会的发展正是由问题开始的。

4)真实性

英语学科的内容大都来自日常生活,与学生的真实生活较为贴近,因此英语学习具有真实性。探究学习的真实性不仅体现在内容上,还体现在过程上。在探究学习中,学生将自己的知识、情绪、态度和兴趣等真实地表现出来,对学习中出现的真实问题进行信息加工。

(二)探究学习的步骤

1. 明确任务

在进行探究学习之前,教师必须先将学习内容和学习目标清楚明白地告知学生,让学生完全理解了此次活动的要求之后再开始探究。以《大学英语》第三册第六单元为例,教师应先确定目标:对作者海明威进行基本了解,归纳作品主题以及掌握重要单词和短语。接下来,根据目标可以确定四组任务:①查询作者海明威的基本情况;②了解一个九岁男孩由于误解死亡即将来临所表现的镇定与平静；③查出动词 commence，flush，gaze，overcome，poise，prescribe，scatter，shiver 和 varnish 的意义和用法；④查出短语 be detached from，bring down，hold tight onto oneself，keep from，out of sight 和 take it easy 的意义和用法。

2. 分配工作

明确任务之后，教师就要分配工作了。将全班分成若干小组，指定有领导才能的学生担任小组长。小组长的工作就是带领全组学生有条理地展开交流讨论，进行探究学习。并且小组内还应指派一名记录员和一名汇报员，记录员负责记录本次探究学习的重要内容，汇报员的工作是将探究学习的情况概括地向全班汇报清楚。

3. 教师指导

探究学习是在教师的指导下进行的活动，教师需要对整个探究活动起指路导航的作用，并且应该将进行探究学习的过程向学生描述清楚。教师的任务是指导学生如何去做，但不会代替他们去做。学生始终是学习的主体，教师只是在每个阶段给予学生建设性的意见。

4. 汇报结果

在探究学习的末尾，学生有必要对整个学习过程进行反思，总结做得好的地方和不足之处，同时将学习成果和全班同学分享。从同学的结果汇报中，其他学生有可能会学习到一些经验以及注意到一些易犯的错误。同时，汇报可以锻炼学生的语言表达能力。汇报的顺序可以抽签决定。

5. 科学评价

探究学习应该有一套科学和可靠的评价体系。评价标准应该根据学习目的来制定，评价主体、评价方式和评价手段可以灵活地进行选择。同时，将自我评价、学生互评、定性评价与定量评价等相结合，有利于学生获得更真实、更全面的认识，进而不断改进探究学习的态度、方法等。最后适当给予强化措施，也就是对于做得好的学生加以表扬。

（三）探究学习的评价

所谓评价，是指对评价个体进行研究、分析得出的判断，通常是好坏、是非的终结性判断。而学习评价是有关学生的学习成果、教师的教学质量等方面的信息。在探究学习中，学生可以根据评价结果不断调整自己的学习过程，从而达到最好的学习效果。

1. 探究学习的评价方式

对于探究学习而言，最完善的评价方式应该是将形成性评价和质性评价相结合。形成性评价也称"过程性评价"，对探究学习展开形成性评价，就可以在学习过程中及时发现问题，并及时调整、改进。而质性评价通常表现为文字性的描述，它比以简单的数字为呈现形式的量化评价更能传达出优劣等信息。

2. 探究学习的评价主体

探究学习的评价主体应该是多元化的，除了教师评价，也可以是自我评价、相互评价，还可以让家长和社区人士积极参加到评价中来。另外，大学生自我意识和自尊心较强，因此评价结果必须要保持一定的秘密性。

3. 探究学习的评价目的

探究学习的评价目的不应该是根据成绩好坏将学生分类、分等级，而是将评价作为学习的一种鞭策手段，旨在关注学生的智力和心理的正常发展。避免学生因评价结果不好而出现长时间的情绪低落，这样就会使评价的效果走向反面。

4. 探究学习的评价方法

探究学习可采用多种评价方法，如观察法、问卷法、访谈法及测验法。其中，在使用观察法的时候，要注意做好观察记录，不遗漏重要细节；若是使用问卷法，则可不用设置唯一答案反而采取开放性答案；而采用访谈法，就要事先准备访谈提纲并且让每组学生回答的问题相同；测验法主要涉及题目的选择，要选择生活化、难度适中的题目。

第六章　慕课背景下高校学生英语学习方式的改变

随着信息技术的发展和互联网的普及，在世界知名高校的引领下，"慕课"在全球如火如荼地发展起来。慕课是一种新的教育模式和教学模式，与以往的网络开放课程相比具有更强的规模性、开放性、共享性、互动性。2013年，北京大学、清华大学、上海交通大学、复旦大学等一批名牌大学先加入国际"慕课"平台，在我国迅速掀起了"慕课风暴"。"慕课"的兴起深刻地影响了我国高等教育，对大学生学习方式提出挑战。

转变学习方式对提高大学生学习能力和综合素质至关重要，"学生学习方式的转变在学生培养模式改革中占有首要地位"。转变学习方式，有助于大学生学会学习，形成终身学习所必需的学习能力。大学生学习方式转变并不是用新的方式代替旧的方式，而是在继承传统学习方式的基础上，由单一的被动接受知识的学习方式向以自主、探究、合作为主要特征的多样化学习方式发展。

第一节　目前我国大学生学习方式存在的问题

由于长期受应试教育影响，大学生学习方式单一，还有相当多的高校学生秉持着记忆知识的学习观，使用表层的学习方式，从而影响了他们的学习质量。具体来说，目前我国大学生学习方式存在以下问题。

一、学习动机不明确

当前，相当一部分大学生学习动机不明确。受应试教育影响，我国学生入大学前学习目标非常明确，那就是努力学习取得好成绩，考上理想的大学。进入大学后，没有升学压力的大学生不清楚自己为什么学习，学习动力不足，学习动机不明确。由于学习动机不明确，部分自制力较差的大学生出现学习毅力不强、学习态度不端正、不重视考试、经常旷课、不主动学习等问题。

二、学习主动性不高

当前部分大学生学习积极性不高，缺少学习的主动性和对知识探究精神，注重学习书本知识忽略实践性知识，注重被动接受学习忽视主动探究学习。部分大学生完全按照大学课程设置和教师教学进度被动学习，课堂上面对教师的提问，小部分大学生能主动回答问题，多数大学生只有被教师点到名字才被动参与课堂作答。在课堂之外，能够主动学习新知识、新技能的大学生更是少之又少。

三、学习方法不当

部分大学生沿用高中的学习方法，仍存在不主动学习、不预习所学知识、课堂上被动听课、不记或被动记课堂笔记、不参与或很少参与课堂讨论、抄袭作业等问题。部分大学生平时不重视学习，把主要精力放在参加学校的社团活动或打游戏等娱乐活动上，期末考试前才搞突击战术，通宵达旦地死记硬背知识点应付期末考试，考试过后便遗忘了大部分所学知识，不能牢固掌握所学知识，更不能将所学知识应用于实践。

四、缺乏合作学习

当代大学生只会自己学习，很少与别人合作学习，缺乏合作学习的主动性和自觉性。在大学课堂上，很少有小组讨论式的合作学习，即使有小组合作学习，往往只有部分大学生真正参与到讨论中去，在汇报小组讨论结果环节，常常是比较活跃的几名学生发表观点，且发言带有较强主观色彩，很少真正反映小组成员的共同意愿。长此以往，大学生逐渐对这种学习方式失去兴趣，不能使这种培养大学生的合作意识、团队精神进而促使学生相互学习、共同提高的学习方式发挥应有的作用。

第二节 高校对学生英语学习的要求

一、大学学习的自学性要求

从实际水平和能力方面说，大学就是自学。很多同学进入大学很长时间也没能很好地掌握大学的学习方法。中学学习方法的惯性导致他们进入了一个严重的误区。由中学的领、看和管理性学习方法到大学的自由的学习方法，他们很不适应。中学是老师领着学、看着学，甚至是家长管着学、逼着学。大学的学习则是完全从这种状态中解放了出来。与中学生比较起来，大学生是极为自由的。但是，大多数学生并没有充分利用这种自由。大学的自由是思想的自由、探索的自由、个性发展的自由、自学的自由。很多同学在享得解放了的自由的同时，并没有获得思想的自由和学习的自由。一个被管惯了的学生在给他充分自由的时候他变得茫然和无所适从。大学主要的学习方法是自学。在充分自由的没有人管，没有高考压力环境下的自我学习习惯的培养是大学学习的关键。这就要发生几个转变：由中学的"要我学"到大学的"我要学"的转变；由中学的被动学到大学的主动学的转变；由中学的盲目性到大学的清醒性的转变；由中学为高考的学到大学为真理的学的转变。不能实现这个转变，你上了大学，也还是"高四"，而不是大学。有的同学即使大学毕业了，也还是"高七"，没有进入实际的大学学习方法，只进了大学的校园，听了大学的课程，没有大学的自学，没有自觉性学习的大学，也还是不能称之为大学。

大学学得好的证明或标准，与中学是不同的，中学是用考分来衡量，大学的考分不能完全说明一个学生的真实成绩。你可能每年都拿奖学金，但是，你只是跟着老师学，只是考试科目的成绩很好。很多同学有一个严重的错误认识，以为上课就是上大学，上好了课就是上好了大学。但这是严重的误区。这样的认识极大地限制了你的自学，限制了你的潜能，也限制了你发展的可能。比如，你的关于《红楼梦》的考试题答对了标准答案，那可能是因为你把题库背得滚瓜烂熟，但《红楼梦》你看得并不好，甚至没有读完，红学家的各种观点，红楼梦的阅读史，你也不知道，更不要说，由红楼梦的学习你形成了不仅对红楼梦而且也迁移到对其他文学作品分析的能力，或者，由红楼梦的学习你进一步提升了对文学的感悟与理解。而这些并非是课堂所能完全学到的。这并不是老师教得不好，老师不能代替你对红楼梦的阅读理解，老师也不能代替你读红楼梦研究资料，老师不能代替你进行思考与探讨，老师更不能代替你形成你的文学观念和实际能力，当然更不能代替你进行红楼梦的哪怕是一些最基本的写作性研究。这些，都要靠自学来实现。因而，大学学习最真实的成绩是靠自学程度来衡量的，也确有这样的学生，考试成绩平平，但实际水平要比考试成绩好的同学高出许多。

进了大学首要的任务，是从中学生那种被动型学习方式转变到自觉型的学习方式中来。转变得快，学得就好，转变得慢，学得就差，根本没有转变的就不是大学的学习。"大一"一开始，就要树立这个转变的观念，要时时地强化它，并践行这个观念。把学习限制在课堂中，限制在教材中，限制在老师的教授中，而没有我们自己的自学，那肯定不是好的大学。

只满足于课堂的学习，只满足于教材常识性的积累，只满足于期末考试背题库的考试成绩，之所以不是好的大学学习，就在于它不能导致你深入到知识的深层结构之中去，不能深入到产生知识、支撑知识、解释知识的理论体系之中去，不能深入到阅读、思考和探索的过程之中去。你的大学只是浮在表面，没有深入到知识的内部和学习的过程中去。

如果想对那些成功了的大学毕业生进行总结，就要看看那些有出息、有成就、有作为的毕业生，他们是怎么学习的，这对大家肯定是有启发的。他们的学习绝不是仅仅限制在课堂上，限制在教材中，限制在对期末考试的范围内，而是有一个很好的自学甚至是治学习惯与方法的养成。由于他们深入到了知识的内部之中去，深入到了产生知识的理论背景和原典之中去，深入到了一个阅读、思索和探究的过程之中去，他们就获得了更为丰富更为有用的理论知识和方法论方面的积累和塑造、训练和武装，就形成了远比用于考试知识重要千百倍的实际能力。而且在这个过程中，他们还学会了自学与治学方法并形成了一种习惯，这就使得他们具有了强大的后劲和"后发优势"。没有一个很好的自学，没有进入完整的学习过程（只听课而没有自学那就不是一个完整的学习过程），还要想学得好，那是"天方夜谭"。

强调自学除了要按照老师讲的内容阅读必要的原典、按照老师的指引阅读相关书籍外，还有四个原因：一是学校规定的通用教材具有一定滞后性，它不能及时把最新成果反映出来，因而要深入到学科的前沿去，学习钻研最新的研究著述，把最新的研究著述的学习同课堂的专业学习结合起来，会收到意想不到的效果。而最新的研究成果会使教材当中的知识得到深化，更主要是能得到纠正性认识。

二是学科封闭性造成知识的隔阂性，自学可以补充由于学科壁垒森严造成的知识隔膜和缺少统一性思想视野的严重缺欠。大学学科分类使知识研究更专门化，也使讲授具有了可把握的体系性。但学科分类下各个专业往往是封闭的，这就造成了"只知有汉，无论魏晋"的局面，不可避免地带来了画地为牢、作茧自缚的严重问题。可是知识之间本身不是隔绝而是相关的、整体的、贯通的。只有自学一些新的东西才能使各学科知识融会贯通。三是新知识层出不穷，这是一个知识爆炸的时代，每天都有创新性知识产生。我们当然不可能把某一个专业的新知识全都浏览掌握，但是，最主要的知识还是必须掌握。而这方面也是完全依赖课堂学习所不能解决的，只有自学，并且是如饥似渴状态的自学才能达到。四是对经典的阅读。经典是人类知识的精华，经典的阅读绝大多数是在大学时代完成的。但是，在大学里你只把学习限制在课堂上———一般来说课堂讲的是常识而非经典（这里主要指的是理论性经典），没有自己对经典的研读即自学，你就与人类的精华思想知识隔绝了。

二、大学学习的理论性要求

大学的关键是理论的学习。总的来说，中学学习是侧重知识，而大学学习则是侧重理论。知识的学习是横向的平面的累加，理论的学习则是纵深的体系性的构建。知识是常识性的，理论则是对常识的解释或产生常识的原创性的东西。对大学生来说，理论是极其重要的。不要惧怕理论，不要蔑视理论，不要忽视理论。相反，要热爱理论，渴求理论，痴迷理论。知识是海洋，理论是灯塔；知识是群山，理论是泰山，只有理论才能深刻地揭示现象。任何学科的大厦都是以理论为基石来支撑的；任何知识都是要用理论来阐释的。没有理论的学习就没有抓住最根本的东西，就等于没有抓住知识的灵魂。

一个大学生，到毕业了还没读过本专业最重要的基本理论书，相近的专业就更不要说了——那真是不是完整的"大学"。

信息时代，人们阅读碎片化了，这不仅严重影响了大学生的阅读，也严重影响了大学生的思想结构甚至人格结构。简短、快捷和丰富的信息，对正在学习的大学生来说不是必须的，甚至不是好事。信息是碎片化、浅薄化、平面化，甚至平庸化的，有的是消遣化、娱乐化的。大学生学习要体系化、系统化、结构化、深刻化、渊博化。因而要系统读书、系统钻研问题、系统架构知识体系，要把知识转化成能力，要培养创造精神等等。无所不在、无时不在、无孔不入的碎片信息，把时间一点一点地分割了，哪里还有什么大块的完整的连续性的时间和沉静的专心致志的心情系统地阅读理论著作，还有深入地思考与写作？当上微博、刷微信成了生活中重要的内容，你就形成了一种期待心理，期待着新讯息的到来，如果没有，你就觉得好像缺了点什么，你就觉得没事可做，你就感受到了空虚。因为你的时间和思想情感的空间被碎片化信息占领了。更为严重的是，你的思维也被碎片化了，你被微博、微信的"微"形式所同构，不能有一个系统的结构性的知识构成，不能形成一种宏观性的思维和结构性的思考了。

还有就业压力使许多同学非常重视基本技能，这是对的，是必须的。但是，一个不可忽视的倾向就是只注意外在的东西，表达性的东西不注重，真才实学的东西没有形成自己的解读能力。没有通过自己深入的对理论著作的阅读，得到支撑解读文本的"支点"即最基本的理论方法。所讲的东西是外在于思想情感的东西，外在于知识结构的东西，外在于文学理念的东西，没有获得深厚的理论观念来支撑，没有什么新意，甚至也没有自己的一点体会，也就没有深度可言。

为数不少的同学说，他们觉得理论书太难读，硬着头皮看也看不下去，因而索性不读理论书。怎么解决这个问题呢？有两个基本方法可以改变这种惧怕理论书的问题。

一个是带着问题读。你对这个专业有什么问题，或者你对现实有什么问题需要解决，你带着这具体问题读，在理论书中寻找解决问题的方法，就可以读下去了。你不妨这么试试，因为你有需要，需要成了阅读理论书的动力。你在感觉很饿的时候，你才会狼吞虎咽地吃东西。研究某个问题，甚至是非常严重的饥饿感，你就能读下去，那你就会很系统地，甚至是跨专业、跨学科地读书了。

或者找一个题目去做，用题目或课题，带动读书与钻研。这是一个很好的很奏效的方法。这个方法同学们也不妨试试。

另一个是可以用"一本书主义"试试。所谓"一本书主义"就是反复读一本书，下大功夫把它弄通弄懂弄会。可以用初读、复读、细读、重点读、重读等方法来读一本书。初读可以大致浏览，不求甚解地把握一个大概，从整体上了解这本书的体系、主体、大概意思即可。复读可要认真地读了，要把每一章每一节都读清楚，在整体浏览基础上，认真把握具体内容。就像进了房间，要仔仔细细地看清每一间的具体情况一样。细读就是要对基本概念和重要问题深细地读，把握住基本思想和主要问题。重点读，将细读过程中还不懂的问题作为重点来读，或者将自己还没有弄清楚的问题作为重点来读。重读是在前几种阅读的基础上，重新从整体上的深入把握，对整体和体系有一个全新的整理、概括等。还可以是在

147

读了其他书之后，有了积累和借鉴，重新回过头来读，那样还会有新的体会。

同时，也要看对你所读那本理论书的评介、研究和运用等。记笔记是必要的环节，把重点、难点、疑点、核心观点还有你的体会和思考都记下来，这对读书人更为重要。记了笔记的东西和没有记笔记的东西是绝对不一样的。有了一本书阅读的体会和功夫，再读其他的书就容易得多了，你就不会感到那样痛苦了，你渐渐就会对理论书感兴趣甚至产生浓厚的兴趣了。在一个浮躁的时代，还是要耐住性子读书，千万不要什么书都是快速浏览，读书只用快速浏览不会得到什么真东西。

当然，首先你要弄清楚你所学这个专业，支撑这个体系大厦的最重要的理论著作 至少要知道有那么（不同的）几种，它们既是建构其他知识体系的坚实基石，也是解释其他知识体系的最基本标准。读了几种之后，你对这个学科的认识自然就会有很大的不同；你自己就可以产生对学习教材的重新评价，有些同学甚至可以达到初步重新梳理学科体系的境界。比如你所学习的各代文学史它是依据什么文学标准构建起来的？这就涉及文学标准的问题。如果你读了世界最权威的文学理论的著作，你再看文学史，你就有很多不同的认识。关于这个学科的学术界讨论的最新话题你要关注，最新的学术动态你也要关注，要读学报、期刊，那里面有最新问题的研究与动态，可以激活你的思想。要把这种最新学术见解与你课堂学的课本的东西联系起来比较思考。如果把知识比作水的话，过去的知识是一潭凝固的水，而正在研究的问题则是一条澎湃汹涌的大河。两者相得益彰，把对过去知识的学习和现在知识的学习结合起来，就相当于把源和流结合起来——这样你就获得了广阔而深邃的文化背景与视野。

大学不要仅仅从老师那里学常识——目前大学的问题是老师教的往往只是常识，而少有分析方法与实际能力的培养。要越过常识，但不是不要常识，是不止于常识，要丰富于常识深刻于常识，赋予常识以灵魂与生命，使常识为思想所用。比如文学，我们不能止于学文学常识，而应该学习对文学理解的理论与方法，学习对文学欣赏与分析的方法，形成自己的审美能力。如果你的大学仅仅学了一些常识，并且是用于期末考试的常识，而没有最基本的理论方面的学习与建构，那你的大学就等于什么也没学到。从目前大学生的智力水平来看，课堂讲的大部分常识完全可以通过自学来完成，我们应该在最有用的理论学习、实际能力和创新能力训练上下大功夫。但恰恰这个方面很不够。

三、大学学习的相关性要求

建立合理的知识结构,是大学最不容忽视的问题。中学学习的知识相对来说是不太强调关联性的,而大学就必须注意知识的相关性。这种相关性,是学科知识的必然性要求。知识性的必然性要求就迫使我们必须构建合理的知识结构。

这方面的不如意现象是知识过于单一。只知道各科的东西,不知道把各科之间的壁垒打破了,把它们融会贯通起来;只知道课堂那点东西,不知道课堂之外的更广大更丰富更深邃的世界。这就势必导致视野狭窄,知识浅薄,能力低下,行之不远。

强调知识的关联性、跨学科性、跨文化性是大学学习的必然要求。没有这种知识的联系性和跨学科性的学习,肯定不是成功的学习。胡适曾经说过:"读一书而已则不足以知一书"。一书不可能解释一书本身,一书只有在另外一书或多书的参照下才能获得较为准确的解释。自然界的"杂交"品种是最具优势的。知识的"杂交"也会带来优势的思想,比如一部文学作品,没有其他理论"杂交",没有其他文学研究方法的指导,是不可能做到很好的解释的。如果是学习文学的,就既要广泛地阅读文学作品,更要广泛地研读文学理论和其他相关的领域,如心理学、民俗学、文化人类学等研究方法的知识。大学学习的相关性是极其重要的,这种相关性本身就带来了知识结构的变化、思想观念的变化、思维方式的变化、研究问题方法的变化和研究能力的变化。

大学的学习,一方面是要自觉构建合理的知识结构——很多同学忽略了这个建构,另一方面是要用实践性培养把知识结构结合、融汇、贯穿在一起的能力。不然,就可能出现这种情况:结构是残缺的,或者是有了各种知识,但互不关联,不能相互兼容并包。

结构合理的知识结构,包括三个方面:一是本学科知识体系,二是相关学科知识或体系,三是用实践性使其得到贯通性的理解和实际能力的形成。比如文学,就不光要有文学理论方面的知识,还要有文化人类学方面的知识,精神分析方法的知识,以及原型理论方面的知识等等。必要的知识结构在一起,才能有新的思考、探索与发现,只有这样才能培养出较为宽泛的文学理念与研究方法。

李泽厚曾经说过:"要善于把知识组织起来,纳入你的结构之中。"这就是说,组织知识是更重要的知识,没有知识是不行的。但是,光有知识而不会组织,没有结构性的知识结构同样更是不行的。

四、大学学习的创新性要求

　　创新精神和创新能力的培养是大学学习的灵魂。不仅要学习常识，比知识积累更重要的是思想、学术见解、学术探索精神和学术创造能力的培养。不是重复常识，而是锻炼学术意识，这是大学学习的根本任务。中学学习并没有明确这个根本任务。但是很多同学是带着积累知识的惯性来学习的，这就忽视了学术思维习惯、学术探讨精神和学术创造能力的培养。

　　只是跟着老师学，不运用自己的脑袋思考的时代，已经一去不复返了。在一个强调思想创新的时代，还亦步亦趋地跟着老师学，肯定不会有大出息了（比起那些不怎么学习的学生，当然这还是好学生）。高中时代形成了一种寻找"标准答案"的学习模式，但是到了大学必须改变这种寻找"标准答案"的学习方式。社会科学和人文科学中的学术研究是强调创新，而不是用一种统一的标准答案框范一切。

　　这里有一个不小的误区需要特别注意，那就是特别强调知识积累的问题。积累确实很重要，积累是打基础，基础当然越宽厚越好。但是，这里有一个问题：知识积累到什么程度为好？

　　知识并不是越多越好。知识越多越好，在一定范围内是真理，比如知识不多不够用的时候。但是，当达到一定程度，还无限制地强调越多越好，就会走向反面。知识的积累是有限度的而不是无限的，积累的无限化强调就会扼杀创造思想。人的一生不是用来积累知识的，而是用来创造知识的。积累是为了应用和创造。

　　马克思主义思想的来源是德国古典哲学、英国的古典政治经济学和法国的空想社会主义。没有这几个方面的必要积累，不可能产生影响了整个世界的伟大的马克思主义。但是，如果马克思只强化积累，而不是用于创造他自己的学说，那就没有马克思主义，德国的古典哲学、英国的古典政治经济学和法国的空想社会主义学说，还就只是单个的知识"积累"在马克思的知识库中。影响了整个世界现代化的比尔·盖茨，他从令亿万学子敬仰的哈佛大学中途退学。因为，他要创办微软公司，他觉得他的积累够了，可以进行伟大的发明创造了，用不着在哈佛继续"积累"了。比尔·盖茨改变了所有人的工作方式和交往方式。如果，他不是坚持他的创造思想，只在积累观念下继续积累，伟大的发明就被扼杀在襁褓之中。集体无意识的揭示者荣格，在学了弗洛伊德的潜意识论之后，就意识到了他精神分析学说的片面性，由此开始了他集体无意识理论学说的建立与完善。弗莱的《批评的剖析》被世界公认为文学批评之书，但他是融汇了荣格的原型思想、弗洛伊德的梦的学说、弗雷泽的《金枝》构建文化模式的方法、斯宾格勒历史循环论方法，创造了他自己的文学批评巍峨宏伟的大厦，使其高高地屹立在文化楼群的最高端。如果他或他们永远是积累性的学习，就不可能有对人类产生重要影响的原型理论学说。在一个知识爆炸的时代，没有一定的知识肯定是不行的，但是，在一个每一天都产生无穷知识的时代，只是"积累"知识，即使"皓首"，也不可能"穷经"了。自己找到一个高度和一个限度，然后，开始研究、思想、创造。

还有一个问题就是，在强调知识的积累的同时，一定不要忘记，创造精神、探索精神、批判扬弃与发展的精神也是一种积累。创造思想不是一蹴而就的，一定是平时创造精神的爆发。长期积累，才能偶然得之。单单强调知识的积累，这种观念常常是以忽视或根本不注意创造性培养为代价的。打基础和创造的关系要处理好，打基础不光是死记硬背，不光是学习前人的知识，还有创造性思维的培养、创造力的形成等，这种积累也是创造精神的积累。养成创造性思维是极为重要的。学习不只是继承前人的精华成果，学习还要超越前人，有更大的发现与创造。

因而，要把学习和培养自己的研究性思维、学习和培养自己的创造精神、学习和培养自己的创新能力，贯穿于大学学习的始终。

五、大学学习的专业性要求

掌握专业体系知识和形成专业能力是大学最基本的学习。培养专业意识、专业兴趣，专业化的读书、专业化的选择学习内容是大学学习的最基本要求。但不是每个人都能实现得了的。比如学习文学的同学，有多少人在多大程度上是以文学专业——文学鉴赏、文学批评、文学研究的专业化角度在读书和讨论问题？

有一些同学显然还是把读书的范围、读书的层次、读书的兴趣停留在中学阶段，或等同于非专业同学读书的层面。我们应该时时记住我们是学什么专业的，应该不断地超越。

你的专业是一个学科或科学领域。这个专业领域有这个专业领域的体系、本质、规律、范围、特性等。你要从整体上把握它的体系，要深入到专业的内部中去，弄清楚各个环节、各个层面的问题，还要更为深入地研读各种具体问题。这些专业化的东西就是你的方向。

专业的整体性概念意识是很重要的。这就像现代建筑一样，现代建筑高楼大厦不是像过去那样，一部分一部分向上累加，即一块砖一块砖地构筑一个整体，而是先搞一个整体架构，然后对这个整体结构进行填充。先整体后局部替代了先局部累加后形成整体的建筑方式。这对我们的学习是具有启示意义的。现代的学习也应该有一个整体的概括式的纵览，对整个轮廓或整个体系先有个基本概念，哪怕一个粗略的印象，然后才是逐步具体的填充、充满、丰富。

不能是上了一回大学，整个专业体系、专业特性、专业结构、专业问题都弄不清楚。当然，更不能是，学了一回大学，没有形成必要的专业知识和能力。

应该建立这样的专业概念：没学懂专业体系、特性、基本知识的大学生不是合格的大学生；没钻研到专业内部去的大学生不是一个合格的大学生；没能解决一些基本专业问题的大学生不是一个合格的大学生；没形成专业能力的大学生不是合格的大学生。

一个专业不是靠专业的常识支撑起来的，你必须找到支撑你那个专业的理论基石。只有专业的常识积累，并且是只用于考试，而没有获得专业的整体性把握以及阐释能力，那不是合格的专业学习。只单单学习常识，而且只是用于期末考试一考过即忘的常识，这种大学的学习方式，它把我们导向的是更浅薄、更狭隘、更平庸，而不是更深刻、更丰富、更渊博、更聪慧、更具创造性。

专业方向的打实打牢一个很重要的方法，就是自己摸索着研究一个问题。对这个问题的研究有一个初步的浏览，对这个问题的最新动态有很好的把握，对这个问题相关的理论方法有清醒的认识，并深入的学习，就会很快进入这个问题的研究。而随着对这个问题的深入研究，慢慢就会进入这个学科领域。对问题的研究不仅导致能够深入地学习，而且还导致深入地研究了学术问题。学会了抓住某些问题的核心，抓住某些问题的"纲"，然后获得了"纲举目张"的境界。其实这是许多现代大学生都能做到的。我们没有做到不是因为我们智力和能力不行，而是压根我们就没做、没想做。

六、大学学习的个性化要求

形成自己的阅读和研究兴趣是大学学习最成功的标志。兴趣是最好的老师，对什么东西更感兴趣，就要集中精力、时间和热情全力去研究什么问题。研究兴趣的培养可以给我们带来学习的热情、学习的方向和学习的成就，甚至给我们带来了不起的创造。

比尔·盖茨从中小学就对"问题"产生了浓厚的兴趣。这就培养了他的探索、发明、创造精神。国外一个哲学家说过这样的话：大多数人至死都不曾发挥自己的能力。他们生时带来万贯财富，却一贫如洗过完一生。这位哲人讲的是人的大脑，大脑的潜质、大脑的智慧、大脑的巨大创造潜能，这种潜能是无限的。这不是我们创造的，是我们出生时带来的。人类至今也没有完全彻底研究出大脑的潜能和创造的秘密。人是具有巨大创造力的。但是，我们很多人，并没有很好地开发我们的大脑。

开发大脑的方法可能有种种，从伟大发明家的经历中我们可以总结出一种，那就是对某种东西的浓厚、痴迷、迷恋的兴趣。一些大学生上课之后没有事可做，不知道干什么；或者干的什么与学习、与成才、与将来人生根本无关。没有兴趣就是没有主题，没有主旋律，没有"主心骨"，没有明确的理想和追求。

兴趣在于发现。你肯定对什么东西特别感兴趣，它还隐蔽着，没有彰显出来，你要发现它。这里指的是某种知识、学问等，不是游戏性的东西，比如电脑、手机游戏之类，或者是网络小说。自己对什么东西有兴趣，是一个发现的过程，要像科学家那样发现自己的兴趣，并且培养自己的兴趣。重视了自己的兴趣就重视了自己的不可替代性，就重视了你的创造性，就重视了你的发展。发现和培养是极为重要的。

除了发现、培养之外，还要把你的兴趣推向极致。学会放弃，学会把时间、精力、热情，甚至整个生命都投入到你的兴趣之中。如果有了这种境界，那就会获得巨大的成功、非凡的成就。放弃是成功的一个重要的前提。我们不能对什么东西都没有兴趣。对什么东西都没兴趣，整个人生恐怕也就没有了兴趣。兴趣天生就有，儿童对什么东西都感兴趣，都要问一个为什么，都要刨根问底。当然，对什么东西都有兴趣，也不行。大学学习容易"平分秋色"，什么都想得到，但最后什么都没有获得多少。大学其实最重要的是培养浓厚的兴趣。在最好的年华中，以那股"冲劲"冲上去。

兴趣也要靠长期积累，长期研究，长期思考，长期对某个或某些问题琢磨，恋恋不舍，必有成就。

没有兴趣就是没有个性，就是没有自己的优长甚至不可取代性。大家都一样那就是大家都平庸，那是很糟糕的大学学习。必须培养自己的兴趣、个性和不可取代性，并且把它发展到极致。

现在不少大学生什么都想"得"，想得到干部、得到荣誉、得到爱情，得到各种活动中的出头露面，得到各种各样的"秀"。但是，要想学得有出息，一定要学会"舍"。舍就是放弃，放弃就是选择，选择是以放弃为前提的。选择是极为重要的。物理学家爱因斯坦曾经说到他的一条使他成功的经验，就是选择："物理学也分成了各个领域，其中每一个领域都能吞噬短暂的一生，而且还没能满足对更深邃的知识的渴望。"爱因斯坦"学会了识别出那种能导致深邃知识的东西，而把其他许多东西撇开不管，把许多充塞脑袋、并使他偏离主要目标的东西撇开不管"。正因为选择了能够导致更深邃的东西，使爱因斯坦创造了影响整个物理学界和整个世界的"相对论"。成功的经验和失败的教训，都应该迫使我们对选择有足够的思考，直至践行。

七、大学学习的实践性要求

把知识转变成能力是新时代大学学习新的标准。现代大学应该有一个新的学习的概念：没有转换成能力的知识是没有用的知识；没有对人生产生实际影响的知识是没有用的知识；没有为创造产生作用的知识也是没有用的知识。现代大学的学习应该在知识转换成能力上下大功夫。因为，在这个时代，能力才是硬道理。

学习要密切联系实际。这个实际首先是从知识到能力，还不是社会实际。在大学学习太重视考试是不行的。但是大多数学生还是上课听老师讲、记笔记、考试前背笔记、考试答标准答案这个学习模式。不管哪些大学还实行这个模式，这个模式已经落后了。因为这个模式仅仅是书本上的知识，还没有转换成学生的实际能力。

问题是，大学中这样的学习模式还普遍地存在着。要有勇气，从那种统一的为了考试而背题库的学习模式中突破出来，为了培养能力而学习。

这里就有一个转换问题。中学学习，一般来说，还不那么特别强调知识向实践的转换，大学则完全不同了。在大学特别是今天的大学，必须实践性的去学习。不转化成实际能力的知识不是真知识；不转化为实际能力的知识是没有用的知识。

只注意表面的东西是不行的，要有真才实学。没有基本技能是绝对不行的，但是，只有基本技能而没有深厚的理论性知识也是绝对不行的。基本技能相当于是基础，不能把它当成最重要的东西，更不是全部。要知道，思想、理论、能力、创造性素质等，是更重要的基础。要是仅仅停留在基本功，就限制了自己的发展，要伸展到课本后面找到支撑课本、解释课本的思想源泉的东西，在那里汲取营养，并且把它们转换成自己的思想感情、思维方式、解读能力等，而且要能够持续不断地这样做。

八、大学学习的博精性要求

博而精者是最好的大学生。理想中的学者，既能博大，又能精深。精深的方面是他专门的学问。博大的方面是他的旁搜博采。为学要像金字塔，要能广大要能高。博是为了精，精必须建立在博的基础上。

现在的大学过分地强调大学教育为社会经济服务，过分地强调职业技能的培养，过分地窄化、专门化、职业化专业的特点，就势必削弱大学学习的积极性、精神智慧和人格培养熏陶等方面。

从学生选课可以看出端倪。一部分学生选课不是选那些被公认的有深度有含量的课，而是选那些好过关的课、不抓不及格或少抓不及格的课。这样的大学你还能学到什么广博深邃的知识呢？

大学精神是看不见的东西，但在大学中，它应该无处不在、无人不在、无时不在，到处弥漫，处处让人感受到它。比如当年的北大，其"思想自由，兼容并包"对北大学子有怎样的巨大影响。对一个人来说，只上了大学，没有获得大学精神，或者在大学中没有获得广博的思想知识的熏陶，那就是不成功的大学学习。我们不能做"空心"的大学生。应该有广博的思想知识，除了学习专业，还应该有对社会的关心、责任感与使命感等。

还有，不少学生价值观有问题。到学校就想当干部，这本来无可厚非。但是，问题是，有不少当了干部的同学，满足于每天的忙忙碌碌，好像很充实。但是，在得到锻炼的同时，却是以失去广博阅读为代价的。更可怕的是，在忙忙碌碌中不仅荒废了学业，也养成了一种"行政性"品格，大学被非常可怕的"空心"化了。这种"空心"会影响将来的发展。

怎样获得博学和精深，你看看叶舒宪先生的著述就会获得一个大致的了解，学贯中西，融汇古今。可以沿着他著述指引出的方向，阅读，积累，建构。

九、大学学习的问题性要求

成天被问题折磨得寝食难安的学生是最有发展前途的学生。没有问题的学习是最大的问题。因为学习的范围太有限了。你只知道记老师的笔记，只知道看发的那几种教材，只知道考前背诵老师的"题库"，其他，你什么都没有。当然你就没有问题。

中学学习是未知的学习，大学的学习是对问题的探讨。"总得时时寻一两个值得研究的问题。"脑袋中没问题的学习不是很成功的学习。问题是新思想新观念的前提。如果没有一两个问题在脑子里盘旋，就很难继续保持进取的热情，就不能思考，就不能阅读，就不能探讨。处在这样的状态，实际上，你的大学就已经停止了、结束了；或者说，如果你是这样的学习，你实际上还没有进入大学学习状态。早有学者告诫学生要带一两个麻烦而有趣的问题在身边，因为它是第一要紧的救命的宝丹。

怎样产生问题呢？第一是怀疑，第二是怀疑，第三还是怀疑。怀疑老师讲的，怀疑课本上写的，怀疑学者说的，怀疑以前的定义，怀疑最近的结论，怀疑一切。

在怀疑中阅读，在怀疑中思考，在怀疑中选择，在怀疑中探讨。正是在这个意义上说，怀疑是大学最重要的东西。有怀疑才有批判，才有扬弃，才有发展。没有怀疑过的大学学习不是好的大学学习。

怎样怀疑呢？用什么东西怀疑呢？那就是你得有东西，多博览群书，甚至有一个学贯中西，融汇古今的追求与气魄。虽不能至，心向往之，取法乎上，仅得其中，追求了，努力了，奋斗了，就必然会得到一些东西，必然会超越自己也超越他人。

这里可以参考著名哲学家李泽厚和著名美学家高尔泰的治学经验。李泽厚和高尔泰都是在大学学习期间，参与学术问题研究的。李泽厚是在大学一年级就开始了谭嗣同的研究，毕业后论文很快在当时很重要的刊物上获得发表。他研究美学成为美学家的治学经验更说明问题。他是对当时美学界"美是什么"问题产生浓厚兴趣，并参与那个大辩论才使他成为美学家的。他对美是什么问题的浓厚兴趣，促使他读书、思考与写作，随之就有了《论美感、美和艺术》论文的产生。如果他没有对美是什么问题的浓厚兴趣，就不可能写出这篇使他走上美学研究和使他成为美学家道路的第一篇文章，也就不大可能有他后来影响更为深远的《美的历程》和《美学四讲》以及《华夏美学》等著作的产生。

问题是学者的开始，问题是成才的关键。高尔泰也是如此。高尔泰19岁毕业被分配到兰州的一所中学教书，20岁上便发表了《论美》一文，如果没有大学时期的研究，那是绝不可能的。这篇《论美》是与当时最占主流美学思想，比如朱光潜、宗白华等著名美学家争论的。可想而知，这篇论文引起了多么大的反响。当时最重要的《文艺报》《哲学研究》《学术研究》《学术月刊》等刊物参与了对高尔泰的商榷与批评。但是，高尔泰的美学思想是有来头的，这个来头就是马克思的《1844年经济学哲学手稿》，马克思的异化思想、主体精神对象化思想以及美学思想是高尔泰美学思想资源。但是，是什么东西导致高尔泰写成了这篇论文呢？那还是对美是什么的问题的思考。由于有了对问题的浓厚的欲罢不能的兴趣，才导致他对马克思手稿的阅读研究，并转化为自己的美学观点。

李泽厚和高尔泰他们是由美是什么的思考与争论，而最终成为哲学家和美学家，而不是有多么高深的积累，使自己成为一个哲学家和美学家之后才参与争论与论战的。正是他们参与争论，激发出了他们对问题的深入思考，当然还有深入的阅读，以及深入的写作。正是这种对问题的不断探讨，他们才拾级而上，达到了哲学家和美学家的高度。他们对问题的争论成就了他们。他们的争论是因为他们对问题的研究，他们是在对问题的思考与探讨那里获得阅读、思考与写作的热情、动力与冲劲的，没有对问题的钻研，就不可能有激情和动力。实践是最好的学习，因为实践带来问题，才能使你有对问题探讨的不竭的热情与动力。

十、大学学习的方法性要求

在大学学会学习方法比学习具体内容更重要。大学当然要学习许许多多的内容，但大学学习中最重要的仍然不是某种积累的内容，而是学会学习的方法，是在学习各种课程、读各种书籍、听各种学术报告中学到一种学习的方法，思考的方法，研究的方法，而不是相反，学习一些用于考试、考试之后就基本不用了的常识。学到一种学习方法就会自己学习了，就会终生受用。如果把老师比作渔夫的话，我们学生向渔夫要的不是鱼，而是网和用网打鱼的方法，在向老师和书本学习知识的同时，要学习方法，要建构适合自己的学习方法。学会学习的方法比学习具体知识更重要。

大多数中国人大学毕业学习就基本结束了，就不再接受新知识了，这对发展是极其有害的。一个人应该是终身学习的。在大学没有学会学习方法，毕业了就很难自学，即使你对新知识如饥似渴，也会因为没有自学的方法而不能进行自学。因而，大学学会学习方法不仅对大学期间的学习很重要，对今后终身学习尤为重要。

还有一个反思性的学习方法。要每学期甚至每周都要进行反思和自测：我在做什么？我写下了哪些文字？我对什么东西最感兴趣？我读了哪些书？我的理想究竟是什么？我为这个理想做出了什么样的努力？我将来能做什么？我为将来做了哪些必要的准备？我到底取得了什么样的收获？我现在的学习和中学时的学习有什么样的区别？我与其他同学有什么样的差别？我的优势和不可替代性是什么？我有没有把知识转换成能力？我的大学是否在"空心"化过程中？阻碍我继续进步的主要问题是什么？我的学习有没有计划？本专业和相关专业的重要书籍我读了多少？我有没有新的理想？我有没有为这个新的理想奋斗？这种反思和自测是十分必须和重要的。

还有一个最重要的检测，那就是你的目标导向是什么？如果你的目标就是各科合格，做一个合格的毕业生，那么，你就把最主要的学习目标放在了听课和考试背题上，而不能放开眼界进行丰富的自学，你的目标就把你导向一个平庸的大学生，这个平庸的学习很可能也就决定了你平庸的一生。做一个合格的大学生不是大学生最高的目标，最高的目标是做一个优秀的大学生。而且这里所说的优秀大学生，还不单是那种各科都拿优异成绩的大学生，而是指能够很好地完成了自学，系统地阅读了很多经典，形成了较高的实践能力和研究能力，并形成了自己的研究方法的大学生。

大学生并不缺少聪明才智，也不缺少激情，但是缺少远大理想和奋斗精神，还有就是科学的学习方法。我们的聪明才智被非常可惜地浪费了，我们的大脑被可怕地荒废了，既没有得到应有的训练，也没有得到很好的开发；我们的激情和奋斗精神不大容易持之以恒；我们的远大理想也不大容易经受住时间的考验。大学生的成功有三件法宝，那就是远大理想、奋斗精神和学习方法。远大理想使你的人生有了前进的方向；奋斗精神使你的人生有了永不衰竭的热情；学习方法使你在理想的道路上飞得更高更远。

十一、"从游"：跟着大师学

原清华大学校长梅贻琦先生有一个学习方法，叫"从游论"，是大学生最好的学习方法。梅贻琦先生是这样说的：

"学校犹水也，师生犹鱼也，其行动犹游泳也。

大鱼前导，小鱼尾随，是从游也。

从游既久，其濡染观摩之效，自不求而至，不为而成。

反观今日师生关系，直一奏技者与看客之关系耳，去从游之义不甚远哉！"

梅贻琦校长所说的"从游"就是学生跟着老师"游"。"游"就是学，但这种学不是我们当下的老师讲，学生听与记笔记的学，而是学生跟着老师学，是"大鱼前导，小鱼尾随"式的学。其中包含这样几层意思：从老师的角度说，第一，老师要成为"大鱼"，给"小鱼"树立一个榜样。也就是说老师在学习、治学、学术研究的实践方面要给学生树立个榜样、先例，起到示范作用；第二，以"大鱼"的游为"前导"带领"小鱼""从游",并且给"小鱼"游出个样子。老师要带领学生进入知识的学习过程,特别是实践过程,在具体的研究过程中让学生看到你的学习过程和研究过程——老师怎样思考问题、怎样阅读、怎样解决问题等。

从学生学习的角度说,学习就不是那种只听老师讲、记老师讲的笔记,或者到期末背课堂笔记的学,而是跟着老师学。

第一,要像"小鱼""尾随"跟着"大鱼"的"从游"。"从游"是以老师为榜样、跟着老师、模仿老师的样子、像老师那样的"游"。这就要认认真真、仔仔细细地琢磨、研究老师是怎样"游"的。要分析老师研究学问的立足点、思想资源、知识结构、研究方法、选题依据、完成课题的具体过程等。

第二,"尾随"不仅仅是在老师的后面看,而是跟着老师"游"即实践。老师怎样研究你就这样研究,老师读了什么书,你就读什么书,老师研究什么问题你就研究什么问题,老师运用什么方法你就运用什么方法,甚至老师怎样写作你就怎样写作。这就像中国旧式徒弟跟着师傅学习那样,有一个依傍、模仿、照葫芦画瓢的过程。但这个"从游"过程是一个深入到阅读、思考、研究和写作内部的过程,在这个过程中,深入到"大鱼"阅读的书籍中去,深入到"大鱼"的观念中去,深入到"大鱼"的知识结构中去,深入到"大鱼"的思维方法中去,深入到"大鱼"的研究过程中去,深入到"大鱼"的研究领域中去,深入到"大鱼"的广阔视野与深邃层次中去。在这个"从游"的过程中,你就会改变了思想理念、知识结构、学术视野、思维习惯和研究方法等,就不是原来听课的学生而成了"小鱼"。"从游"之久会"不求而至,不为而成"。长此以往,你就会由"小鱼"长成了"大鱼"。梅贻琦校长讲"濡染观摩之效"就是这个效果。

第三,能不能跟着老师"从游","从游"得如何,你要经常反思、检讨和总结,你为什么没有成为"小鱼","小鱼"是目标导向,你距离这个目标的问题是什么,这就出现另一个导向即问题导向。你要用目标导向和问题导向衡量你的"从游",这样就检查出了你的问题。只有检查出了你的问题,才能改变你的问题,使你更好地跟着"大鱼""从游"。

第四,要进入"小鱼"尾随"大鱼""从游"式的学习模式就要摆脱"看客"与"奏技者"的关系。梅贻琦校长说:"反观今日师生关系,直一奏技者与看客之关系耳,去从游之义不甚远哉!"简直就是针对当下老师与学生的关系。老师不是"大鱼"为"前导"领着"小鱼"游,而是站在讲台上的单边表演、演示、讲授,学生看不到"大鱼"的游,自己也就不知道怎么游。从学生这面说,也没有充分注意到作为"大鱼"的老师怎样的"游"。梅贻琦校长的话一针见血地指出了学习的问题，也一针见血地指出了改变问题的方法。应该明白，这"大鱼"，既是指我们自己所在学校的老师，更是指我们那个学科领域或相关领域的并不在我的学校的大师。

第三节 "慕课"改变大学生学习方式的优势

"慕课"以其独有的特点和优势给大学生学习生活带来显著变化，这一系列变化深刻地影响着大学生学习方式的转变。

一、学习时空界限被打破

传统学习在时间上是有限的，有固定的上课时间；传统学习在空间上是狭小的，局限在学校教室内。"慕课"打破了学习时空的界限，在全球任何一个角落，无论白天还是深夜，只要大学生拥有联网电脑，并有学习意愿，就可以根据个人情况进行学习，而且这种学习"还是移动的，可以走到哪学到哪，甚至可以反复学，十年二十年后再学"。"慕课"使大学生的学习内容由高校所规定的固定内容扩展到大学生感兴趣的灵活学习内容，进一步拓展了大学生学习的时间和空间，有利于大学生主动学习，促进大学生全面发展。

二、学习成为乐趣

传统课堂学习以教师讲授为主，所有学生面对的都是统一的学习内容和固定的学习进度，因此部分大学生对学习不感兴趣，不爱学习。"慕课"打破了传统课堂学习的局限性，通过动画、图形、影像、声音等多种信息媒体呈现教学资源，为学生提供思考、探究、合作和交流的平台。大学生可以根据个人的兴趣、能力、需要选择学习内容，按照自己擅长的方式学习，"慕课"学习能充分调动大学生兴趣、挖掘大学生潜能、活跃大学生思维，使大学生的学习成为一种乐趣。只有学习成为乐趣，大学生才会以一种轻松、快乐、享受的心态主动投入到学习中，大学生掌握的知识才能牢固，学习能力才能不断提高。

三、自主学习成为主流

自主性是影响大学生学习效果的重要因素。在传统的课堂中，教师是绝对的权威，大学生是被动的听课者和课程进度的跟随者。在"慕课"学习中，大学生可以真正成为学习的主人，他们掌握着学习目标、学习内容、学习方法和学习材料的选择权和支配权。大学生可以自主设计符合个人需要的学习目标，可以按照学习目标以及各自的情况自主设计、合理安排学习活动，可以自由决定学习的时间和内容，可以选择灵活、多样、合作的学习方式，可以在学习中对自己的学习结果进行反思和评估，可以根据反思和评估的结果不断调整、控制学习活动的进程。"慕课"学习不仅能提高大学生自我约束、时间管理、独立学习、合作学习等能力，而且能使大学生真正成为学习主体，被动学习变为主动学习，使自主学习成为学习主流。

四、合作学习成为必然

在传统的课堂学习中，并不是所有大学生都能与教师进行充分的交流，与同学进行良好的合作学习。"慕课"为大学生合作学习提供了机会，在"慕课"平台上，大学生不仅能听到最优秀教师的讲课，而且可以邀请教师和学习伙伴对课堂上学习的知识进行讨论。另外，大学生可以在平台上直接提出自己在学习中遇到的困难，寻求他人的帮助。这种完全平等的网上合作学习与交流，增强了师生互动、生生互动，真正体现了以"学生为中心"的学习理念，使合作学习成为必然趋势。

五、学生参与学习成为可能

以往的广播大学、视频公开课等在线开放课程一节课长达四五十分钟，整堂课没有任何师生之间的互动交流，学生只能被动地听课。而"慕课"平台上都是10分钟左右的微课程，甚至有些微课程时间更短，这样能使大学生注意力高度集中。"慕课"在课程之间设置了进阶作业或小测试，大学生只有全部通过进阶测试才能继续学习。如果没有通过进阶小测试就要重新学习前面的内容，直到全部通过为止。"慕课"学习需要大学生全程参与，直接与教师和学习伙伴进行讨论和交流，能充分调动大学生学习的积极性和主动性。

第四节 "慕课"背景下转变大学生学习方式的途径

高校应充分利用"慕课"的优势，发挥各方面的积极作用，多渠道转变大学生单调的被动学习方式，形成自主、探究、合作等多样化的主动学习方式。

一、共享教学资源

大学生学习方式的转变需要各种教学资源的大力支持，只有合理构建优质教学资源共享平台，多渠道、多模式共享优质教学资源，才能为大学生提供更多的学习机会，更好地转变大学生学习方式。第一，全球共享教学资源。目前，越来越多的世界知名高校加入"慕课"平台，这些世界顶尖高校在"慕课"平台上共享自己最优秀的课程，为广大学习者提供蕴含各种文化背景和不同语言的丰富课程资源。全世界的优秀教师和专家也从不同角度提供相应的学习素材和教学指导，使世界上任何人都可以免费学习自己感兴趣的全世界知名高校、知名教师的课程，使优质教学资源全球共享和全民共享。第二，校际间共享教学资源。要真正实现校际资源共享需要充分发挥名校、名课、名师的作用，开放教学资源，一校大学生受益变为多校大学生受益。重点高校在学科建设上具有自己的特色，可以利用重点高校的这一优势，发挥重点高校对普通高校的带动和辐射作用，在"慕课"平台上共享各自的优质课程，充分利用资源优势，加强校际间的优势互补；高校优秀教师应在"慕课"平台上共享自己的优质教学，加强教师之间的业务交流，互相取长补短，共同提高教育教学水平，促进专业发展。"慕课"平台还能使更多大学生领略优秀教师的风采，更好地掌握学习内容。第三，校内共享教学资源。高校应创造各种条件在校内大力开放教学资源，更新、完善教学设施，开辟渠道公开优质课程，使全校大学生在学习过程中都有机会使用学校最优质的教学资源。

二、引导学生转变学习观念

学生是学习的主体，大学生的学习观念直接影响学习方式转变的效果，因此，高校教师要引导大学生树立自主学习和终身学习的学习观念。首先，教师要指导大学生充分利用网络学习资源。教师可以向大学生重点推荐以"慕课"为主的网络学习，使大学生对学习媒介和学习环境持认同感。

　　大学生积极主动应用学习策略，充分利用学习资源，才能取得良好的学习效果。其次，教师要指导大学生有明确的学习动机。教师在教学过程中要激发学生的好奇心，使大学生主动进行探究学习。同时，教师应引导大学生形成较高的学业成就动机，"慕课"学习中大学生有更多提问和交流机会，比传统学习面临更大的挑战，大学生只有具有较高的成就动机，付出更多努力，才能完成学习任务。最后，教师要引导大学生成为学习的主人。教师应为大学生提供有效支持，以提高大学生的自主学习和自我管理能力，使大学生真正成为学习的主人。

三、创新教学方式

　　在学生学习方式转变的过程中，教师起着举足轻重的作用，学生的学习方式与教师的教学方式和教学观念密切相关。教师可以采取以下策略创新教学方式：首先，教师要转变教学观念。教师应树立科学的、与时俱进的现代教育教学观，充分认识到教学不仅要传授给大学生知识，而且要培养大学生发现问题、分析问题、解决问题的能力，使大学生形成正确的情感、态度和价值观，促进大学生全面发展。其次，教师要提升自己的教学能力。教师要提高教学认知能力、教学操作能力和教学监控能力。提高教学认知能力需要教师具有敏锐的观察力、丰富的想象力、良好的创造力；提高教学操作能力需要教师掌握确定教学目标、编制课程计划、分析教材、选择与运用教学策略、实施教学评价等能力；提高教学监控能力需要教师有意识地对教学活动进行监察、调节、校正、评价和反馈。再次，教师要选择适当的教学方法。教学方法多种多样，常用的教学方法主要包括以语言形式获得间接经验的教学方法、以直观形式获得直接经验的教学方法、以实际训练形式形成技能技巧的教学方法等。教学方法的运用要根据实际情况，选择最适合的教学方法，并加以创造性地发挥，教师可以将大学生"慕课"的在线学习与学校的课堂教学有机结合，做到先学后教。最后，教师要丰富教学手段。教师应在充分利用教科书、粉笔、黑板、挂图等传统教学手段的基础上，灵活运用各种现代化的教学手段，特别是在"慕课"迅速发展的背景下，教师更应将投影仪、幻灯机、计算机等现代教育器材作为直观教具丰富课堂教学，通过现代教学技术的应用使每个学生都能得到足够的指导。

四、重建师生关系

师生关系对大学生学习方式具有重要影响，在传统的师生关系中，大学生处于被动地位，这压抑了大学生学习的积极性、主动性和创造性。"慕课"背景下转变大学生学习方式，需要建立民主平等的新型师生关系。首先，教师要转变角色定位。教师要由管理者转为指导者，特别是在网络教育中，教师不是一个简单的知识传授者，而是一个联结已知世界与未知世界展开多样探究的"触媒者"，或是联结课堂内外世界之桥梁的"介入者"。教师作为一个"触媒者"或"介入者"，就要把学习的自主权交还给学生，培养学生学习的能力，淡化自己作为"判决者"的角色。其次，创造民主的学习氛围。在高校课堂教学和学习中需要形成互通、互促的和谐氛围，教师要热爱、关心、尊重和信任大学生，充分发扬教学民主，以自己的学识、才能、人格魅力去感染、影响大学生。大学生要在学习的过程中理解和尊重教师，主动参与学习。最后，转变交往方式。师生间交往方式应由"单向式"向"交互式"转变，教师和大学生以各自的情感、经验、知识和能力投入到教育和学习活动中，以民主、平等、合作的方式进行交往，师生相互影响和促进。只有在民主平等的师生关系中，大学生的个性才能得到张扬，创造性才能得到发挥，学习方式才能得到优化和创新。

第五节 慕课技术对学习模式的影响

自工业革命以来，技术在各个领域带来的突破性变革数不胜数，这种变革并不是一帆风顺的，相信互联网技术对学习的影响同样如此。在发展初期会有一段探路的过程，然后再某个局部领域，颠覆性地改变人们的学习模式。

一、从 OCW 到 MOOC

说到互联网技术改变学习，不得不提 MOOC 的前辈——几年前红极一时的"网络公开课"。其实在大家熟知的网易公开课、新浪公开课出现之前，2002 年美国麻省理工学院（MIT）率先开设"Open Course Ware(简称 OCW)"。当时，大多数学校认为麻省理工学院在网络上完全公开课程内容和课件的方式太过激进，因此仅有少数学校跟进，而且由于技术局限，很多课程的课件还是以音频和文字为主。

但这一开创性的公益分享行为并没有销声匿迹，特别是在 2007 年苹果的 iTunes U 上线之后，OCW 运动带来了惊人的传播效果。到 2013 年，iTunes U 所有的开放课件资源累积下载量达到 10 亿次。在 OCW 取得一定成功后，就有人在思考如何运用技术，使在线课程真正能够运转起来。

2011 年的 10 月份，有 OCW 制作经验的斯坦福计算机教授 AndrewNg 在网络上开设了一门叫"机器学习"的 MOOC 课程，超过 10 万人报名。几乎同时，斯坦福大学的另一名教授 Sebastian Thnm 开设了"人工智能"的 MOOC 课程，也得到了很好的响应。这两门课程奠定了 MOOC 模式的基础。此后，两位教授分别创建了两大 MOOC 平台 Coursera 和 Udacity。2012 年 4 月，麻省理工学院和哈佛大学成立了非营利性质的 edX 平台，也加入 MOOC 行列。

到 2013 年底，Coursera 独揽了近 600 万注册用户，平台上聚集了来自 107 所大学的 558 门课程，edX、Udacity 也都超过百万用户。世界各地还出现了很多非英语平台，例如法国的 FUN、德国的 iversity、日本的 JMOOC。清华大学在 2013 年 10 月加入 edX 联盟后也发布了中文"学堂在线"MOOC 平台。去年 10 月果壳网 MOOC 学院发布的调研表明，至少有 20 万中文用户在 MOOC 平台上学习。毫无疑问，将会有更多的中国大学推出自己的 MOOC 课程。

二、MOOC 创新应用五大技术

催生 MOOC 的技术并不新鲜，只是 MOOC 在整合这些技术时做到了"因地制宜"，为达到"打破教育资源不平等，制作世界上最好的课程"这一目的做了很多优化。

第一，MOOC 改进了网络视频技术。早在 2004 年，Youtube 就将广泛的视频应用到互联网上，早期公开课视频也随着 iTunes U、网易公开课等平台得到了很广泛的传播，但很少有人能真正坚持学习下来。为此，MOOC 在技术上做了很大的调整，不再是简单录制线下的实体课程，而是直接为网络课程准备内容。每节课程都由几分钟的视频片段组成，每个视频之间还穿插了很多小测试，用户可以随堂检验知识掌握情况。最重要的是，当视频出现在 MOOC 上时，不再只是单向地播放，而是被安插了大量的统计代码，以研究每个用户的使用情况。根据 Coursera 在 2013 年 10 月的统计，虽然 Coursera 平台上的视频平均长度在 12 分钟左右，但最适合学习者集中注意力的视频长度为 21 分钟。

第二，MOOC 优化了论坛讨论。课后的网络论坛已经司空见惯，但 MOOC 将网络论坛运用到每节课。比方说，在 edX 平台上，每个视频都有一个对应的讨论区，结合了 Quora 的顶踩机制，通过同学投票，可以方便找出优质问题和优质答案。并且，标签机制使讨论区的内容更结构化、模块化，使很多老师采用第三方论坛作为讨论工具。

例如，在 2013 年初 Coursera 的 Computational Investing Part 中，老师运用到了一种独特的论坛讨论工具 Piazza，每个问题都采用了 Wiki 机制，可以不断更新版本，记录每个帖子的每一次编辑。据统计，问题的平均回应时间是 34 分钟，而 99% 的问题都得到了回复。整个论坛犹如一个巨大的知识库，大大拓展了课程知识的边界，丰富的论坛也成为 MOOC 探索盈利模式的一种方向。

第三，MOOC 结合运用机器判分和同学互评。机器判分在理工科类课程中得到大量运用，机器甚至能够指出编程类作业中编码的不当之处。而在人文社科类的课程中，学生之间需要遵守一定的规则来互相评价。虽然互评者是系统随机匹配的，但每次评价都会从 3 到 5 个人的评分中取一个平均的分数来保证评分的公正性，甚至会有其他人对你的评分做出评价。在 Coursera 的 Human Computer Interface 这门课中，利用这种方法得到的评分和老师本人对学生评分的相关系数可以达到 0.8。

第四，机器学习跟踪分析 MOOC 数据。由于 MOOC 课程参与人数极多，机器学习机制能够对大量数据进行分析，从一个人看过多少次视频，到一个题目有多少人答对。对于教师而言，通过这些反馈能分析出整个网络课程成为了一个可以反复修正的"电子课本"。而对学生而言，通过这些数据能分析自己的知识薄弱环节，更有针对性地学习。

第五，借力社交网络。社交网络作为课程传播的渠道和师生交流的辅助平台，也在 MOOC 学习中起到了不小的作用。在传统的线下课程中，师生关系很难在学生数量和接触机会上得到很好的平衡，老师也很难真正和学生"打成一片"，但社交网络和社会化学习有助于达到这一目标。生活化的教育方式比课堂更轻松，传播效果更好。除了在文化上和学生贴近之外，在授课过程中，当学生提出一些较尖锐的评价时，教师也能马上给予回复。这样的教学相长，即使在线下也未必常见。

三、MOOC 用户的三大特征

第一，高教育程度用户更偏爱 MOOC。

第二，MOOC 中文用户更不在乎课程免费。

2013 年 10 月，果壳 MOOC 学院对 6116 名 MOOC 中文用户进行了网上问卷调查。有关学习动机的问题，中文用户的答案与《科学美国人》杂志全球 MOOC 用户调研的结果大相径庭。在《科学美国人》的研究中，"免费"是全球 MOOC 用户的首选原因，而中文用户在打发时间上的比重都已超过"免费"，更不用说其他重要因素了。

第三，不同年龄的 MOOC 用户有不同的选课偏好。

例如，年轻人会考虑是否要生孩子：选修加州大学旧金山分校"避孕"这门课的人，年龄峰值在 20 岁左右。中年人更关心如何养孩子：选择学习斯坦福大学"儿童营养与烹饪"课程的学生集中在 40 岁左右。老年人会更多考虑衰老的问题：宾夕法尼亚大学"全球老龄化"课程引起更多老年人的关注。

四、MOOC 未来的技术演进

MOOC 更像一个实验性质的授课平台，由于在课程的每个部分都可以进行模块化处理，因此除了 MOOC 平台本身的技术，大量其他的技术都可以嫁接在 MOOC 平台上。未来，会有更多的技术在 MOOC 之外独立发展，也有可能和 MOOC 交汇，成为它的一部分。比方说，电子监控技术可能颠覆传统意义上的"考试"，个人长期学习数据分析可能会颠覆"成绩单"。

一方面来说，或许现在远程监考的难度还是比较大，但未来一定会有更多人来探索网络证书的效力。GRE 已经实现了在前一部分答题情况下，生成后面试题的出题规则。如今，Coursera 也开始利用摄像头、键盘敲击规律来判断是否是本人在考试。今后，随着技术的完善，远程作弊的情况将大大减弱。另一方面，MOOC 将解决问题、交流讨论、测试等行为都放到了线上，使得曾经必须通过长期观察或个人推荐才能得到的信息直接呈现在网络上。MOOC 的"成绩单"将不只是一个简单的"通过"或者分数，而是一个丰富的和每个人的行为直接相关的数据报表。对招聘者而言，这些数据也能更好判断某一应聘者是否适合这一岗位。

五、高新技术创造最好的学习时代

除了 MOOC，许多其他的高新技术也正在改变我们的学习方式。美国纽约温彻斯特小学的 Devon 患有过敏性休克综合征，严重的过敏让他无法去学校上课，只能通过操控一个名为 VGo、身材修长的四轮机器人去体验校园生活。VGo 配备有一个摄像头、显示屏、扬声器和无线网络，屏幕显示 Devon 头像，而 Devon 可以通过网络控制 VGo 完成课堂和课下的活动，与老师和同学实时交流互动。

iPad 刚发布的时候，乔布斯和鲁伯特·默多克共进晚餐。他们俩一致认为，纸质教科书业务将会被数字学习材料淘汰。"是时候让数字技术摧毁这个每年 80 亿美元的产业了。"终于，在 2013 年 8 月，荷兰各地开设了 7 所"乔布斯学校"，借助 iPad 上的应用通过 Air Play 将平板电脑的界面投射到大屏幕，替代了传统的黑板。

2013 年 4 月，美国的一家创业公司推出了一款将编程学习和格斗类游戏结合的 App。在游戏中，玩家不能通过触摸板或者控制器来控制机器人，必须通过输入命令才能让机器人往前走、往后走、转身等。

过去，我们认为教育是学校的事情。而如今不论身处何方，我们都可以足不出户，获取全球最好的教育资源。技术变革了学习方式，我们迎来了一个最好的学习时代。

第七章　慕课与翻转课堂的理论基础

第一节　理论基础

翻转课堂不仅仅将学习内容移至课外（Herreid&Schiller，2013），基于慕课理念的翻转课堂包含更为复杂的学习过程，主要涉及以下多种学习理论。

一、认知负荷理论

认知负荷理论（Cognitive Load Theory，CLT）由澳大利亚新南威尔士大学的认知心理学家约翰·斯威勒（John Sweller）于1988年首先引入教育领域。Sweller将认知负荷定义为"将特定工作加诸于个体认知系统时所产生的负荷量（Cognitive load is generally considered a construct representing the load that performing a particular task imposes on the cognitive system.）"（Sweller，Merrienboer & Paas，1998，p266）。

认知负荷理论是基于人脑工作记忆的有限性发展起来的。库珀教授（Cooper，1998）区分了三种不同的记忆模式，即感官记忆（Sensory Memory）、工作记忆（Working Memory）和长期记忆（Longterm Memory）。他认为这三种记忆模式相互结合，处理各种信息，它们之间的区别在于外界刺激信号首先进入感官记忆，如果学习者留意，这些信息将进入工作记忆。如果学习者有意识地复习存储于工作记忆中的内容，这些信息将会转移到长期记忆，并以认知图式的形式永久存储于大脑。最新的研究也表明，工作记忆至少由两个信息处理器组成，而且以部分独立的方式运作。两个处理器中一个处理听觉信息，另一个处理视觉信息。据此，认知负荷理论认为通过利用视觉和听觉相结合的方式输入信息，可扩大工作记忆的存储能力（Tindall-Ford，Chandler&SweUer，1997）。认知负荷理论认为，学习材料所引起的认知负荷水平主要由三个基本因素决定，即学习材料的复杂性、学习材料的组织和呈现方式、学习者的知识经验。由此，构成了三种类型认知负荷，即外在认知负荷（Extraneous Cognitive Load）、内在认知负荷（Intrinsic Cognitive Load）和关联认知负荷（Germane Cognitive Load）（Sweller, et al, 1998, P262-265）。内在认知负荷是由学习材料的难度和个体先验知识决定的。外在认知负荷是学习过程中对学习没有贡献的心理活动所引起，不利于学习者学习，而关联认知负荷是指帮助建构图式（Schema）和图式自动化的负荷，是促进学习者学习的有效认知负荷。学习者内部因素可降低内在认知负荷，即如果学习者头脑中具有与学习材料相关联的图式，那么所产生的内在认知负荷就会更少。专家比新手对材料有更少的认知负荷，其原因就在于头脑中已有相关图式，降低了工作记忆负荷。

　　认知负荷理论包括资源有限论和图式理论，资源有限论认为，人的认知资源是有限的，而任何学习和问题活动都要消耗认知资源，造成认知上的负荷。超负荷（cognitive overload）是指加工某种信息所需要的认知资源超过了人本身所具有的认知资源的总量，它会影响学习的效果和效率。认知负荷理论研究的主要目的是在教学过程中控制工作记忆负荷，即最大限度地降低阻碍学习的认知负荷，优化促进学习认知负荷，使学习者合理地利用有限的认知资源，达到最好的效果（龚德英，2005）。认知负荷理论的图式理论认为知识是以图式的形式存储于长时记忆中的，在个体学习新知识的时候，长时记忆中的图式可以根据所面临的情景进行快速而正确的归类，这种归类是一种自动化的加工过程，它不需要有意识地控制和资源消耗，因而可以降低个体的认知负荷。认知负荷理论提出重复提取优于细化编码的原则。提取是从记忆中回想信息的过程，而编码是指将信息存入大脑。实验证明，反复提取在增强长时记忆上的重复提取对长时记忆保持有显著效果（赵国庆、郑兰琴，2012）。翻转课堂基于认知负荷理论，合理设计实施教学实践活动，降低外在认知负荷，提高有效认知负荷，进而提高学习效果，体现较之传统课堂的优势。

　　首先，翻转课堂合理分配认知目标，减轻认知负荷。传统课堂将主要时间用于知识传授，主要是对知识的工作记忆，增加了外在认知负荷，而最需教师和同伴帮助的图式形成阶段被放在课后，学生若遇挫折，极易丧失学习动机。翻转课堂依据认知领域目标分类，合理分配认知目标，课前知识传授阶段主要培养低阶认知能力，学生可反复观看视频材料，广泛阅读相关资料，而课内注重知识的拓展和应用，培养高阶认知能力，关注图式形成，因此更为有效。

　　其次，翻转课堂课前知识传授学习是对知识细化编码，而课内集中讲解，基于问题的学习、探究式学习及协作式学习等主动学习则是"对知识反复提取、反馈校正、创新生成的过程"（陈晓燕，2014，P19）。在翻转课堂知识内化过程中，"立刻同和""立刻顺应"很少发生，翻转课堂正是"翻转了教学流分解了知识内化的难度，增加了知识内化的次数"（赵兴 2014，P57），减轻了学生的内部认知负荷，通过多次内化循环最终达到掌握知识的目的，因此，翻转课堂课内外教学活动的无缝融合符合认知负荷理论。

最后，翻转课堂摆脱了传统教学资源呈现方式，多模式的教学资源，尤其是微视频资源，使学习者通过视觉和听觉相结合的方式输入信息，扩大了工作记忆的存储能力。

二、掌握学习理论

"掌握学习"（mastery learning），又称通达学习或精熟学习。这是一种基于人本主义的个别化教学理论。由美国心理学家本杰明·布鲁姆（Benjamin S. Bloom）在 20 世纪 70 年代所创立，就其实质来说，是一个"改进课堂教学的综合计划"（吴杰，1989）。布鲁姆认为教育是一种有目的、有意图的活动，如果我们的教学是富有成效的话，学生成绩分布应该是与正态分布曲线是完全不同的，甚至可以断言，成绩接近正态分布时，说明教育努力不成功（李娟，2009）。因此，他提出掌握学习的概念和理论，认为只要恰当注意教学的主要变量，就有可能使绝大多数学生都达到掌握水平（Bloom，1984）。首先掌握学习是一种有关教与学的乐观主义的理论，教学不仅使学生并且使教师获得更多社会及个人成功的机会（黄书生，2005）。其次掌握学习是一套行之有效的个别化教学实践，教学模式采取班级教学和个别辅导相结合的方式，以班级教学为基础，辅之以经常、及时的反馈，提供学生所需要的个别帮助和所需的额外学习时间。

掌握学习的基本要素首先是群体教学和个别教学相结合。掌握学习彻底变革了传统的学生观，认为学生的个别差异是人为的、偶然的，而不是个体固有的，教学任务就是针对学生差异进行个性化教学，使学生达到设定的学习目标。掌握学习的优点是根据每个学生的特点，合理分配教学时间以便使每个学生都能学得更好，教师要给予学生足够的时间和练习机会，因为学生要达到掌握的水平，取决于花在学习上的时间量。在翻转课堂中，在不打破群体面对面教学的基础上，学生课前个性化自主学习，除了可个性化观看教学视频、完成慕课在线练习题和各种嵌入式测验题外，还可获得教师和学生的个别帮助和辅导，以及开展小组合作活动，体现了群体教学和个别教学的结合。

其次是矫正反馈系统。教师要给学生提供详细的反馈，使教学过程中出现差错后可以马上指出错误，并提供学生所需要的具体的补充材料以矫正差错。因为掌握学习理论认为，如果给予学生具体的评价标准，每个学生都能达到掌握的水平。在这个过程中，教师可发挥学生的主观能动性，利用同侪互助的方式，鼓励学生相互合作学习。掌握学习变革了传统师生关系。在掌握学习中，教师关注每个学生的点滴进步，并对学生学习中的问题进行适当、及时的干预和纠正，师生之间的交流多了，感情就加深了；而且在掌握学习中，学生通过相互合作解决彼此之间的问题并最终达到学习目标的要求，学生之间的交流也由于合作而加深，关系更为融洽。掌握学习使学生的学习动机得以增强，使学生更有成就感（Davis&Sorrell，1995），也提高了教师的自信心及成就感。同时，慕课在线练习所提供的及时反馈及自适应学习系统，依据大数据预测学习困难及推送学生个性化的学习资源等均源于掌握学习原则。

三、联通主义学习理论

联通主义是在网络学习的背景下，当前学习理论研究的热点之一。联通主义理论由加拿大学者乔治·西门思（George Siemens）首先于2005年提出，被誉为"数字时代的学习理论"。在不断充实和发展学习观的基础上，西门思从混沌性、连续性、共同创建性、复杂性、连续的专业性和连续期待的肯定性等方面对学习特性进行界定，并提供了学习网络示意图（胡壮麟，2008）。它把学习定位为一种"网络联结和网络创造物"。联通主义对于学习的观念体现在以下几个方面，首先，联通主义认为知识以片断的方式分布于网络中，每个人仅拥有其中一部分知识，因此，知识是一种网络体系。其次，每个人可通过与外部关系的建立，通过创造、完善、更新和批判知识结点而促进知识网络的建立。最后，学习的性质发生改变，学习不再是知识本身的获取，而是知识网络形成的过程。每个人可通过联结、知识共享等方式进行学习（Siemens，2005）。联通主义认为，学习是发生在学习者和其他社区成员之间的交流行为，"通过协作、问题解决等交互活动，学生的学习自然就发生了"（Jenkins，2009，p7），因此，正规学习和非正规学习都是学习的方式，在慕课成立之初，MOOC就是建立于联通主义学习理论之上，因此，慕课理念与联通主义理论有紧密的联系。慕课具有显著的社会化特征，体现在慕课的线上线下的学习共同体理念，支持大规模学习者的参与，通过学习者之间社会化的合作学习与协作学习，弥补大规模与个性化学习的矛盾，而同侪互助，同侪互评也是慕课联通主义理论的重要体现。

四、建构主义最近发展区理论

建构主义的思想源于维果斯基（Lev Vygotsky）和皮亚杰（Jean Piaget）等人的思想，建构主义认为，知识不是通过教师传授得到的，而是学习者在一定的情境即社会文化背景下，借助其他人（包括教师和学习伙伴）的帮助，利用必要的学习资料，通过意义建构的方式而获得。建构主义提倡在教师指导下的、以学习者为中心的学习，既强调学习者的认知主体作用，又不忽视教师的指导作用，教师是意义建构的帮助者、促进者，而不是知识的传授者与灌输者（百度百科，n.d.）。

最近发展区理论也是翻转课堂的重要理论基础。认为学生的发展有两种水平：一种是学生现有的独立解决问题的水平，一种是学生可能在别人的帮助下解决问题的水平。介于两者之间的区域就是学生的最近发展区（Raymond，2000，p176）。教学就是要在此区域为学生搭建支架（scaffold），让学生顺利从现有水平发展到下一个水平。

维果斯基的最近发展区（ZPD，Zone of Proximal Development）是指儿童在有指导的情况下，借助成人帮助所能达到的解决问题的水平与独自解决问题所达到的水平之间的差异，实际上是两个邻近发展阶段间的过渡状态。在翻转课堂中，教师精细化课程设计，充分考虑学生的前期知识和所能达到的目标，设计与最近发展区相符合的学习活动，这些活动在翻转课堂中，学生依托学习共同体和合作学习，通过在线论坛及课堂主动学习、同侪互助等形式而达到目标（Bhimenfeld，Marx，Soloway&Krajcik，1996；Havnes，2008；Kear，2004；McMaster，Fuchs&Fuchs，2006）。

五、学习共同体理论

共同体（community）一词来源于德语，最早源自德国学者滕尼斯（F.J. Tonnies）所用的德语（gemeinschaft），意指共同的生活，以区别"社会"一词。学习共同体（Learning Community），或称学习社区，是指一个由学习者及其助学者（包括教师、专家和辅导者等）共同构成的团体，他们通过在学习中的交流和分享，以及合作完成学习任务，在成员之间形成了"相构主义理论的发展，对学习本质的认识也在不断深化，学习不仅仅是个体的知识获得，而是知识的建构和知识的社会协商。而学习共同体则提供了知识建构与意义协商的平台，在学习中发挥群体动力作用（学习共同体）。苏联心理学家维果斯基学习共同体以日常的学习环境为样本，共同体中学习的主体包括学生、同伴及教师等。学生面对真实或虚拟的任务环境，通过适合自己的学习方式，在学习和解决问题的同时，获得教师、同伴甚至校外专家的帮助和支持，以完成设定的学习目标。学习共同体的主要策略是学生小组合作学习，以及师生间的相互交流（佐藤学，2014）。学习共同体很大程度上依赖于师生的共同参与，以及他们的责任感和持续的动机，具有相互依存的特点。当然，丰富的学习资源及真实的学习任务也必不可少。在学习共同体中，学习的主体不仅对学习目的具有极大的认可，同时最重要的是具有特殊的心理归属感，这使得共同体各个成员形成了相互帮助的关系，对认知和动机有深刻的影响。

在基于慕课理念的大学英语翻转课堂线上及线下混合学习中，存在真实和虚拟的任务情境。教师在课堂教学中穿插了大量提问和讨论环节，以此构建了一个与学生会话的课堂，让学生在交流中进行学习。而慕课提供有意义学习的平台，大规模的参与者来自不同的文化和国籍，他们通过许多社会活动共同合作，如在线论坛上分享知识、提供同伴互评以及小组完成最终项目等。这种实体版和在线版混合的学习共同体不但使学生获得同伴的帮助与支持，而且提高了学生的成就感和参与度。

第二节　语言课程理论的发展

从语言课程的发展历史来看，主要经历了三个阶段，即雏形期、设计建设期及设计活跃期。

语言课程设计第一阶段的雏形期是从20世纪80年代末之前，主要有如下几种模式：（1）目标—手段模式：Tyler 的《课程与教学的基本原理》一书，被认为是 curriculum 设计理论的经典之作。泰勒认为，一个有效课程必须回答四个问题：①学校应该达到哪些教育目标；②提供哪些经验才能实现这些目标；③怎样才能组织这些教育经验；④我们怎样才能确定这些目标得到实现。从而形成了以目标为中心的课程原理。这4个基本问题后来被广泛称为"泰勒原理"（the Tyler Rationale）。泰勒这本书128页，但是讨论课程目标就占62页之多，而且泰勒主张，目标具有引导课程选择和组（LS. Vygotsky）提出的社会文化理论，也强调社会文化因素在人类认知功能的发展中发挥着核心作用，认为个人通过与他人的交互及其生活环境的相互交往创生意义。有意义的学习既非发生在个体内部，也非由外部力量塑造，而是"通过个体参与社会活动而产生"（郑藏，2007，P86）。组织以及评价的主要功能，所以，泰勒模式被尊称为目标模式课程开发的典范。（2）过程模式和情景模式：斯坦豪斯在1975年出版的《课程研究与开发导论》（Anintroduction to Curriculum research and development）中，对目标模式的课程理论进行了分析批判，以此为基础，提出了过程模式的课程理论。情景模式是由Skilbeck(1984)提出的。根据Skilbeck的理论，情景模式的设计是以"文化分析"（Cultural Analysis）为基础的，也就是说，课程设计一开始就要对学校本身的具体情况做出分析和评估。然后，根据分析评估的结果对课程进行规划。这种模式Skilbeck称为"以学校为基础的课程大纲"（school-based curriculum）。这个理论为以后的"校本课程"开发的理论提供了理论基础。两种模式不同的是，情景模式的设计是以具体的实际情况为基点，在这一点上，情景模式是对课程研究的重要发展。

第三节　信息技术与课程的深度融合

　　信息技术与课程的整合（Information Technology and Curriculum Integration，ITCI）源自计算机辅助教学，是信息技术在教育中应用的第三种方式，另外两种方式分别为CAI(Computer Assisted Instruction，计算机辅助教学)和CAL(Computer-Assisted Learning，计算机辅助学习)。CAI始于20世纪60年代初至80年代中期，计算机主要应用于教学，以课件演示为主，目的是帮助教师解决教学中的重点和难点。CAL始于20世纪80年代中期，计算机从辅助"教"转向辅助"学"成为学生学习技术与课程的整合（ITCI）始于20世纪90年代中期，在美国经历了三个发展阶段，即WebQuest(基于网络的探究)阶段（20世纪90年代中期—2003年）、TEES(运用技术加强理科学习)阶段(2003—2008年)及TPACK(学科内容、教学法和技术整合的新知识)阶段（2008年始）(何克抗，2012a，p6)，体现了信息技术从课堂外到课堂内外的全面整合，从网络学习到与传统教学优势互补的发展过程。WebQuest阶段关注学生课外基于网络的自主学习、自主探究，信息技术未融入课堂教学；TELS阶段试图实现信息技术与学科教学的课内整合，并营造信息化学习环境；TPACK阶段则使传统教学与e-Learning优势互补，结合了有意义的传递和教师主导下的自主探究教学活动，提倡混合学习（Blended Learning，BL）的教育思想（何克抗，2012b，P54）。我国学者扩展了信息技术与课程整合的外延，使它有别于传统以工具的形式与课程融合的属性，并赋予了信息技术与课程的整合更多的内涵。南国农（2002，P5）认为"信息技术与课程整合是指将信息技术以工具的形式与课程融为一体，或将信息技术融入课程的各个领域，成为既是学习的对象，又是学习的手段"；李克东（1992）认为信息技术与课程的整合是指在学科课程教学中，把信息技术、信息资源、信息方法、人力资源与课程内容有机结合，共同完成课程教学任务的一种新型教学方式；陈坚林（2010）很早就指出，外语教学研究要从"2+1"模式过渡到"3+1"模式，即要将"理论、方法和技术结合起来进行研究，做到三位一体"，并创造性地将教育技术学的"整合研究"理论和教育学的"生态化研究"理论结合在一起，提出了生态化整合理论。我国经过近十年的教育信息化建设，虽已取得一些进展，但从当前教学应用状况看，信息技术与教学的融合还处于一种非理想的状态，主要问题是学生信息素养薄弱、教师教学方法陈旧、教学模式未脱离传统，以及教学资源等设施不完善（隋晓冰，2013，p58），尤其是教师观念更新迟缓，无法满足信息技术的迅速发展对教师的要求，师生关系疏离，教学方式变革困难（KellyE.Snowden，2012，P13）。何克抗教授曾指出我国教学改革未取得突破性进展的根本原因是忽视了教学结构的根本变革。《美国2010国家教育技术计划》则指出信息技术之所以未能对教育发展产生革命性影响，主要原因是没有进行技术支持的重大结构性变革（fundamental structural changes），而只是渐进性的修修补补（evolution ary tinkering）。

教育部在《教育信息化十年发展规划（2011—2020年）》中指出要"重点推进信息技术与高等教育的深度融合，促进教育内容、教学手段和方法现代化，创新人才培养、科研组织和社会服务模式"，深度融合是首次提出的全新概念，指"现代信息技术与教育的全面整合"，有别于传统意义上的整合。2012年全国教育信息化工作会议再次明确了信息技术的深度融合要求教与学的"双重革命"，即加快从以"教"为中心向以"学"为中心转变，从"知识传授"为主向"能力培养"为主转变，从课堂学习为主向多种学习方式转变。而最新的《大学英语教学指南》更体现了深度融合的要求，即"课程设计要兼顾课堂教学与自主学习环节，使课堂教学与基于网络的学习无缝对接，融为一体"。深度融合有别于传统整合之处恰恰在于它触及了教育系统的结构性变革，尤其是课堂教学结构的根本变革（何克抗，2014b，p60），而传统的整合仅停留于如何运用技术改善"教与学环境"或"教与学方式"等低层面上（何克抗，2012c）。深度融合指信息技术真正融入教学过程，与教学互相渗透、互相作用、一体化的过程，强调有机的结合、无缝的连接，以发挥信息技术的效益和潜能。它是以学生为中心的教学，学生在协作与交互等学习环境中学习，充分发挥主动性和积极性。

信息技术与课程深度融合的大学英语教学，宏观上就是重构大学英语教学的生态结构，使系统各要素保持稳定、动态、平衡的发展。微观上，利用信息技术创设英语学习资源丰富、师生线上线下交互迅捷、学生泛在学习便利、评价体系多元高效，并整合传统和在线学习优势、以学生为中心的个性化教学模式。"课堂教学是学校教育的主阵地，课堂教学也是学校教育的核心内容"（何克抗，2014b，p60），因此，微观生态环境是大学英语生态环境的基础和核心。

首先，在教学内容上，信息技术与课程的深度融合为大学英语教学提供了丰富的学习资源，利于教师创设理想的学习情境，也有助于学生的个性化学习。学习资源不但由助教变为助学，而且由单向、静态和封闭走向双向、开放。教学内容通过参与者的行动和交互作用形成。教师和学生不但随时随地共享优质教育资源，学生还参与资源内容的生成及开发，调动学生的主动性、积极性和创造性。

其次，在教学媒体上，信息技术不仅是教师助教的工具，更是学生的促学工具，融入学生的认知、合作学习和协作交流活动中。教学媒体是指一切用来传递教学内容的介质。相比传统如黑板、教具等的教学媒体，先进的数字媒体给教育带来了巨大的变化，具备多模态化、网络化和智能化的特征。一如虚拟技术能给学习者提供身临其境之感，运用适当的多模态教学媒体能减轻学生的认知负荷，基于互联网和云计算的智能化的教育信息系统不但能构建在线学习共同体，给学生提供合作学习和协作学习的平台，使学生有归属感和满足感，而且能依托大数据助推教育评估、教育决策以及创新教育实践，对学生的学习情况进行诊断和评价，并智能化地提出策略建议，有效监控和促进学生的个性化学习。人机融合是信息技术和课堂深度融合的关键（陈凤燕，2014）。

再次，在教学模式上，由传统单一的课堂教学转向多元的信息化教学模式，实施基于网络信息技术的混合式教学。从整合的发展历程来看，整合就是朝着混合学习方向发展的过程。信息技术的发展，使自主学习和个性化学习受到关注。信息技术为混合学习创造了有利的数字化学习环境，使学生能够根据自己的学习特点，自由地选择合适的学习资源，同时，通过信息技术手段，学生得以开展自主学习和协作探究学习，由此，课堂的外延得到了扩展，实现了课内外的无缝对接，有机整合。课堂不再是教师的"一言堂"，而是学生主动'参与活动，内化知识'的场所。信息技术为教学模式的创新注入了新的活力，并以此产生了诸多如移动学习、泛在学习及智慧学习等新型教学模式。

  最后，学生是学习的主体，学生通过各种途径获取个性化的学习资源，并通过网络与师生交互，主动构建和加工知识，增进情感体验。教师不再是知识的灌输者，而是课程的精细设计者和课堂教学的指导者和组织者，帮助学生建构知识和培养情操。

第八章 基于慕课理念的大学英语翻转课堂多元课程

第一节 基于慕课理念的大学英语翻转课堂内涵

基于慕课理念的大学英语翻转课堂的内涵包括慕课理念与大学英语翻转课堂的深度融合、基于慕课理念的大学英语翻转课堂教学及学生能力的培养。其中深度融合是方式和手段，能力培养则是目标。慕课理念与大学英语翻转课堂的深度融合主要从融合的目标、融合的内容以及融合的途径三个方面进行论述；基于慕课理念的大学英语翻转课堂教学主要从后现代课程理论的视角加以论述；基于慕课理念的大学英语翻转课堂对学生的能力培养主要从学生素质能力的发展加以论述。

一、慕课与大学英语翻转课堂深度融合

国际上信息技术与课程的整合（ITCI）经历了三个发展阶段，即 WebQues（t 基于网络的探究）阶段、TELS（运用技术加强理科学习）阶段和 TPACK（学科内容、教学法和技术整合的新知识）阶段（何克抗，2012a），体现了信息技术从课堂外到课堂内外、从网络学习到与传统教学优势互补的发展过程。

与前两个阶段相比，TPACK 革命性的变化是摒弃了传统整合长期以来为追求技术普适化，而忽视了实际教学复杂性和情境性的弊端。无论 WebQuest 阶段，还是 TELS 阶段，人们希望信息技术能一站式解决教学中存在的问题，但实际上信息技术与教学在整合的深度和广度上都有不足。TPACK 注重技术、内容和方法三者之间双向、动态的平衡，彻底改变了人们对技术的传统认识。因此，不同于传统整合仅停留于"如何运用技术改善教与学环境或教与学方式"等（何克抗，2012c），深度融合是对教育系统的结构性变革，尤其是课堂教学结构的根本变革

（何克抗，2014b）。从这个意义上来说，深度融合是信息技术真正融入教学过程，与教学互相渗透、互相作用、一体化的过程，强调有机的结合、无缝的连接，以发挥信息技术的效益和潜能，而不是成为"摆设、负担或者装饰品"（王爱平，车宏生，2005）。

慕课以学生为中心并以社会属性为导向，注重使用灵活的学习材料和设计相关活动，学生通过社会交互活动，激发兴趣并获得鼓励（Ventura, Bárcena & Martín-Monje, 2014）。慕课将在线学习、社会交互及移动学习融合在一起，提供个性化的学习支持服务，其全英语的课程倒逼了大学英语的教学改革，促进了大学英语课程的重构（马武林，胡加圣，2014）。

但是慕课的语言学习环境也招来了多方质疑。其一是交互的有效性。卡内基梅隆大学的研究曾指出，提供更多的交互活动才能更好地提升学习效果（王俊，2015）。交互分为操作交互、信息交互和概念交互，但是慕课一对多的模式和所提供的自动及对错反馈并不能真正促进交互性。交互中有效的反馈是学生保持学习兴趣、促进学习动机的有效手段（张传思，2015）。教师如何在师生比如此失调的情况下提供有效反馈是慕课面临的潜在挑战。慕课的自动简单反馈虽具一定的即时性，使学生能清晰认识到自己学习中存在的长处及缺点，但削弱了信息交互的有效作用。

其次，慕课的学生来自世界各个角落，彼此可能语言不通。据统计，全球60多亿人口中，约有10亿人学英语，完全掌握英语的人口仅5亿余人（吾文泉，周文娟，2014）。语言水平的异质性对大规模学习共同体的有效支持和促进真实的合作提出了挑战。

第三，语言慕课的目标是语言专项技能，如基本语言技能、良好的交流沟通能力、高级思维能力及文化能力，而不是以评估为目的。因此，与其他慕课不同的是，语言慕课依赖主动性和即时的交流，交流不仅是课程的途径，更是课程的重要目标。面对面教学的优势就是深度互动与反馈、情感交流、心理安全、社会信任和社会临场感等，尽管语言慕课采用了 Google Hangout 及 Skype 等社交视频工具传输音频或视频文件，并实行同伴互评以提高学习者的参与度，但一则同伴互评效果信度及效度可能不尽可靠，二则缺乏教师的及时有效反馈，因此，仍存在一定的差距。

由此可知，即便语言慕课也并非适合所有类型的学习者，若使用不当，可使学生动机缺失并导致失败。理念是慕课生存之本、存在之基，正如本书3.1.1所述，从慕课的发展历程和特征来看，慕课蕴含多元开放、精细化课程设计、个性化、即时交互与学习共同体等理念。剖析慕课理念，褪下技术的面纱，提取慕课的精髓，并使之与大学英语翻转课堂融合，成为一个平衡、兼容与和谐的生态系统，是实施信息技术与课程深度融合而行之有效的"第三条"道路。下文将从慕课在理念上与大学英语翻转课堂深度融合的目标、内容、方法进行论述。

（一）深度融合的目标

慕课理念与大学英语翻转课堂深度融合，就是指慕课的多元开放、精细化课程设计、个性化、即时交互与学习共同体等理念与大学英语翻转课堂有机融合，在宏观上重构大学英语翻转课堂生态系统，使各要素保持动态、兼容与良性的发展。微观上，变革传统大学英语翻转课堂的教学结构，多元化课程设计，利用信息技术创设英语学习资源丰富、师生线上线下交互迅捷、学生泛在学习便利、评价体系多元高效、整合传统和在线学习优势、以学生为中心的个性化教学模式，提高学生的学习动机，转变学习态度，培养学生外语和素质能力。

第一，大学英语翻转课堂生态系统的重构。生态学的观点认为没有一种有机体可以孤立地存在，必须依赖周围的环境，并进行物质能量和信息的交换才能生存（陈坚林，2010）。生态位（Niche）是生态学的新概念，意为单个生物体在特定的生态系统中与其他要素相互作用的关系。慕课理念作为一种"外来物种"，融入大学英语翻转课堂，打破了传统高等教育的生态平衡，变革了教育系统中教学内容、技术、教师及学生等各要素之间的关系。研究发现，慕课理念的融入也导致了大学英语翻转课堂中许多失调现象的出现，如学生要素中的学习动机与态度、教学模式中的交互合作与评价以及教师要素中的教学动机，都和预期存在差距。这说明教学中的要素，由于"外来物种"的入侵，还未能找到其合适的生态位，这就促进了大学英语翻转课堂生态体系的重构。因此，深度融合的目标从宏观上说，就是重构大学英语翻转课堂生态系统，使之达到动态、兼容与良性发展。

第二，多元化大学英语翻转课堂课程设计。放眼当今世界，政治多极化和文化多元化并存，全球化以及信息化汹涌而来，社会对大学毕业生的英语水平提出了更高和多样化的要求，课程设计的价值取向也正朝着多元化、融合化的方向发展。多元化大学英语翻转课堂课程设计首先体现在课程目标的多元化上，即既满足社会对大学英语学生的要求，也体现教学内容的实用性和时代气息，更是使学生的特质和潜能得到充分发挥的个性化创生的课程。其次，多元化还体现在大学英语教学内容上。从历史上看，大学英语教学改革存在课程定位之争，笔者观之，实乃课程价值取向之争，即关注技能和关注内容何者占优的问题。然而目前大学英语教学以内容为依托已成为学界的共识。王守仁（2012）认为，大学英语课程应该将"工具性、专业性、人文性分别落实到普通英语（English for General Purpose）、专门用途英语（English for Specific Purpose）和通识教育类英语（English for General Education）"。而蔡基刚（2013）则认为大学英语课程教学内容应该是专门用途英语和学术英语。但无论如何，大学英语课程教学内容的多元化几成定局，它包括通用英语、学术英语和专门用途英语。各校可开发适合本校特点、定位和条件的校本课程。最后，多元化还体现在大学英语翻转课堂教学模式的实施上。Herreid & Schiller(2013)认为，在教学实践中，设计和实施翻转课堂时，没有放之四海而皆准的定式，需根据学习者的特征、教师的专业背景、可获得的学习资源及所学习的科目而有所不同。翻转课堂翻转了教学流程和师生角色，扩展了学习资源和学习空间的内涵，在为学生和教师提供个性化、泛在化、交互性和精细化教学的同时，对学生和教师及信息技术条件提出了更高的要求。搞清楚大学英语翻转课堂的适用范围是成功开展教学实践的前提条件。比如，本书2.3.1指出，国外实施翻转课堂的科目多以理工科为主，主要是通常所说的STEM课程，即Science、Technology、Engineering和Mathematics课程。这些课程知识点集中，适合用微视频的形式表现，而人文类学科，尤其是外语类，不但知识点松散，且更注重师生情感的交流和沟通，因此，在实施翻转课堂时应有所区别。再者，课程类型不同，大学英语翻转课堂模式也不尽相同，阅读课的翻转就不同于听说课，所以教师要审时度势，适当翻转大学英语课程，既可全部翻转，也可部分翻转、逐步翻转等，体现合适和多元的原则。

第三，学生能力素养的培养。近年来，我国大学英语教学大纲对学生语言能力的描述有所变化，不但注重学生语言知识能力、语言功能能力，还注重自主学习能力和终身学习，尤其是社会能力的发展，培养学习者面向21世纪的技能（赵雯，王海啸，余渭深，2014）。进入扁平化的信息时代，传统的"3Rs"能力教育已明显不足，21世纪联盟（Partnership for 21st Century Learning，简称P21）提出，21世纪的学习者要想适应社会，必须具备4Cs能力，即批判性思维、沟通交流能力、合作能力及创新能力。图中拱形部分是学习者需具备的能力，包括3Rs和4Cs能力、生活职业能力以及信息媒体和技术能力。这些能力基于诸如学习环境、专业发展、标准和评估以及课程和讲授等环境支持，但4Cs能力是核心部分（桑国元，2016），是学生将来的立足之本，也是未来人才培养的关键目标，教育部业已启动"学生核心素养总体框架研究"。下一节笔者将详细论述大学英语翻转课堂与学生4Cs能力培养的关系。

（二）深度融合的内容

正如本书 3.6.1 概念界定中所述，慕课理念与大学英语翻转课堂深度融合的内容包括教师、学生、教学媒体、教学内容以及教学方式的融合。

第一，从教学内容来看，首先，慕课多元开放的理念与教学内容融合，使大学英语翻转课堂不仅拥有海量丰富及高质量的学习资源，而且师生均可对学习资源进行"二次"开发，满足了个性化教学的需求。其次，慕课精细化课程设计与教学内容融合，利用微视频碎片化的课程知识点，减轻学生认知负荷并促进学生语言学习。

第二，从学习环境来看，慕课学习共同体的理念与教学环境融合后，生成了两个高效的语言学习环境，即课堂学习社区和目的语社区，学生在社区中的社会交互增进情感交流，促进语言学习。

第三，从课程评价来看，慕课即时交互的理念与课程评价融合后，被赋予了评估多元化和个性化的特点，体现在翻转课堂的同伴互评、及时反馈、大数据教育分析和数据挖掘上。

第四，从学生来看，作为学习的主体，学生需转变角色，主动参与学习活动，通过自主学习或协作学习，在有意义的交互活动中建构和应用知识。对教师而言，作为关键要素，教师需转变角色，精细化课程设计，优化学习资源，构建良好的语言学习环境，创生翻转课堂，并转变教学权威为教学的支持者和促进者。

第五，从教学方式来看，基于慕课理念的大学英语翻转课堂变传统单一的课堂教堂模式为多元化教学模式。慕课以同步或异步的多元方式融入大学英语翻转课堂，将信息化教学前移，开展基于问题的学习、探究学习及协作学习等主动学习活动，并使课内外有机联系，使传统的"教师中心"教学模式转变为"学生中心"教学模式。

（三）深度融合的方法

慕课理念与大学英语翻转课堂深度融合的方法就是用后现代课程观审视翻转课堂。具体来说，就是用后现代课程观基于开放的视角，从过程角度而非内容角度界定课程，认为课程是生成的，而非预设的，通过参与者之间的交互而创生。课程内容不但包含知识和经验，而且包含活动，是三者的融合。知识不是预设的，而是通过双向互动建构而成的。课程实施方式是教师与学生彼此之间相互交往和对话的过程。师生关系是一种新型的平等合作和民主对话的关系，而不是传统课程观中教师是知识和课堂的绝对主宰。教师的角色不是原因性的，而是转变性的。

评价体系是多元化、差异化的，并且评价标准也随着课程活动的开展而动态变化或转化。

二、基于慕课理念的大学英语翻转课堂与学生能力素养

学生的能力是在个人的学习环境和合作的学习环境无缝对接中得到发展的。在个人环境中，学生自主观看视频和参与论坛讨论，采取游戏化学习的方式；而在合作学习环境中，学生与教师和同伴开展基于项目和问题的学习，理清概念，参与评估。

在基于多元智能理论的 21 世纪学生能力素养中，4Cs 能力，即批判性思维、交流表达能力、合作能力及创新能力占了重要位置。翻转课堂不仅是学科知识的传递与掌握，更使学生交流与表达能力、团队合作能力、批判思维能力和解决问题能力得到了激发和提高（Hwang, Lai & Wang, 2015；田爱丽，2014）。

首先，交流和表达能力是指用语言表达思想并与他人交流的能力，是语言运用能力的一部分，也是现代人才必备的素质之一。翻转课堂的重要特点就是增强交互性，学生有大量的时间和机会通过课内的知识内化活动或课外通过社交媒体与师生交流。在与同伴和教师完成某一任务的有效交流中，学生的交流和表达能力得以了加强。

其次，当今社会，团队合作能力越来越重要，因为极少有工作能够独立完成。翻转课堂教师精心设计的任务和问题驱动的教学，为培养具有团队合作精神的现代化人才打下了基础。学生课前观看教学视频自主学习，收集资料，组内分工明确，合作完成教师布置的任务，锻炼了学生的团队合作精神。

第三，批判性思维作为一种认知过程，被普遍认为是教育，特别是高等教育的目标之一。它指为了得到肯定的判断而进行的有形和无形的思维反应过程，包括解释、分析、评估、推论、说明和自我校正等。翻转课堂培养学生自我管理和自主学习的能力，学生使用元认知策略，评估并反思自己的学习。同时，教师精心设计的翻转课堂能培养学生的批判思维能力，即学生课前自主学习，搜集补充材料，通过网上互动分析并判断问题相关信息，课内与同伴和教师的讨论交流解决问题并得出结论。其实践的本质是帮助学生实现深度学习，聚焦问题解决，培养高阶思维能力（祝智庭，管珏琪，邱慧娴，2015）。

最后，心理学对问题解决能力的定义是由一定的情景引起的，按照一定的目标，应用各种认知活动、技能等，通过一系列的思维操作，使问题得到解决的过

程。它包括四个阶段，即发现问题、分析问题、提出假设、检验假设。学生在翻转课堂中基于问题的主动学习，能在课外和课内，通过教师和学生的指导和帮助，完成这四个阶段，以此提高问题解决的能力。

第二节 基于慕课理念的大学英语翻转课堂的多元化课程

后现代课程观认为课程是为了满足社会多种需求的，因此，课程是动态和变化的，而不是静止和统一的，倡导多元化课程。本研究从课程论的角度，借鉴后现代课程论的主要观点，从课堂规划、实施和评价三方面着手，论述多元化的基于慕课理念的大学英语翻转课堂。

一、多元的目标定位

2007年的教育部《大学英语课程教学要求》中明确提出："鉴于全国高等学校的教学资源、学生入学水平以及所面临的社会需求等不尽相同，各高等学校应参照《大学英语课程教学要求》，根据本校的实际情况，制定科学的、系统的、个性化的大学英语教学大纲，指导本校的大学英语教学"。2010年，《国家中长期教育改革与发展规划纲要》也明确提出："促进高校办出特色，建立高校分类体系，实行分类管理。发挥政策指导和资源配置的作用，引导高校合理定位，克服同质化倾向，形成各自的办学理念和风格，在不同层次、不同领域中办出特色，争创一流。"2017年，教育部颁布的《大学英语教学指南》中明确提出大学英语课程应合理定位，"服务于学校的办学目标、院系人才培养的目标和学生个性化发展的需求"，将大学英语教学目标分为基础、提高和发展三个等级，同时明确大学英语兼有工具性和人文性双重性质，"大学英语教学的主要内容分为通用英语、专门用途英语和跨文化交际三个部分"。

从上述国家层面文件要求中，我们可以清醒地发现，大学英语课程的校本化开发是提高大学英语教学质量的重要方法之一。校本课程是"在学校本土生成的，既能体现各校的办学宗旨、学生的特别需要和本校的资源优势，又与国家课程、地方课程紧密结合的一种具有多样性和可选择性的课程"（廖哲勋，2004）。

从宏观建设层面上看，我国高校可分为重点高校和一般高校，前者包括"985"高校、"211"高校以及示范性高职高校（陈厚丰，2008），笔者暂且修正这个标准，按照重点高校（包括"985"高校和"211"高校）、一般高校和示范型高职高专类院校为例来说明课程规划设计。

从高校的分类来看，对于重点高校来说，学生的生源相对较好，入学时英语水平总体较好，学习动机较强，如清华大学学生是全国千分之一的优秀生；一般高校的学生生源属于中等水平，入学时不排除英语水平较好的学生，但总体水平一般；而高职高专类院校的学生则总体生源不及重点大学和一般高校，入学英语水平也处于中等偏下的程度。尽管部分高校会出现特例，但总体上来讲，参考《大学英语教学指南》，高校通用英语课程目标大致可分为以下三大类，第一类通用英语课程目标是，注重培养学生较高层次语言应用能力的拓展训练，培养学生的创新潜质，并适当加大 EAP 和 ESP 的比重，这类高校如重点高校；第二类通用英语课程目标是，为已具备通用英语基本技能的学生进一步提高和扩充学生的语言知识，也可根据学生需求，适当开设 EAP 和 ESP 课程，这类高校如一般高校；第三类通用英语课程目标是，为英语基本功稍差一些的学生重点突出英语基本技能的培养和语言基本知识的学习，这类学校如高职高专类院校。

依据以上目标分类，基于慕课理念的大学英语翻转课堂可充分考虑高校间的差异，进行多元化课程设计。对于第一类以培养创新人才和较高语言应用能力为目标的高校，可依托本校优秀的师资和雄厚的技术力量，开展"完全版"基于慕课理念的大学英语翻转课堂实践。第二类以进一步提高和扩充语言知识为目标的高校，可依据本校实际情况，开展"普适版"基于慕课理念的大学英语翻转课堂实践。第三类以突出英语基本技能的培养和语言基本知识的学习为目的的高校，可根据实际情况，开展"过渡版"基于慕课理念的大学英语翻转课堂实践。需要指出的是，以上三类是动态变化，不是一成不变的，也会出现中间版本。

二、多元的慕课与校本学习资源

对于实施"完全版"的高校，由于学生有较好的英语功底，因此，一方面可以将国际慕课课程"打包"进大学英语翻转课堂中，以同步或异步的形式开设大学英语 ESP 或 EAP 翻转课堂，即将国际慕课作为资源引入翻转课堂中，或者让学生加入国际慕课，追踪课程的学习，让学生近距离接触国际优质课程。但这类翻转课堂中需注意的是，正如本研究前面讨论的（详见 2.7），无论采用同步或异步的形式，均会出现慕课和翻转课堂耦合和聚合的问题，给翻转课堂的实施带来一定的难度。另一方面，此类学校也可利用慕课平台，精细化课程设计，自行开发本校优质的大学英语或 ESP 及 EAP 教学微视频，并上传至慕课平台，再根据教学要求和学生情况，随时做出调整，实施大学英语课程校本化，并依托慕课平台和学校自身优势，辐射全国。

对于实施"普适版"的高校，由于学生英语功底一般，因此，不建议普遍采用将国际慕课课程"打包"进大学英语翻转课堂的做法，而可由各校视情况分层管理，对英语水平较好的学生开放。此类学校以本校大学英语课程校本化为主，精细化课程设计，碎片化知识点，制作相关教学微视频，但一般高质量的微视频开发要求高，周期也长，可能无法满足本校教学需要。因此，也可采用国内大学英语慕课校本化的办法，加入相关中文慕课平台，借鉴其他高校优质的微视频等资源。

对于实施"过渡版"的高校，由于学生英语功底稍差，因此，建议适度开展翻转课堂教学实践，学习资源仍可采用本校大学英语课程校本化的方式，但主要是借鉴其他高校优质的微视频等资源，可适当提高文本等其他资源形式所占的比例。

三、多元的活动设计

在活动理论的视角下，教与学可以被看作是一种具有特定目的的人类活动。教师与学生之间、学生与学生之间有组织的共同活动的序列集合组成了一个特殊的教学系统。活动既是学习的外部形式，也是学习者认知和心理发展的基础。活动从功能角度出发可分为获取体验、知识技能和方法的活动，获取学习动力的活动，评价与反思的活动，总结与归因的活动（杨开城，2005）；也可从活动组织的受众数量角度出发，分为班级活动、小组活动和个人活动（曹晓明，2006；张生，2008）；或者从环境的角度，分为在线活动与非在线活动；从话语权角度出发的教师主导活动、学生为主体活动以及师生互动活动（张生，2008）。而学习活动则可被分为以基于问题学习的探索性活动、阐明性活动和反思性活动（乔纳森，2002）。

对于翻转课堂的活动设计，首先，要注意交互活动的重要性。交互活动包括在线论坛交互、通过交互工具（如 Wiki、BBS）的交互、课堂中师生的深度互动交流及协作式学习等。这些活动有助于慕课个性化理念的实现以及学生知识的内化。

其次，要注意活动设计的适切性。不同教学目标定位的翻转课堂对活动设计的要求不尽相同。以"完全版"大学英语翻转课堂为例，其目标定位是培养学生的创新能力和较高语言应用能力。因此，在活动设计中，尤其在课堂内化活动设计中，应主要关注深度学习的活动内容，如基于问题的学习或基于项目的学习。而对于"普适版"大学英语翻转课堂，因其目标定位是进一步提高和扩充学生的语言知识，因此，活动设计可适当增加语言应用类活动以及高阶思维活动。而对于"过渡版"大学英语翻转课堂，由于其目标定位是基本技能的培养和语言基本知识的学习，故建议适度开展翻转课堂教学活动，或者学生课下可自主学习，但课上并不翻转。

最后，还要关注活动设计的多样性，比如游戏化学习活动以及基于多媒介的多用户虚拟环境"第二人生"。游戏化学习活动可创设拟真的任务情境，给学生以"流体验学习"（张金磊，张宝辉，2013）而使学生沉浸于学习中，提高学生的学习积极性。

四、多元的平台融合

慕课理念与大学英语翻转课堂深度融合有赖于慕课平台的有效使用。国外的慕课平台尽管开发得较早且较为成熟，但由于语言和受众等原因，并不适用于国内大学英语翻转课堂。而据调查，目前国内六大中文慕课平台，若从网络环境、教学平台、网络课程及教学支持等方面对它们进行考察，总体满意度水平较低，尤其是教师支持、内容设计和技术支持这三个维度问题最突出（刘和海，李起斌，2014）。由于慕课大规模的属性，教师给予支持体验较少，内容呈现仍停留在视频录制层面。从表中还可以看出，中文慕课平台教学支持较为欠缺，主要以论坛和邮件为主。

而慕课平台与传统的网络教学平台，如 Moodle、Sakai，就学习管理、系统支持工具及系统技术特性比较后发现，网络教学平台因研发较早，技术成熟，故功能和性能上"都远远优于刚起步的慕课平台"（韩锡斌，葛文双，周潜，2014）。

因此，笔者认为，大学英语翻转课堂中到底是融合慕课平台还是融合传统的网络教学平台，还得根据学生需求和实际教学情况而定。慕课平台注重学生的学习体验，但对教学支持，尤其是交互支持还是比较薄弱，翻转课堂中交互理念的体现可以辅以微信或 QQ 等社交软件，也可换用 Moodle 等开源平台或 Blackboard 等商用平台。

五、多元的评价体系

多元的评价其一就是同伴互评的合理使用。为了应对大规模所带来的学习测评的难题，慕课引入了同伴互评机制，这是一创举但也招致了不同的观点。Stephen Bostock 认为同伴互评能提高学习者的学习动机，鼓励学生对自己的学习负责，促进学习者的自主学习能力，评价的过程促进学习者自我评价、激发学习者的深层学习等（Schmid，Miao & Bazzaz，2000）。但也有不同的观点，主要涉及评价者的资质和信度，因为有的学习者既没有评价的能力，也没有评价者应有的态度，即评价的准确性、公正性以及反馈受到了质疑（Grieves，2006）。国内慕课的测试多为客观题，且采用评价系统直接评分的办法，因此，"同伴互评功能的运用基本上处于空白"（孙力，钟斯陶，2014）。从目前的情况看，翻转课堂的同伴互评主要发生在课堂，以传统的口头或书面方式进行，因为传统方式容易操作，但是只有线上才能体现同伴互评的主要功能，即独立性、便捷反馈和匿名评价。

根据本研究，发现互动与评价因子得分较低，翻转课堂学生缺乏社区意识，不愿参加论坛互动有关，这限制了同伴互评的实施。据研究，影响同伴互评的主要因素是学生的知识水平、背景及对评价的态度等（马志强，王雪娇，龙琴琴，2014）。因此，笔者以为，有效实施同伴互评需遵循动态和多元的原则，一方面要了解学生的个人特质，如知识水平、学习动机，以便系统能动态分组，匹配合适的评价者；另一方面，学生互评中的角色也可以是多元的，既可是一般评价者，也可以是小组长或者隐性的教师角色，甚至可以是实习生，使学生的互评逐步达到完善。

其次，对于本研究中出现的学生试前集中复习现象，可利用大数据教育行为分析和数据挖掘能力，多元评价学生学习行为，以期使学生周期性分散每次翻转课堂所学习的内容，常记常新，巩固知识。大数据摒弃随机分析法，采用全数据模式，关注相关关系，可以发现被数据淹没的有价值信息。学生的网上行为数据，如微视频学习情况、网上社区参与情况以及学生的成绩数据均可被慕课大数据平台用来分析学习行为，并有效预测学生的能力。如通过对学生练习得分曲线的分析，可知学生对所学知识点的掌握程度。

教师也可利用大数据了解课程的总体情况，并做适当的调整。比如从课程健康度中，教师可直观获得学习者规模和学习社区运营两方面的 5 个指标，分别是学习者 7 日活跃度、学习者总规模、讨论区发帖回复率、讨论区人均互动与次数以及讨论区参与规模。笔者调研之时，D 大学的课程注册人数已突破 3 万，学员来自世界各地，课程有很高的健康度实属不易。

而从学习进度中可得知有关本课程更多的信息，课程热度可知当前具体选课人数、累计报课人数和累计退课人数，并用可视化图形直观展示随着时间变化而变化的课程选课情况。学习进度图更可直观了解每周学生的学习情况概况，统计的学习行为包括观看视频、习题答题情况及讨论发言等，并且还给出了不同频率段的学生数。

总而言之，慕课大数据为大学英语翻转课堂提供了更为直观和详细的评价方式，有利于教师更为清楚地了解学生的学习情况并开展个性化的教学。

第三节　基于慕课理念的大学英语翻译教学

对于慕课而言，慕课（MOOC）是现阶段的一种新型的网络开放课程，是一种现代化的基于网络的教学新形式，通过网络将不同地区的人联系在一起，通过练习进行视频的交流和学习，这种方式不仅仅摆脱了过去单一教学的方式，同时这种教学方式给大学英语翻译教学提供了更开放的空间。让大学英语翻译教学擦弃了过去局限性，在慕课环境中对于任何能够接人的学生都能够根据自身的需要进行学习。对于慕课而言，其实质上是在基础教学基础上将现代化技术更好地融入其中，融入了所有更加先进的教学模式，然后将所有有利于教学的东西都放置在网络上，一开始学生的学习兴趣来自对新兴事物的兴趣，随着对于基于慕课环境大学英语翻译学习，学生更多的兴趣是来自自身的融入和从英语中获取相应的激发，以及学生和教师进行双向的互动。将慕课环境融入大学英语翻译教学过程中，能够更加充分地发挥更加智能的教学模式，同时能够让学生在大学英语翻译教学过程中的作用体现得更加明显，从而在一定程度为慕课的教育和宣传提供了一种帮助。

在现阶段我国基于慕课环境大学英语翻译教学主要存在两种方法：第一种方法是以传统的大学英语翻译教学为辅，以现阶段慕课环境大学英语教学为主的大学英语翻译教学模式，另一种大学英语翻译教学模式主要依托翻转课程的新兴教育方式，这种教育方式给传统大学英语翻译教学带来了实质性的变革。对于翻转课程而言，主要是将教师提前录制好的大学英语翻译教学视频进行课程的放映，这种模式与传统的教育教学模式大致相同，在我们慕课环境下称之为课程的预习，这种预习模式更加快捷有效，同时能够节省大量的时间，这些课程主要放置在学生的课余时间进行，在进行学习之后学生可以在系统中预留相应的问题留言，或者提出相应的疑问。在实际的课堂中，学生的主要任务是全身心地投入到学习中去，而教师的教学重头放在对预留相应的问题留言或者对提出相应的疑问进行解答和指导，并对预留相应的问题留言或者提出相应的疑问进行汇总，发现学生学习的难点和重点，进行二次讲解和针对性的给学生进行二次分析和解答，从而能够最大限度地巩固大学英语翻译教学的学习成果。

参考文献

[1] 崔艳英著. 慕课资源平台与英语教学方式优化 [M]. 长春：东北师范大学出版社, 2020.

[2] 赵怡薇著. 慕课背景下远程英语教学研究 [M]. 天津：天津科学技术出版社, 2017.04.

[3] 李向民, 李培平, 宋佳著. 慕课时代的大学英语教学创新与多元整合 [M]. 长春：吉林人民出版社, 2018.10.

[4] 杨丽霞著. 慕课与翻转课堂在英语教学中的应用研究 [M]. 西安：西北工业大学出版社, 2017.12.

[5] 慕课视域下的大学英语教学改革研究 [M]. 长春：吉林大学出版社, 2016.04.

[6] 吴影著. 慕课视域下的高校英语教学研究与实践 [M]. 长春：吉林大学出版社, 2018.06.

[7] 李宁著. 慕课时代的大学英语教学创新与多元整合 [M]. 北京：北京工业大学出版社, 2018.12.

[8] 杨朝娟, 李娟, 易新奇著. 慕课发展对远程英语教学的影响研究 [M]. 北京：光明日报出版社, 2016.09.

[9] 李艳荣. 基于慕课混合教学模式的大学英语写作能力培养研究 [M]. 吉林出版集团股份有限公司, 2021.

[10] 黄敏著. 慕课与高校英语课堂教学研究 [M]. 长春：东北师范大学出版社, 2017.03.

[11] 张俊杰编著. "慕课+翻转课堂"理念下英语教师教学技能研究与提升 [M]. 长春：吉林大学出版社, 2018.08.

[12] 基于慕课视角的独立本科院校英语专业教学改革研究 [M]. 长春：吉林文史出版社, 2016.12.

[13] 丁一芳著. 慕课视角下英语教育教学设计研究 [M]. 北京：现代出版社, 2018.08.

[14] 程莹. 慕课时代大学英语教学的机遇与挑战[J]. 校园英语, 2022,（第36期）: 3-5.

[15] 王艺晓. 利用慕课, 开展英语教学[J]. 语数外学习（高中版）（上旬）, 2020,（第2期）: 78.

[16] 李永婷. 浅析大数据时代慕课英语教学[J]. 读与写（上旬）, 2021,（第8期）: 374.

[17] 李艳. 高校英语教学与慕课融合策略研究[J]. 普洱学院学报, 2021,（第2期）: 130-131.

[18] 沙晓岩. 慕课背景下英语教学改革探讨[J]. 空中美语, 2021,（第90期）: 49-50.

[19] 赵锐. 高校慕课英语教学开展策略研究[J]. 中文科技期刊数据库（全文版）教育科学, 2021,（第6期）: 44-46.

[20] 周咏志. 大学英语教学中慕课资源的运用探讨[J]. 海外英语, 2022,（第8期）: 159-160.

[21] 李雨耕. 慕课资源下大学英语教学改革探究[J]. 英语广场, 2022,（第10期）: 89-92.

[22] 李婷婷. 基于"慕课"的高校英语教学改革分析[J]. 速读（下旬）, 2020,（第1期）: 90.

[23] 李凤仪. 慕课视角下大学英语教学的改革模式分析[J]. 海外英语, 2022,（第10期）: 178-180.

[24] 李玉玲. 基于慕课的高校英语教学新模式分析[J]. 海外英语（下）, 2022,（第6期）: 150-151.

[25] 田莉莉. 慕课背景下高职英语教学改革初探[J]. 海外英语（下）, 2022,（第2期）: 214-215.

[26] 吕桂. 联通主义慕课与大学英语教学模式重构与创新[J]. 传奇故事, 2021,（第13期）: 42-43.

[27] 李锦池. 慕课（MOOC）在我国高校英语教学中的应用研究[J]. 校园英语（月末）, 2021,（第3期）.

[28] 陈媛. 慕课背景下的高校大学英语教学分析[J]. 校园英语, 2021,（第8期）: 6-7.

[29] 陶冶情. 基于"慕课"的高校英语教学改革探讨[J]. 大学英语教学与研究, 2019,（第1期）: 43-46.

[30] 林丽娟. 慕课背景下的大学英语教学改革研究 [J]. 校园英语，2021，（第41期）：49-50.

[31] 刘妍澄. 慕课环境下大学英语教学研究 [J]. 校园英语（中旬），2019，（第13期）.

[32] 孙智慧. 慕课背景下的大学英语教学研究 [J]. 文学少年，2019，（第18期）：209.

[33] 尤春芝. 英语教学中慕课教育的应用研究 [J]. 吉林广播电视大学学报，2019，（第6期）：147-148.

[34] 王萍. "慕课"背景下高校英语教学模式的创新策略研究 [J]. 校园英语(下旬)，2021，（第8期）.

[35] 王明明. 基于慕课模式的大学英语教学改革 [J]. 英语广场（学术研究），2019，（第7期）：117-118.

[36] 黄娟. 简析线上线下混合式英语教学改革与慕课的关联 [J]. 海外英语，2021，（第1期）：96-97.